D1298202

De repente, la libertad

De repente, la libertad

Évelyne Pisier
Caroline Laurent

Traducido del francés por
Núria Petit

Lumen

narrativa

De repente, la libertad

Título original: *Et soudain, la liberté*

Primera edición en España: mayo, 2018
Primera edición en México: junio, 2018

D. R. © 2017, Les Escales Éditions

D. R. © 2018, Penguin Random House Grupo Editorial, S. A. U.
Travessera de Gràcia, 47-49, 08021, Barcelona

D. R. © 2018, derechos de edición mundiales en lengua castellana:
Penguin Random House Grupo Editorial, S. A. de C. V.
Blvd. Miguel de Cervantes Saavedra núm. 301, 1er piso,
colonia Granada, delegación Miguel Hidalgo, C. P. 11520,
Ciudad de México

www.megustaleer.mx

D. R. © 2018, Núria Petit i Fontserè, por la traducción

Cita de la p. 50, extraída de *El amante* (Tusquets, 1984), traducido por Ana María Moix.

ISBN: 978-607-316-581-5
Impreso en México – *Printed in Mexico*

El papel utilizado para la impresión de este libro ha sido fabricado a partir de madera procedente
de bosques y plantaciones gestionadas con los más altos estándares ambientales, garantizando
una explotación de los recursos sostenible con el medio ambiente y beneficiosa para las personas.

Penguin
Random House
Grupo Editorial

Se va el barco de papel
por el mar de la esperanza.
[...]
Se va, se va, se va y no volverá.
Se va, se va, se va la libertad.

TEO SAAVEDRA,
Barco de papel

PRIMERA PARTE

Pensarán que estoy loca, que soy una exaltada, la peor ambiciosa de la peor especie, una chica frágil. Me dirán: «No puedes hacerlo», «Jamás se ha visto», o con la voz teñida de preocupación: «¿Estás segura de lo que haces?». Claro que no, no lo estoy. ¿Cómo podría estarlo? Todo ha sido tan rápido… No he controlado nada; o más exactamente, no he querido controlar nada. Estaba Évelyne. Y eso bastaba.

16 de septiembre de 2016. Iba a ser una entrevista profesional, una simple entrevista, como tantas. Conocer a un autor al que quiero publicar, compartir la urgencia vehemente, extraordinaria, que su texto ha despertado en mí. Y también darle unas indicaciones precisas: insistir aquí, resumir allá, caracterizar, reestructurar, profundizar, depurar.

Hay editores contemplativos. Dedos largos y finos de selenita; espíritu apacible; jardín zen y rastrillo en miniatura. Yo pertenecía a la otra familia, a la de los editores que son mecánicos de coche, a quienes les gusta meter las manos en las entrañas de los motores, sacarlas manchadas de aceite y grasa, ir por la caja de herramientas y ver qué pasa. Pero esta vez no se trataba de un texto cualquiera, y mucho menos de un autor cualquiera.

En mi mesa atestada de documentos y bolígrafos tenía el manuscrito anotado. Por una vez, no eran ni el estilo ni la estructura los que habían llamado mi atención, sino la mujer a la que había entrevisto. Al cerrar la obra, una sensación extraña empezó a bullir dentro de mí, yendo del corazón a la cabeza y de la cabeza al corazón; una bola de fuego de contornos azulados. Seguramente era la intuición del encuentro que iba a producirse. Hice acopio de valor y la llamé.

—¿Diga? —respondió alguien conteniendo la respiración.

—Hola, ¿es la señora Pisier?

Su voz ronca era cálida, envolvente. A medida que iba hablándole, el miedo se diluía, se distendía como un tejido demasiado rígido; se convertía en adrenalina. Su relato me había emocionado. Parecía sorprendida, no acababa de creérselo.

—Ah, ¿sí? Ah, ¿sí?

Yo tenía la impresión de que sus dudas se iban materializando delante de mí, y extrañamente cada una de esas dudas reforzaba mi determinación. Aquella historia debía convertirse en un libro. Nos citamos para el viernes siguiente. Antes de colgar, noté que sonreía al otro lado del teléfono.

El aire se había cargado de una lluvia sorprendentemente fría para ser finales del verano: los muelles del Sena de colores pastel desleídos, Notre Dame envuelta en la niebla. No llevaba paraguas. Iba con sandalias. El manuscrito me pesaba en el bolso. Había llegado el momento. Respiré hondo y llamé.

Un hada diminuta: eso pensé al ver su silueta en el marco de la puerta. Tenía la delicadeza de un pájaro, enseguida me gustaron sus ojos, claros como el cielo de la Provenza, con las arrugas alrededor dibujando sonrisas. Me saludó y también me gustó cómo sonaba mi nombre en su boca, granulado por su voz grave de fumadora. Entré en el estudio, una planta baja que daba a un patio arbolado.

—¡Pero si está helada! ¿Quiere que le preste un jersey?

Dije que no, por vergüenza. Meses más tarde, sería yo quien le enviaría una estola, que no tuvo tiempo de estrenar.

Nos sentamos frente a frente. Delante de mí, un café muy caliente, salido de una máquina Nespresso. Había tenido que ayudarla: espere, aquí va la cápsula, ya está. Por lo general, lo hacía su marido.

—Cuando Olivier no está, no bebo nada, no como nada. No me importa. —Debí de parecer sorprendida porque añadió—: No sé hacer nada en la cocina. Mi madre siempre me lo prohibió. Pero eso usted ya lo sabe.

Y con la barbilla señaló el manuscrito que yo había dejado sobre la mesa.

Sonreí. Me tomé el café.

La lluvia repiqueteaba en el ventanal. Dentro se estaba bien, luces cálidas y colores suaves. Évelyne encendió un cigarrillo.

—¿No le molesta?

Pronto desaparecería el «usted». No, no me molestaba. No fumo, pero me gustan los fumadores. Ella rio. Sus manos empezaron a hojear el manuscrito anotado por mí.

—Hay que ver cuánto ha trabajado —dijo negando con la cabeza.

Observé las manchas marrones de sus dedos, la constelación discreta del tiempo. Llevaba su edad como un vestido ancho. No la incomodaba. Detrás de sus casi setenta y cinco años, todavía estaban el cabello rubio color arena, la piel de nieve soleada, la picardía, una impronta de eterna juventud.

Estuvimos tres horas hablando. De su manuscrito, de su madre, del lugar que ocupan las mujeres en la sociedad, del daño que nos hacen las religiones, de hombres, de sexo, de literatura. Algo ensombrecía de vez en cuando su sonrisa, su mirada se perdía y luego volvía a mí, y me parecía guapa. Por un acuerdo tácito, habíamos prescindido de preámbulos. Quizá las dos intuimos que nos faltaría tiempo, o a lo mejor solo fuera una forma misteriosa y bella de reconocimiento: un gusto compartido por las cosas esenciales, sin duda también la imposibilidad de actuar de otra manera. Ciertos encuentros nos preceden, colgados del hilo de nuestras vidas; están —no sé si atreverme a escribir esta palabra, porque ni ella ni yo creemos ya en Dios— inscritos en algún lugar. Había llegado nuestro momento, el momento de una transmisión cuyo recuerdo me conduciría siempre a la alegría, de una amistad tan breve como poderosa, una amistad total, que no tenía en cuenta en absoluto los cuarenta y siete años que nos separaban.

Évelyne quería contar la historia de su madre y, a través de ella, la suya. Una historia fascinante, que abarcaba sesenta años de vida política, combates, amor y dramas; que también era el retrato de una determinada Francia, la Francia de las colonias y las revoluciones, la de la liberación de las mujeres. Su texto todavía oscilaba entre el testimonio y el relato autobiográfico. Las dos estábamos de acuerdo: había que convertirlo en novela. No había que buscar la exactitud biográfica, sino la verdad novelesca de un destino. Permitirse cambiar los nombres, dejar que lo imaginario respirara, explorar los sentimientos profundos. Hacer una obra universal. Évelyne aplaudía. Juntas lo conseguiríamos.

Nos escribimos casi todos los días. Ella vivía en el sur, pero no estaba tan lejos. Cuando venía a París, nos reuníamos en su pisito, trabajábamos entre botellas y ceniceros, yo la escuchaba, sonreía con sus sonrisas, me indignaba con sus indignaciones, reía con ella; llegaba la hora de cenar y la conversación se prolongaba sin solución de continuidad en el restaurante, y más copas y más pitillos. Yo era feliz.

Todo se detuvo un jueves de febrero. Évelyne estaba en el hospital desde hacía varios días, su estado de salud era preocupante. Una prueba más para ella, que había superado tantas. «Tú eres muy fuerte» fueron las últimas palabras que le escribí. Y era cierto. Pero cuando vi el nombre de Olivier en la pantalla de mi teléfono, supe que la desgracia se había producido. Colgué hecha un mar de lágrimas.

A mi alrededor, en mi despacho de la Place d'Italie, la vida continuaba, y eso me parecía un escándalo de una brutalidad insensata. No quería ver a toda esa gente apresurada por las calles, esos coches que tocaban el claxon, esos correos electrónicos que invadían mi mensajería. Me vinieron a la memoria las palabras de un amigo escritor: «La muerte, esa zorra sin talento». Yo seguía estando mal. La cólera se derramaba en mi cabeza como una especie de ola roja. Volver atrás. Que no haya sucedido.

Lo demás no interesará a nadie: mi dolor, mis manos nerviosas, la amabilidad de mis colegas y de mi jefe, emocionado también, el vacío. Volví a casa, noqueada. No había nadie en el apartamento. Mi compañero estaba de viaje, mi madre vivía en provincias. Puse una cantata de Bach, como manda el tópico, los tópicos a veces consuelan, y encendí una vela. Por mi taza de té desfilaron todos los recuerdos, los que nos unían directamente a ella y a mí, el día en que nos conocimos, las conversaciones y cenas, pero también todos los demás, los que pertenecían a ella y que, por un acto tan perturbador como maravilloso, se habían convertido en míos: la historia de su familia y de su vida, que me había regalado al escoger convertirla en ficción.

La cantata se hundió en el silencio. Guardé el CD, apagué el equipo. Algo pesado y muy apacible acababa de depositarse en mí. Encendí el ordenador, abrí el archivo del manuscrito. Me puse a escribir.

Las últimas palabras de Évelyne, que Olivier me había confiado como un tesoro, me abrasaban: «Si me ocurre algo, prométeme que terminarás el libro con Caroline». Me lo había entregado todo antes de Navidad: la trama, la información que faltaba, las anécdotas, los episodios clave. Solo quedaba dar forma a ese material. Lo habríamos hecho juntas. Habría habido risas, vino blanco frío, preguntas que nunca acababan. ¿Hay que contar esta escena? ¿Crees que este detalle presenta algún interés? ¿Esto le interesará a la gente? Habría habido ternuras locas y locuras tiernas. Planeábamos una gran fiesta para el verano.

En la noche que empezaba a caer sobre París, vi sus ojos azules, su sonrisa y su mano tendida hacia mí. «Ahora te toca a ti», parecía decirme. Le guiñé el ojo. Yo era su editora. Su amiga de veintiocho años. Ella era lo más perturbador que me había pasado. Lo he prometido.

Terminaré el libro.

Se reía como solo ríen los niños cuando el sol se mezcla con el olor a azúcar y a fiesta. En la cocina se apilaban las cazuelas, las sartenes y los woks de todos los tamaños, y sola frente a ese ejército doméstico, esperando a que volviera su niñera, Lucie bailaba en sueños. Un domingo en Saigón. La vida aún parecía dulcísima. Desde el amanecer, el piso se llenaba de flores. Un viento cálido entraba por las ventanas protegidas con rejas y traía novedades. Por fin había llegado el día, el día que llevaban meses prometiéndole y que lo cambiaría todo: se bañaría sola, elegiría la ropa del armario, aprendería a leer y escribir. Ahora era «mayor», y esa palabra contenía unas promesas de contornos mágicos. A su alrededor, el círculo de la infancia se ampliaba. Estaba preparada. Cuando aquella misma mañana el cura había dicho: «Mi paz os dejo, mi paz os doy; en el amor de Cristo, démonos una señal de paz», ella se había adelantado a sus padres y les había tendido la mano derecha; los besos en la misa ya no eran propios de su edad. «La paz de Cristo», había susurrado. Eso hacían los adultos. Bastaba con imitarlos.

La puerta de la cocina chirrió y apareció Tibaï. A Lucie le encantaba su piel sin arrugas, sus cansados ojos almendrados, su boca más fina que una raya trazada a lápiz. La sirvienta se secó los pies para quitarles el polvo del patio y dejó sobre la mesa un plato tapado con un trapo.

—¿Es mi regalo?

La niñera asintió con la cabeza. Lucie aplaudió excitada.

—¿Qué es, qué es?

Quería quitar el trapo de un manotazo. Tibaï se lo impidió.

—Prométeme que no le dirás nada al señor… ni a la señora.

Lucie lo prometió. A lo lejos, las campanas de la catedral dieron las doce. Era como estar en Francia. Estaban en Francia.

De un solo gesto, la maga descubrió el plato.

Lucie esbozó primero una mueca de sorpresa. Era una masa amarillenta, blanca en algunos puntos, perfumada como la miel. Tibaï aspiró el olor con los ojos cerrados y hundió la mano en el dulce.

—Pruébalo.

Lucie metió la mano a su vez. Al morderlo era crujiente, jugoso, dulce y salado a un tiempo. Delicioso. Volvió a servirse, golosa, sin tenedor; tenía los dedos pegajosos y empezó a chupárselos uno a uno. Muy pronto el plato quedó vacío.

La sirvienta se dejó caer en una silla y Lucie se sentó en sus rodillas.

—¿Qué era, Tibaï?

—¿No lo has adivinado? —Sonrió—. ¡Larvas de avispa!

Lucie rio llevándose la mano a la boca. Era la primera vez que comía insectos, sus padres jamás se lo habrían permitido, ni siquiera un día de fiesta.

—¿No dirás nada, verdad? —insistió la niñera.

Luego recogió la mesa, le pasó un trapo mojado y preparó una papaya madura. Las semillas negras apelotonadas parecían canicas.

—Si las lavas podrás jugar con ellas —dijo.

Cortó la fruta en trozos, sacó el azúcar y la vainilla; derritió la mantequilla en la cazuela. Un colibrí se posó delante de la ventana.

—¿Por qué no jugamos?

La niñera no contestó, se echó atrás el largo cabello negro.

—¡Es mi cumpleaños!

—Ya he tirado las semillas, Lucie.

—A eso no. Juguemos al policía y al ladrón.

—¿Quién será el policía y quién el ladrón?

—Como siempre, tú serás el ladrón.

Los trozos anaranjados empezaban a caramelizarse. Tibaï los removió. Indiferente al aroma de canela que impregnaba la habitación, Lucie se mantenía al acecho. La niñera siempre hacía lo mismo: dedicándose a sus ocupaciones como si nada, atacaba en el último momento. Lucie escrutó su espalda llena de silencio. ¿Enseguida? ¿Ya? Cuando Tibaï se volvió, dio un respingo sin querer.

Una flecha rubia hendió el aire. Tenía el cabello despeinado, la falda revoloteando y siete años desde hacía pocas horas.

—¡Al ladrón! —gritó riendo.

En el pasillo se entrechocaron las estridencias, los pies descalzos que corrían, Tibaï tenía que perseguirla.

—¡No me atraparás! —Y la puerta del salón se cerró de golpe.

—¡Lucie!

La voz grave la dejó petrificada.

—Papá...

—Cállate.

Se levantó del sillón, dejó el periódico en la mesita.

—¿Y usted qué hace aquí?

Tibaï bajó la cabeza. Se deshizo én excusas y andando para atrás, desapareció.

Lucie hizo amago de seguirla.

—Espera un minuto, por favor.

Los dedos largos y delgados le recorrieron la nuca.

—¿Mona? —dijo él en dirección al dormitorio.

Una voz despreocupada le respondió:

—Sí, querido, ¿qué pasa?

André se encogió de hombros:

—Tu hija.

De un rosa como las conchas, escrupulosamente pintadas, las uñas de Mona brillaban a la luz del mediodía. Sus ojos azules miraban con fijeza a su hija, secretamente sorprendida de verla allí, entera, de pie, separada de ella, con un cuerpo y una mente que durante aquellos meses habían sido su propio cuerpo y su propia mente, extensión de su carne, prolongación de su sangre, sin comprender todavía, en definitiva, cómo semejante misterio había podido ocurrirle también a ella.

Sentada junto a su marido, escuchaba. Desde que lo conocía, ella siempre escuchaba. Enfundado en su terno, de una belleza implacable, de las que lucen los oficiales con uniforme, cosa que él no era, André tenía el índice alzado.

—Es necesario.

Mona sonrió. Así debían hablar los hombres, con autoridad.

—Es necesario que lo entiendas, Lucie.

Con un gesto, él señaló la mesa y el mantel de damasco, el ramo de orquídeas, la porcelana china, las copas de cristal, los cubiertos de plata. Lucie se mantenía erguida. Un soldadito amable y serio.

—Hoy...

—Ya lo sé —lo interrumpió la niña—. Hoy he alcanzado la edad de la razón.

André estuvo a punto de atragantarse, se hundió más en el sillón y volvió la cabeza; Mona sintió que el corazón se le aceleraba. En los ojos de su marido temblaba el cielo invernal parisino. Ese cielo gris de siempre que la había seducido una tarde de noviembre hacía ocho años.

El Banco de Indochina celebraba un cóctel cerca del Louvre, regado con champán y ginebra. Yvon Magalas, el padre de Mona, que dirigía el banco desde hacía varios años, había invitado a la familia Desforêt, Henri era un colega al que apreciaba. Enseguida se hicieron las presentaciones. Los cócteles también sirven para eso: para casar a la hija, para colocar al hijo. Lo primero que vio Mona, desde lo alto de sus diecisiete años, cuando aquel joven mayor que ella se le acercó, fueron sus grandes ojos de niebla.

—La edad de la razón... —repetía André.

André ignoraba que su mujer llevaba semanas preparando a Lucie para el acontecimiento: ¡siete años, siete años, cariño! La edad de los vestidos con punto de nido de abeja y la conciencia plácida de las cosas. La niña ya solo hablaba de ese 21 de octubre.

—¿La edad de la razón? ¿Y vas corriendo por ahí como una salvaje? Por cierto, ¿dónde están tus zapatos? —Apretó los dedos en torno al brazo de un rosa tierno—. ¡Te portas peor que la criada!

Mona sabía lo que pasaría a continuación. André se enfadaría, las venas de las sienes se le hincharían y luego empezarían a latir, minúsculas anguilas color malva.

—¿Me oyes, Lucie? ¡Peor que una *niaqué*!

Mona puso la mano sobre la de su marido.

—Por favor, André…

—Cállate, estoy hablando yo.

La severidad le afilaba la cara, le oscurecía los ojos, le redibujaba las líneas de los labios. Mona amaba esos momentos de tempestad; ella era la única que, con una sonrisa o un pestañeo, sabía calmar a André. Buscó de nuevo su mirada; alargó sus piernas desnudas, las descruzó una vez, dos veces. En vano. Él solo miraba a la niña. Una pizca de amargura le afloró al corazón. ¡Cómo le habría gustado, en ese momento, no ser la madre sino la hija amonestada!

Un olor a quemado impregnó la casa.

—¿Y ahora qué pasa?

Mona tenía una vaga idea.

—No te muevas, amor mío. Voy a ver.

Se levantó, corrió por el pasillo, se paró; no había que correr.

En la cocina llena de humo, Tibaï tiraba la compota de papaya quemada y se disponía a preparar otra. Sus manos eran menos rápidas, menos seguras que otras veces.

—Dese prisa, pronto será la una…

La sirvienta le contestó con una sonrisa tan triste que a Mona le dio pena.

—No pasará nada —la animó—, pero por lo que más quiera, ¡airee esta cocina!

Tibaï obedeció. A Mona se le escapó un grito de sorpresa. Dio un paso hacia la ventana. Detrás de las rejas, un colibrí la miró, pero enseguida huyó.

En el salón, la explicación continuaba.

—No tienes que mostrarte simpática con los criados —decía André—. Solo educada.

Mona se sentó a su lado y empezó a acariciarle el brazo. Un día le había confesado: «Me encanta que hagas eso». Con los años —en realidad con un año había bastado—, ella se había construido un repertorio mental de lo que a él le encantaba y lo que no. El cuerpo no es un terreno de juego infinito, tiene sus límites y hábitos. Sus zonas de confort. Y sobre todo sus aversiones.

Mona no pretendía saber mucho; había interrumpido la carrera de medicina demasiado pronto después de la boda, la universidad solo le había durado un año, pero sí sabía de eso, del poder de un cuerpo, un poder lábil, infiel, siempre amenazado por el Tiempo.

La vocecita de Lucie la devolvió a la realidad.

—No lo entiendo. ¿Simpática y educada, papá, no es lo mismo?

—No tiene nada que ver.

Un rayo de luz iluminó el cabello rubio como la arena.

—¿Por qué?

Mona pensó: «A mí también me habría gustado ser rubia natural».

—¡Pues porque son criados!

Se teñía el pelo desde que se casó, había probado matices más claros, rubio ceniza, rubio dorado, pero bastaba una ojeada para descubrir la superchería. André desconfiaba de las morenas, esas aventureras eróticas; también había desconfiado de ella. «Señorita —le había dicho aquella tarde eterna de noviembre—, es usted más encantadora que un maniquí. Pero ¿pueden los hombres confiar en usted?» El día en que se hicieron novios, ella le prometió que se convertiría en rubia; él lo entendió como un signo de obediencia de todo punto natural.

—Los criados son gente de color. Tú eres blanca. No puedes ser su amiga.

Lucie se balanceaba en la silla, claramente cansada del sermón. Mona sintió que la irritación de André iba en aumento, aquello acabaría mal, y la comida de cumpleaños que aún no habían servido... Trató de intervenir:

—Prométele a tu padre que no lo harás más, cariño...

Pero André la interrumpió otra vez.

—¡Tiene que entenderlo! Lucie, escúchame bien. Si eres simpática con los criados, en realidad los engañas. Les haces creer que son nuestros iguales. Y no lo son.

Mona sabía exactamente lo que iba a decir. Llevada por un impulso incontrolable, habló en su lugar, escupiendo las palabras:

—Porque vivimos en una sociedad que es, y siempre será, como es natural, jerárquica.

El día antes, André se había indignado contra las iniciativas diplomáticas de Francia respecto al Viet Minh. Frases martilleadas, atornilladas en su cráneo. Los blancos no deben someterse. Los amarillos son inferiores. Nuestra sociedad es, y será siempre...

En la cara de André afloró una sonrisa inmensa, inesperada, que hizo que el corazón de Mona se acelerara. Él repitió con deleite:

—Una sociedad que es, y siempre será, como es natural, jerárquica. —Separó ligeramente las piernas, se desabrochó el botón de la americana—. Lucie, tu madre es la mujer más inteligente que conozco. —Pero al decirlo, era a Mona a quien miraba.

En el marco de la puerta, Tibaï hizo una reverencia. La comida estaba servida... André la despidió con un gesto. En cuanto a la niña, se había quedado quieta, inconscientemente consciente de ese aire más denso y más caliente que ahora los envolvía. Mona le ordenó por señas que se marchara. Lucie desapareció al instante. Los dos se quedaron solos en el salón, rojo, cálido y húmedo como una boca inmensa. Ella cruzó y descruzó las piernas en dirección a él y lo miró muy seria. Una brisa ligera hacía temblar los mechones que le caían sobre los ojos. Cuando ella le sonrió, él supo que era el momento. Se inclinó sobre ella, paseó los labios por su cuello, sus mejillas, su nuca, se demoró en un aliento. Ella cerró los párpados cuando el perfume caro, una mezcla de ámbar y sándalo, se detuvo justo sobre su corazón.

Una tarde, Évelyne me pidió que eligiera los nombres propios de los personajes.

—Yo no puedo, no tengo suficiente imaginación.

Por supuesto, no era cierto. Pero esa palabra, «imaginación», la regocijaba, era bonito verla, un auténtico deleite.

El de Mona se impuso enseguida. Copio aquí las primeras líneas del prólogo inicial:

Habría que contarlo todo.

Relatar el destino de una esposa, de una madre, de una mujer que se liberó y a la que llamaban Mona.

Escrupulosamente, exhumaríamos los viejos cuadernos de hace cincuenta años, las fotos en blanco y negro donde posa la familia endomingada, las cartas que huelen a madera seca, los archivos.

Pero de esa esposa, de esa madre, de esa mujer que se liberó, no queda ni una palabra, ni una imagen; Mona se lo llevó todo.

Su suicidio exigía respuestas. No las había. La única, tal vez, estaba contenida en las sílabas cálidas de su nombre. Mona. Como la Gioconda, era una sonrisa y un enigma.

Este prólogo ya no tiene vigencia. Inevitablemente, Évelyne ha ocupado el lugar de su madre. Se ha convertido en el tema del libro, en su punto de partida y su horizonte. Pero de Mona queda la sonrisa y el enigma.

¿Qué te ocurre el día en que te enteras de que la mujer a la que más quieres en el mundo, tu madre, se ha suicidado? ¿Qué parte de ti se derrumba para siempre en ese instante? Al escribir estas palabras, no puedo evitar pensar en Delphine de Vigan y en su libro *Nada se opone a la noche*. «Esa idea no podía afectarme, era demasiado inaceptable, era imposible, era no.» Pero sí.

Ante mí se despliega la escena: Évelyne vuelve del fin de semana con sus hijos, llama a su madre, que no responde, prueba otra vez, en vano, llama a su hermano, no sabe nada, aumenta la preocupación, por qué no responde, por lo general ella contesta siempre, hay que ir, acuden los dos, no se oye ruido en la casa, «¡Mamá!, nada, nadie, qué hacer, «¡Mamá!», y las voces se crispan, encuentran sus llaves en el buzón, abren la puerta, manos febriles, conciencia bloqueada; entran.

Frente a mí, Évelyne fuma su tercer cigarrillo. ¿Se puede construir una novela a modo de investigación? ¿Tratar de dilucidar, remontando una vida, el gesto definitivo? El suicidio tiene razones que la razón ignora. El de Mona seguía siendo un misterio, no porque Évelyne no supiese sus causas, sino al contrario, porque las conocía demasiado bien. Su madre se negaba a envejecer. No perdería ni su belleza ni su poder de seducción. Era sin duda una motivación trágicamente banal, pero por Mona habían pasado treinta años de luchas feministas. Ella, la rebelde, la militante del derecho a la liberación sexual, a la anticoncepción y al aborto, no había sabido liberarse de su cuerpo.

—A los cincuenta, a los cincuenta y cinco años, ninguna mujer es deseable ya.

—¿Y lo dices tú? ¿Tú, la feminista? —saltó Évelyne.

Mona seguía en sus trece. Una mujer que ya no despierta deseo en los hombres está perdida. Évelyne se indignó y luego se echó a reír.

—No te rías. Si un día vives con un tío más joven que tú, te lo advierto, todo el mundo te llamará «la Vieja».

No lo decía en serio. Su madre no podía pensar eso. Évelyne aplasta el cigarrillo y levanta los ojos hacia mí:

—Lo pensaba de verdad.

Un laberinto de agua y piedra. El río se enroscaba alrededor de Saigón y lanzaba reflejos que hacían entornar los ojos. El domingo, los paseos tenían la plácida insipidez del tiempo libre. «¡El París de Extremo Oriente!» Con gestos ampulosos, André le describía a Lucie el entramado de la ciudad, su arquitectura, la riqueza de la Rue Catinat, la más bonita, por supuesto, ya que era la calle donde vivían. Bordeada de tamarindos, recorrida por calesas y tílburis, era una de las arterias principales de la ciudad, y la catedral de Notre Dame, construida con ladrillos rojos de Toulouse y flanqueada por dos torres coronadas por flechas de pizarra le confería cierto aire de pueblo francés. Allí competían los mejores restaurantes. También estaba el teatro municipal, cuya fachada reproducía la del Petit Palais. En el hotel Continental, donde las terrazas en forma de cubierta de transatlántico dejaban adivinar unas suites de un lujo mullido, Malraux y su mujer habían pasado diez meses. «¡Vivan los sóviets, escupen sobre el colonialismo pero les gusta dormir entre sábanas de seda!» Un poco más allá, en la Rue La Grandière, en el Círculo Deportivo se daban cita las mayores fortunas. Allí se trabajaban los cuerpos, las almas y los placeres: bailes, billar, bridge, cócteles y conciertos. Era un barrio limpio, cuidado, más blanco que la élite blanca que lo habitaba. André solo se mostraba desconfiado respecto al banco. Allí, decía en voz baja, traficaban con piastras.

—Oh… —murmuraba Lucie asustada.

Él la tranquilizaba. La culpa era de los blancos de paso, unos mediocres que no valían nada, no colonos como ellos.

Para Mona nada era equiparable al espectáculo de los bicitaxis de colores chillones; a los mercados repletos de animales y verduras; a los vendedores de buñuelos que vertían su fritura en papeles de periódico sobre la acera; a las bicicletas que se hundían bajo el peso de las gallinas, las jaulas o las ranas despedazadas, a los funámbulos que bailaban sobre el hilo de las calles. Esá era la Indochina de los sueños y las postales, la colonia de los pobres.

Cuando se aburría, cosa infrecuente, o cuando sus amigas del Círculo estaban ocupadas, acompañaba a Tibaï a la escuela Saint-Louis. Allí estudiaban todos los hijos de los altos funcionarios; desde la Rue Catinat apenas se tardaba diez minutos a pie. El edificio era amplio y claro, abierto a un patio protegido del sol por un baniano centenario. En la acera, la sirvienta esperaba al lado de otras *tibaïs*, discretas y sin edad. Mona admiraba los rasgos finos de una, el cabello sedoso de otra, se fijaba en la fea tela de una falda, en los pies rasposos, en la delicadeza de una muñeca. Las asiáticas hablaban poco. Parecía que tuvieran un código: con los pestañeos, las inclinaciones de la cabeza, el roce de las yemas de los dedos contaban acerca de sus jornadas en casa de los blancos, de las preocupaciones domésticas, de sus maridos, de sus hijos. ¿Quién iba a buscar a los hijos de estas a la escuela mientras ellas se ocupaban de los hijos de los otros? Y luego se acordaba; esos niños no iban al colegio.

Se abrió el portalón y por él se derramó un torrente de cabezas rubias. El alboroto se imponía a las voces de los adultos. Al cabo de un minuto, Lucie también salió, radiante con su vestidito de volantes. Su sonrisa era la de los niños que no tienen problemas.

—Cariño… —dijo Mona adelantándose.

Pero el corazón le dio un vuelco: su hija se echó primero al cuello de la sirvienta.

En el camino de vuelta a casa, la niña iba recitando las tablas de multiplicar con voz monótona, «Dos por dos, cuatro. Dos por tres, seis. Dos por…», hasta el momento en que tropezó con un mango. Las aceras estaban llenas de ellos desde hacía varios días. Lucie tomó carrerilla, corrió con pasitos cortos y le dio una patada. Otro mango voló y se espachurró con un ruido sordo que la hizo reír a carcajadas.

—¡Pero bueno!

—Es su nuevo juego, señora —explicó Tibaï un poco azorada.

No pudo añadir nada porque Lucie ya estaba pegándole una patada a otro mango, esta vez en dirección a la calle. Pasaba un campesino en bicicleta y el fruto le dio en la cara. Hizo un movimiento brusco con el manillar, la rueda se encasquilló y todos los tomates se esparcieron.

—¡Lucie!

En medio de los cláxones, el campesino vietnamita se levantó chillando. Miró los tomates. Casi todos estaban espachurrados. Invendibles. La cara de Tibaï, normalmente tan luminosa, se apagó.

Mona se volvió hacia su hija.

—¿Te das cuenta de lo que has hecho?

Lucie bajó la cabeza. La criada contemplaba el desastre en silencio: aquel hombre en la calzada, más flaco que una liana, que en un segundo lo había perdido todo. ¡Cuánto se le parecía!

Suavemente, Lucie se acercó a su niñera y deslizó su manita en la de ella.

—Tibaï —susurró, y el nombre era un «perdón».

A Mona le escocían los ojos. En la calzada, los tomates formaban un charco rojo sangre. El campesino les lanzó una mirada llena de reproche y gritó algo que nadie entendió, salvo la criada.

—¿Qué dice?

En torno a ellas, el bullicio mecánico se había reanudado como si nada. Las ruedas de las calesas, de las bicis, de los *pousse-pousse* pronto hundirían la sangre en el asfalto y, antes de que se acabase el día, de aquella pasta triste no quedaría nada. El campesino volvió a subirse a la bicicleta. Pronunció una última palabra, glacial.

—Pero ¿qué dice? —repitió Mona.

Tibaï bajó los ojos y no dijo nada. Si en aquel momento se hubiese asomado a la mirada de su ama, habría captado un destello vacilante, mezcla de tristeza, angustia y rabia, en el cual se habría sorprendido al reconocer, por primera vez, culpabilidad.

Évelyne celebró sus setenta y cinco años unas semanas después de conocernos. Ella había decidido amar sus arrugas, su pelo cano y a sus numerosos nietos: la vida. Mona se había suicidado el día antes de cumplir los sesenta y seis.

—Lo que habría que hacer es mostrar en la novela cómo os habéis construido cada una, pero también deconstruido, tal vez.

Las cosas podían resumirse en una frase: Évelyne Pisier no se había convertido en Évelyne Pisier por casualidad. Su madre era a la vez un modelo y un contramodelo, una aliada y una objetora, una confidente y una mujer de secretos, un gran caos de sombra y luz. Évelyne se había construido inspirándose en ella, sin duda, pero también Mona se había inspirado en su hija. Frente a los lectores las dos tenían que existir.

La lluvia seguía repiqueteando en el cristal. Qué final de verano tan extraño, y ese cielo color pizarra… No me atreví a pedir más café. Évelyne reflexionó unos segundos y luego asintió.

—De todas formas, confío en ti.

Sus ojos se posaron en mis brazos desnudos. Se levantó. Diez pasitos hasta el ventanal, que cerró con cuidado.

—No quiero que te enfríes.

El año 1949 trajo nuevas preocupaciones. En el puerto de Saigón desembarcaban continuamente soldados procedentes de la metrópoli, que eran recibidos por la fanfarria militar antes de que los enviaran a la selva, donde además de enfrentarse al Viet Minh, tendrían que plantar cara a las serpientes, los mosquitos, la disentería y los herpes anamitas, esos pequeños hongos que con la humedad crecen en la piel. En febrero, el 2.º batallón extranjero de paracaidistas, creado en Sétif un año antes, llegó para reforzar el regimiento de Tonkín. Indochina contaba ahora con dos unidades de paracaidistas de la Legión Extranjera, de los que la gente hablaba muy bien: unos muchachotes robustos que sabrían frenar la expansión roja.

A pesar de las tensiones, la población se preparaba para el Año Nuevo tomando por asalto los mercados y quemando incienso ante los templos. En las calles, los dragones con miles de campanillas bailaban para pedir salud y protección.

—Tu hija tiene un nuevo capricho.

André había entrado en la habitación sin llamar. Sentada ante el tocador, Mona se preparaba para la fiesta del Círculo. Después de cepillarse cien veces el cabello, como le había enseñado su madre, se había retocado el carmín de los labios y había elegido las joyas a juego con el vestido. Con un movimiento de las cejas, invitó a su marido a continuar.

—¡Agárrate fuerte, quiere que celebremos el Tét!

En el espejo le respondió una carcajada, que hizo tintinear los pendientes.

—¿Te parece divertido? Mona, por favor, ¡es inaceptable! No estoy dispuesto a que en la escuela transmitan esas estupideces.

Ella se levantó y se le acercó. El vestido era de satén verde, maravillosamente ceñido a la cintura; con las primeras luces de la noche aparentaba quince años, y lo sabía.

—No te preocupes. Ya hablaré yo con Lucie. Pero mañana.

Rozó con los labios la boca rosada de su hombre, antes de guiarlo hacia el salón.

¿Lo había heredado de su madre? ¿Procedía de una imaginería secreta y pactada que las mujeres se transmiten de generación en generación? ¿De la propia naturaleza? En ella la seducción era un don. Desde muy joven había advertido la duplicidad del deseo, ya sea porque uno lo suscite o porque lo sienta. En el amor, las leyes eran sencillas. Uno podía arrodillarse temblando delante de aquella a la que en público humillaba si el sueño de tocarla se volvía bruscamente accesible. André ordenaba; también obedecía, pero en el silencio de la alcoba. Mona lo había comprendido. Un hombre es a la vez un amo y un perro.

—¿Estás listo? —Los pendientes enmarcaban sus pómulos dorados, haciendo resaltar sus ojos de lapislázuli—. Pues vamos.

En el Círculo Deportivo se hablaría durante mucho tiempo del vestido verde de la joven esposa de Desforêt, de aquella sonrisa impenetrable y radiante. De ella se diría, como de esas mujeres de quienes se acaba negando la existencia: es un hada salida de los libros de cuentos, una novia imposible.

A la mañana siguiente, mientras Lucie se bebía el tazón de chocolate, Mona atacó:

—Así que, según parece, quieres celebrar el Tét.

La niña abrió unos ojos como platos.

—Sí, mamá, ¡por favor!

—¿Y puede saberse por qué?

La niña reflexionó un momento.

—Porque la maestra ha dicho que el día del Tét se comen *nems*.

En ese mismo momento André se reunió con ellas en la cocina; su pelo olía a brillantina.

—¿De qué habláis?

—Del Tét, precisamente…

Él frunció el ceño.

—¡Mira, me gustaría que le dijeses a tu maestra que no te enviamos a Saint-Louis para que aprendas la religión de los *niaqués*!

Mona reprimió una sonrisa.

—Lucie tiene buenas razones…

El cuchillo de la mantequilla quedó en suspenso sobre la rebanada de pan. Lucie corrió hacia su padre y se le echó al cuello.

—Sí, sí, papá, ¡muy buenas razones!

Él la levantó en brazos y le besó en la mejilla.

—Mmm… Me gustaría saberlas…

—Papá, ese día hay que comer *nems*. ¡Y a ti te encantan los *nems*!

Al cabo de dos días, Tibaï preparó ochenta rollitos fritos rellenos de buey y cerdo y los distribuyó entre sus amos y sus numerosos amigos, entre champán y tés verdes humeantes. Mona y André atraían todas las miradas.

—Sírvanse, sírvanse —decía ella.

Las manos cubiertas de pesadas sortijas y de relojes rebuscaban en la bandeja.

—La criada prepara maravillosamente estas porquerías —reconocía André enjugándose la boca.

Tibaï se movía como una bailarina entre la multitud, llevando bebida aquí, comida allá, revoloteando entre los manteles y las servilletas, mientras los petardos recibían con alegría teñida de inquietud el año del Búfalo, ese animal de comportamiento tan imprevisible.

El último invitado se fue a las doce de la noche. Lucie ya dormía desde hacía rato. André y Mona se encerraron en su habitación. En el silencio de la cocina, sola por fin, después de recoger las mesas y fregar los platos, Tibaï se tragó frío el último rollito frito, pegado a la bandeja como un dedo cortado.

Las tatas tuvieron mucha importancia en la vida de Évelyne, primero durante su infancia y luego cuando fue madre. La burguesía de mediados de siglo tenía sus normas: la mujer de un alto funcionario no trabajaba; también era impensable que se cargara de hijos. Los años revolucionarios tuvieron las suyas: la mujer moderna estudia y trabaja; ya no se queda en casa para ocuparse de los niños. Las nodrizas son personajes de tragedia. Estoy pensando en la Antígona de Anouilh y en su tierna desesperación: «La nodriza más fuerte que la fiebre, la nodriza más fuerte que la pesadilla, más fuerte que la sombra del armario que ríe sarcástica y se transforma en la pared a cada hora que pasa, más fuerte que los mil insectos del silencio que roen algo en alguna parte por la noche, más fuerte que la propia noche con su ulular de loca que no se oye; la nodriza más fuerte que la muerte». Son las mensajeras indirectas de la catástrofe que está por venir.

De niña, Évelyne estuvo muy unida a sus niñeras. Tibaï, que significa «tata» en vietnamita, fue su primera amiga. Más tarde, en Nueva Caledonia, sería Rosalie. Mujeres de la sombra, a menudo maltratadas y poco reconocidas, y además, indígenas. Creo que fueron los primeros paisajes que Évelyne observó y amó, unos paisajes humanos, móviles, emotivos, de los que se alimentará toda su vida. Tibaï y Rosalie podrían explicar por sí solas las luchas futuras de Évelyne a favor de la descolonización.

Cuando sea madre a su vez, Évelyne recuperará de nuevo a las niñeras. Después de aprobar brillantemente una oposición de derecho público, en una época en que las mujeres no se presentaban a tales oposiciones, Évelyne obtiene una plaza en la Universidad de Reims. Su primer marido, un médico comprometido, viaja constantemente por el mundo. Sus tres hijos son pequeños, y las niñeras se suceden. Évelyne las necesita, aunque le duele no estar más con los niños. Pero su marido encuentra una perla: una camboyana que ha logrado escapar al genocidio de los jemeres rojos. ¡Libertad! Évelyne confía en ella, igual que en las otras. Sigue yendo y viniendo de París a Reims, trabaja como una burra. Pero un día rebuscando en el armario de los niños encuentra un revólver entre los paquetes de pañales. Ni la política ni la causa del pueblo pueden hacer nada. La camboyana acabará de patitas en la calle, con sus armas y sus secretos.

Poco después del entierro, Olivier me remitió la carta de una polaca muy amiga de Évelyne, que fue la tata de sus hijos. Se llama Ursula, y escribe:

De pronto surgen imágenes dispares, de épocas diferentes de cuando vivía en vuestra casa:

Su manita delicada se posa en tu hombro, Olivier.

Su cabello despeinado tras la ducha matinal, como los pelos de Ouzo, ocultan brevemente su cara.

Su silueta menuda se perfila detrás del jersey demasiado largo y ancho.

Su pijama rosa pálido desparejado y sus gruesos calcetines de lana la convierten casi en una niña.

La búsqueda cotidiana de su coche o de las llaves del coche —pocas veces se acuerda de dónde lo dejó la víspera— animan las mañanas apresuradas.

La bola de sándalo encima de su mesa me evoca su perfume.

No conozco a Ursula, pero me entran ganas de abrazarla, de darle las gracias. Las llaves, el pijama rosa, el jersey demasiado grande: no falta nada. Un retrato sensible. Más abajo, leo feliz este corto párrafo:

Para animarme, en los momentos de pena, me repetía continuamente: «Hay que luchar», y cuando me empantanaba en la negatividad (la denigración, mi actividad favorita), ella me decía: «Una no nace, sino que se hace imbécil».

Ursula tiene que salir en el libro.

La Rue Catinat cada vez era menos segura. Los comerciantes que no se habían pronunciado a favor del Viet Minh a menudo eran víctimas de represalias: granadas, cócteles molotov, agresiones. También los bailes estaban en el punto de mira, como el del Dragon d'Or, en el Boulevard de la Somme, donde dos músicos aparecieron acribillados. Sin embargo, los oficiales del ejército francés, sus mujeres y los altos funcionarios de la administración continuaban saliendo.

El Chalet Catinat, en el número 69 de la calle, siempre estaba lleno. Era un club protegido porque lo frecuentaban importantes comerciantes chinos que iban a pasar el rato allí, y en esas visitas «amistosas» pasaban armas y dinero a sus aliados comunistas. En la sala oscura, llena de humo, con música de jazz y canciones de Tino Rossi, la guerra se difuminaba. El perfume de las damas era embriagador y todo el mundo quería creer que aquellos chicos lo conseguirían, de una vez por todas, en Tonkín y en el delta del Mekong.

En realidad, André estaba alerta. Mona lo notaba. Le había pedido que limitase los paseos con Lucie.

—Disfrutad de la residencia, no salgáis.

En aquel Saigón blanco, protegido por murallas blancas, que unos hombres blancos armados hasta los dientes vigilaban permanentemente, la vida transcurría, apacible y lenta.

Mona disfrutaba de la calma del lugar, la languidez de las hamacas al borde de la piscina. Todos los sábados, le tendía a Lucie su pequeño bañador y le enseñaba a nadar en un agua azul a veintiocho grados. Cuando su hija dormía, ella hacía unos largos, se esculpía un cuerpo de sirena y procuraba que su bronceado fuese perfecto. Fuera, la ciudad se desgarraba, dividida según un esquema tácito que a nadie se le ocurría transgredir y cuya única frontera era la piel. Los blancos en la Rue Catinat; los amarillos fuera, lejos, más lejos, lo más lejos posible. Sobre todo, preservar la calma; la residencia era muy agradable. Un día, Lucie se había mostrado preocupada por el moreno dorado de su madre: ¿no estaba volviéndose amarilla ella también? ¿Qué pasaría si su padre se daba cuenta? Mona se había reído y había tranquilizado a la niña. André no tenía ese tipo de debilidades. Le besaba el hombro exactamente donde la piel, protegida por el tirante del bañador, era una marca blanca, igual que una cinta. Y la vida pasaba, apacible y lenta, voluptuosa. Saigón sería un paraíso. Toda Indochina, un paraíso.

Qué mentira.

Desde 1945, Mona soportaba Indochina por amor a André. Tiempo atrás, antes del golpe de fuerza de los japoneses, adoraba el país, sí. Pero la guerra lo había devastado todo. De haber podido, habría huido; África, por ejemplo, la atraía. Indochina los tenía atrapados. Le había hecho prometer a su marido una cosa: que jamás volverían a Hanói, esa ciudad donde Mona había creído morir cien veces, donde había creído perderlo cien veces. Él se lo prometió.

A veces, tumbada en la hamaca, observaba a su hija. Lucie corría, reía como una loca, se tiraba al agua y la salpicaba. A su edad, no había otra cosa: correr hasta perder el aliento por el jardín, mordisquear un *nougat* y después contarse los dientes para comprobar que no se había roto ninguno, acariciar a los gatos del barrio, dormir la siesta en el verano sofocante. Los muertos no podrían con ella; la infancia es un escudo. Las imágenes del campo de concentración iban borrándose de su memoria. Eso era bueno. Pero a Mona el olvido la aterraba.

Una noche, fue más fuerte que ella. Mientras arropaba a Lucie, se tumbó en la cama. La pequeña la miraba con ojos interrogantes, tan azules como los suyos. Fue lo primero que André había observado en el hospital de maternidad, con una mezcla de alegría y alivio. «¡Tiene tus mismos ojos! —Y luego había añadido, con una amplia sonrisa—: Hemos hecho una bonita rubia, a falta de un chico.»

Lunes 21 de octubre de 1941, 11.15 horas. Lucie había nacido casi dos meses antes del ataque a Pearl Harbor. La guerra, desde la cuna. Mona acarició el cabello dorado de su hija. Se había jurado que no relataría aquella pesadilla, pero una fuerza inexplicable la obligaba a ello, tal vez el miedo a otros dramas, a otros sufrimientos por venir, o simplemente la necesidad de recordar que no había atravesado sola aquel infierno.

El campo de Hanói era negro. Un sudor grasiento supuraba de las paredes y se pegaba a ellas como una segunda piel que habría habido que arrancar y quemar. Con su hija acurrucada contra ella en un rincón de la celda, Mona oía el repiqueteo de la lluvia en el techo. Las cucarachas correteaban por sus piernas, presionando sus patitas, tictac, tictac, con la regularidad de un reloj de pesadilla. Un olor acre, una mezcla de humedad y orines, les atenazaba la garganta. Alrededor de ellas, otras mujeres, con otros niños, lloraban en silencio. Una palabra, un gesto brusco, y los guardias alzaban sus porras.

El primer día, una vietnamita había intentado oponerse a ellos; ahora tenía el ojo izquierdo cerrado en una masa violácea, de la que salía un pus viscoso. Mona había intentado curarla.

—Déjeme, he estudiado medicina…

Pero la mujer volvió la cabeza. Sabía por instinto que no podría hacer nada por ella. Al otro extremo de la celda, una blanca cuya cabellera pelirroja proyectaba un poco de sol en la oscuridad se balanceaba adelante y atrás repitiendo continuamente:

—Philippe, Philippe…

Mona apretaba a su hija contra el vientre para expulsar el miedo.

—*Soto ni!* —gritó un hombre—. ¡Fuera!

Los únicos hombres del campo eran ellos, los soldados japoneses, de guardia delante de las puertas de las celdas (algunas murmuraban «de las jaulas»). Era la hora del paseo y las prisioneras formaron una fila. El patio también era negro, rodeado de unos muros muy altos, y bajo los pies el barro hacía un ruido de succión. El primer día, a Lucie le pareció divertido. Una niña de cuatro años se divierte con ese tipo de cosas. Pero hacía una semana que estaba encerrada y ya no se reía tanto.

La marcha comenzó. Bajo la lluvia que lavaba sus cabezas sucias, pasaron una vez a lo largo de los muros, una segunda, una tercera. A la cuarta —en total serían cinco—, Mona apretó el brazo de su hija.

—¡Date prisa!

En un rincón temblaba una mancha verde.

—¡Arranca un poco de hierba y cómetela!

Lucie no hizo preguntas. Arrancó algunas briznas y se las llevó a la boca. La ronda continuó.

Todo había empezado el 9 de marzo de 1945. Hacía meses que París se había liberado de los alemanes, pero Francia seguía luchando en Indochina contra el Imperio japonés. Como alto funcionario colonial, André desempeñaba un papel de primer orden en las decisiones estratégicas. Se levantaba al amanecer y trabajaba hasta tarde, despachaba a diario con el gobernador, Jean Decoux, daba cuenta de la situación al Gobierno provisional de la República, como antes, aunque con mejor disposición, lo había hecho con los hombres de Vichy. Jamás habría imaginado lo que le esperaba.

En Hanói la noche se iluminaba. Para los niños de buena familia había llegado la hora de acostarse, pero aquella noche Lucie se había puesto muy caprichosa. Sus fideos aún estaban sumergidos en la salsa, su muñeca desarticulada yacía bajo la mesa, Mona la había obligado a comer: «Venga, al menos la mitad». Todo era inútil. Cansada, había terminado por darle la espalda. Comprobaba la lista de lo que tenían que hacer los criados, ansiosa por que André volviera del trabajo para poner orden en la familia, cuando una corriente de aire cruzó la habitación, pálida como un fantasma. Era Dinh, el jardinero.

—¡Los japoneses!

Mona se quedó petrificada.

—¡Han atacado! Van a venir a buscarla…

Mona se aferró con una mano al respaldo de la silla y se llevó la otra al pecho.

—Pero ¿y André?

—No lo sé, señora, no sé nada. Hágame caso, váyase enseguida…

Su mente vagó un instante entre la casa y la ciudadela de Quang Yen, donde trabajaba su marido. Logró dominarse y empujó a Lucie dentro de la habitación.

—¡Ponte los zapatos!

Del armario de teca sacó una maleta, la llenó al azar y cogió a la pequeña de la mano. Estaba helada.

—Ven, cariño.

Enseguida se detuvo. Acababan de entrar cuatro soldados en el patio. Dinh gritó y corrió a esconderse. Se oyeron tiros, voces, la niña se echó a llorar y de inmediato los enemigos las rodeaban. Mona se dejó caer al suelo para hacerse más pesada. Tuvo un pensamiento absurdo. Su vestido, el bonito vestido nuevo de lunares que André acababa de regalarle, se estropearía. Un enemigo le escupió. Sobre la tela, el escupitajo dibujó un lunar más claro.

«Yo no tengo recuerdos de infancia», decía Georges Perec, cuya familia fue deportada a Auschwitz. El campo de concentración de Hanói, donde encerraron a Évelyne y a su madre, pertenecía a una memoria inasible. ¿Cuánto tiempo habían pasado realmente dentro? Ni idea. ¿Cómo era la celda? ¿Cuántas mujeres se amontonaban en ella? Los únicos elementos de que disponía Évelyne procedían de la historia que su madre le había contado, que podemos imaginar recompuesta, edulcorada, falseada. Hablar del campo de concentración en la novela suponía recurrir a la ficción, la única que podía colmar el agujero negro del pasado.

Lo que permanecía más nítido en el recuerdo de Évelyne era su madre repitiéndole aquella frase increíble: «Arranca un poco de hierba y cómetela», hasta el punto de que Évelyne la había citado en un par de entrevistas. Yo quería que profundizara en aquel episodio. Una no crece con su madre en una cárcel sin que eso determine su vida. Aquel encarcelamiento inaugural resonaba con toda su fuerza en la lucha de ambas por la libertad.

Évelyne había tomado unas notas en el documento que yo le había dado cuando nos vimos por primera vez. He podido recuperarlo.

Ahora las hojas tienen las esquinas dobladas, hay manchas y huelen a tabaco y a papel. Se me hace un nudo en la garganta. En la parte superior, las palabras «Pistas de trabajo» que yo había tecleado en el ordenador. Me topo con mis propias indicaciones («Tratar aquí el mito del padre, héroe de guerra»), y enfrente la tinta azul de su mano. Aquí y allá, Évelyne escribe: «Novelar personajes padre/madre». «Aclarar.» «Insistir.» «Cuerpo de las mujeres.» Y en medio de la página 2, esta palabra incierta, subrayada con decisión, que me hace sonreír: «Nem».

He guardado las notas con mucha precaución. Están en un cajón en mi casa, justo encima de las fotos antiguas de mi familia de la isla Mauricio, en mi preciosa caja de los secretos.

El campo de Hanói. Vamos allá. He realizado pesquisas y he dado con testimonios edificantes, una parte de la historia de Francia de la cual yo no sabía nada; en mi mente, Indochina se reducía a unos cuantos flashes que, por otra parte, tampoco me decían gran cosa, salvo Dien Bien Phu y *El amante*, de Duras. Un párrafo reproducido, creo, en todos los manuales de cuarto de secundaria franceses, me había fascinado: «El hombre elegante se ha apeado de la limusina, fuma un cigarrillo inglés. Mira a la jovencita con sombrero de fieltro, de hombre, y zapatos dorados. Se dirige lentamente hacia ella. Resulta evidente: está intimidado. Al principio, no sonríe. Primero le ofrece un cigarrillo. Su mano tiembla. Existe la diferencia racial, no es blanco, debe superarla, por eso tiembla»; un párrafo que casaba muy bien con el cartel de una película famosa (*Indochina*), en que se veía a una mujer de espaldas, con un zapato en la mano (Catherine Deneuve), apoyada en el balcón que dominaba una bahía inundada de oro («cubierta» sería la palabra exacta). Pero por lo que se refiere al enfrentamiento directo entre franceses y japoneses en esa lengua de tierra, nada. ¿Quién escribe la historia? ¿La memoria colectiva? ¿Los soldados, los gobernantes, los historiadores, los profesores? Sin duda. Pero el primer productor de historia es el presente. Por razones que se me escapan, la década de los años 2000 no necesitaba a Indochina. Me habían enseñado la Shoá, el estalinismo, la guerra de Argelia. La guerra de Vietnam, no la de Indochina. Admito que ya era mucho. Évelyne me enseñaba otra cosa. La gran lección de Lévi-Strauss: «Proyecta tu mirada a lo lejos».

—Philippe, Philippe… —continuaba la pelirroja en la celda.

Habían pasado semanas, el calor y la humedad mezclaban sus miasmas; el hambre, la sed y la falta de higiene las tenían abatidas. Y seguían sin noticias de André.

—Philippe…

Aquella loca tenía un nombre, susurrado de boca en boca como una maldición: Isabelle Chapelier. Mona lo conocía o le recordaba algo, a un amigo de André quizá, o a un colega, pero era vago, todo era vago. De Isabelle le gustaba el cabello de fuego que, desde hacía unos días, le caía a mechones, cansado de luchar.

—Philippe…

El sonsonete empezaba después de cada paseo. Sentir el aire en la piel, el recuerdo de otros ámbitos, la esperanza de un reencuentro, todo eso alteraba sus nervios y desencadenaba, nada más volver a la celda, unas crisis de angustia terribles. Un uniforme verde se acercó a la reja y la amenazó golpeando el suelo con el fusil. Una mujer le indicó por señas que se callara. Los malos tratos se compartían; los castigos, también. Pero ella seguía gimiendo. Aparecieron más soldados. Mona, presa del pánico, alargó el cuello hacia la loca y le susurró:

—Philippe saldrá de esta. Los hombres son fuertes, mucho más que nosotras...

Al oír estas palabras, Isabelle alzó unos ojos mortecinos hacia ella, no vacíos sino llenos, tanto que parecían hinchados de tierra. Iba a contestar cuando un guardia abrió la reja, entró en la celda y, aplastando a su paso los pies, los vientres, las cabezas de las mujeres y los niños tumbados, agarró a Isabelle por los últimos cabellos y la echó fuera. Los uniformes verdes se la llevaron.

Mayo llegó con su ración de penas: un calor agobiante que asfixiaba los pulmones, unas lluvias diluvianas, la disentería. Pero lo peor —y Mona tenía muy presente la imagen de aquella niña de la edad de Lucie, que había terminado ensangrentada de tanto rascarse— eran los mosquitos. Su zumbido difuso, la sensación invisible de sus patas sobre los cuerpos rojos por las pústulas... Unos picores desesperantes. Incluso los soldados parecían incomodados. Había que resistir. Arrancar cada día a la muerte y a la locura.

La delgadez de las mujeres se volvía pavorosa. Los huesos sobresalían de la piel. Lucie estaba triste. La víspera, había arrancado de nuevo unas briznas de hierba a petición de su madre, deprisa. Mona no lo había visto, pero en vez de comérselas, Lucie las había mantenido apretadas en la palma de la mano, un pequeño tesoro de amor y dolor. Al volver a la celda, una vez se alejaron los soldados, susurró:

—Mamá. —Y le tendió las briznas maceradas por el calor—. Para curarte.

El tiempo no pasaba.

Cuando las fuerzas se lo permitían, Mona le repetía a Lucie:

—Tu padre es un héroe.

Como es bien sabido, los héroes no mueren.

—El mariscal Pétain, su jefe, lo quiere mucho. Puedes estar orgullosa de él.

A fin de dejarla contenta, la niña asentía con la cabeza. Pero no tenía ni idea de quién era el mariscal Pétain.

Isabelle no volvía. Habían pasado los días, y su ausencia —el fuego de su cabellera, su murmullo sin fin— le hacía más cóncavo el vientre. Mona se había persuadido de que el retorno de la loca iría acompañado del de André. Por desgracia, nadie volvió. Los soldados abrían las rejas regularmente. Ella acechaba en vano su cara de pelirroja cansada; los japoneses señalaban a tal o cual prisionera, la más joven, la más guapa, o la más vieja y enferma, y se la llevaban. Las mujeres siempre volvían. Con la cara descompuesta, desencajada. Pero volvían. Isabelle no.

Un día, un guardia apuntó a Mona con el dedo. A pesar de su delgadez, aún tenía la piel fina de sus veinte años, la boca rosada «de cerezo en flor», como decía André. Lucie chilló. Una vecina le tapó la boca con la mano.

—Cállate, cállate, idiota.

Mona tuvo tiempo de dirigir una sonrisa tranquilizadora a su hija y luego avanzó hacia el guardia.

Lo que pasó en aquella hora, viscosa, espesa como la cola, ella no lo contó. Pero le hicieron lo peor que puede hacérsele a una mujer. Duró una hora.

Después volvió.

A raíz de esta escena, Évelyne y yo empezábamos a atisbar los temas de fondo del libro. Hablar del campo de concentración importaba por dos razones: primero, para alimentar la oposición temática cárcel/libertad que vertebraba toda la novela, pero sobre todo porque allí se producía el aprendizaje del silencio.

Mona tiene entonces veintidós años. Es una niña que protege a otra. Apenas dieciocho años separan a la madre de la hija. Entonces observa, analiza los hechos y saca sus conclusiones. Isabelle ha pagado caros sus gritos y protestas. Mona optará por el silencio.

Uno se acostumbra al silencio. Acaba por encontrar en él una forma de placer, orgullo y paz. Así, Mona no informará a Évelyne de su cáncer de mama hasta después de haberse curado. La operación, la quimioterapia, los tratamientos, el dolor: silencio. Finge irse de vacaciones para no estropear las de su hija. Incluso le envía postales falsas de Italia y la llama para alabar las maravillas de Venecia. Pero después del silencio, ¡la gallardía! Cuando le extirpan las mamas, decide operarse y mostrar sus nuevos pechos con orgullo.

En cierto modo, toda la novela se resume en esta búsqueda: la liberación de la palabra. Mona quiso encontrar su voz; Évelyne me transmitió la de ella.

El paseo circular por el patio pautaba las jornadas de las prisioneras. Un día, una mujer adelantó a Mona y le susurró:

—Su marido está vivo. —Y siguió caminando como si nada.

Se trataba de una tonquinesa de larga melena a la que había conocido en un cóctel en casa del gobernador, lo cual era como decir en otra vida. Ành se había casado con un francés, Louis Joris, que trabajaba a las órdenes de André en la ciudadela de Quang Yen. Sintió que le flaqueaban las piernas.

Hubo de esperar a la noche para preguntarle más, pero en voz tan baja que tenía que repetir las preguntas una y otra vez:

—¿Está segura? ¿André sigue vivo? ¿Se encuentra bien?

Ành respondía lacónicamente. El señor Desforêt ha escapado a la masacre de la ciudadela. ¿Cuándo? La noche del asalto japonés. ¿Cómo? No lo sabía. ¿Quién le había dado la noticia? Su primo, que trabajaba como criado. Había lanzado un papel por encima de la muralla. ¿Cómo podía estar segura? Él había visto a dos blancos: a Louis Joris y al señor Desforêt. Pero ¿dónde? No lo sabía, seguramente en la cárcel. ¿Y cómo estaban? ¡No lo sabía! Estaban vivos, eso es todo.

Iban pasando las semanas. El monzón dificultaba la convivencia. Algunos niños morían de deshidratación, sarna, escorbuto. El hambre extendía su reino y el campo de concentración ya no era más que un territorio de sombras. Mona se había olvidado de Hanói, de la vida fuera, de sus amigas del club. Pero ahora que tenía la certeza —¿tal vez habría que decir la fe?— de que André no había muerto, se dedicaba a soñar. Detrás de la ínfima ración de arroz diaria se ocultaban platos de banquete, carnes jugosas, pasteles de varios pisos; todos los días le daba a su hija un bol de fideos salteados que desprendían un exquisito olor a aceite; en secreto, se guardaba unos quesos blancos y grasos.

La fiebre ya no la abandonaba. Sus fuerzas menguaban. Acariciaba suavemente la mejilla de Lucie; de no haber estado tan mal, habría podido notar que la inquietud palpitaba hasta la yema de sus dedos.

Y de repente, un día, el milagro. Las lluvias torrenciales de julio habían arrancado unas ramas, que habían quedado extendidas en el suelo del patio. Las rondas resultaban cada vez más difíciles y a veces los guardias vigilaban a las mujeres de lejos para ahorrarse el barro espeso y pegajoso. Un día en que estaban afrontando el diluvio, Mona apretó el brazo de su hija, exactamente igual que la primera vez. A sus pies, lanzada a través del ramaje, centelleaba una lata de leche. Levantó un instante la vista hacia el muro, justo a tiempo para entrever el rostro de Dinh. Acto seguido escondió la lata en la manga demasiado ancha de su chaqueta, luego dirigió una mirada significativa a su hija. La niña había comprendido. Guardar silencio a toda costa.

La tarde se hizo larga. Las mujeres dormían mucho. Los niños también, cuando no estaban inmóviles con los ojos muy abiertos, flotando en un lugar que no era ni aquel lugar ni otro. Pero aquel día solo persistía la sensación de un secreto maravilloso del que pronto las otras ya no les impedirían disfrutar. Paciencia.

En plena noche, cuando reinaba el silencio, Mona despertó con un susurro a Lucie y se llevó el índice a los labios. Con precaución, abrió la lata que Dinh había lanzado por encima del muro y se la tendió. De ella emanó un olor intenso, poderoso, bovino. La niña agarró la lata y Mona creyó morir de envidia. Casi sentía la leche deslizándose untuosa, milagrosa, por la garganta de su hija. Lucie se tragó el néctar sin respirar; su primera borrachera, impactante como una luz demasiado fuerte. Cuando le devolvió la lata, Mona tuvo ganas de llorar. Lucie no había dejado nada. Vacía. Paseó un dedo por el cartón, lamió el líquido pegado a las paredes varias veces, hasta que no quedó ni una gota. Luego la escondió bajo la estera del jergón, y de nuevo la celda, la oscuridad, las cucarachas, la noche infinita que parecía que nada pudiera interrumpir.

El campo tenía sus leyes, sus códigos y sus rituales. Todas las mañanas, los guardias obligaban a las prisioneras a recitar la plegaria. El soldado de guardia designaba a una mujer, la cual se arrodillaba y enumeraba las reglas de buena conducta: obedecer escrupulosamente a los guardias, no hablar sin permiso, no quejarse, no deambular por la celda, dar las gracias antes y después de cada «comida».

Una mañana, el 9 de agosto de 1945, los soldados se olvidaron de la plegaria. Estaban nerviosos. Ành le hizo una seña con la mano a Mona, que esta no supo interpretar; algo grave había ocurrido, sin duda, pero los enfurecidos guardias golpeaban con saña a las que no observaban la calma más estricta. Ành se compuso una máscara de cera y se aisló.

Poco después, un tremendo rumor fue creciendo alrededor del campo. Los soldados habían desaparecido por la tarde, y todas las mujeres estaban pegadas a las rejas tratando de comprender. Realmente pasaba algo. Procedía de la calle. Les llegaban unas voces graves, pero atenuadas por los muros de la prisión. Ành y otras vietnamitas acabaron captando al vuelo algunas palabras y se apresuraron a traducirlas:

—¡Los japoneses han sido derrotados!

Un grito inmenso, como salido de una sola garganta, de un solo vientre, llenó la celda y luego el campo entero. El francés se mezclaba con el vietnamita, las risas con las lágrimas y las lágrimas con los rezos. Mona cantaba.

—Volveremos a ver a papá, cariño…

Lucie aplaudía, contagiada por la alegría general. Nadie pronunciaba todavía los nombres de Hiroshima y Nagasaki; cuando eso llegara, días más tarde, todas, absolutamente todas, aplaudirían presas de un delirio de júbilo. En aquel momento nadie se imaginaba a las mujeres, los niños, los civiles, tan parecidos a ellas, que serían masacrados en carne viva bajo las bombas.

Mientras tanto, las horas pasaban pero Mona seguía presa. Poco a poco, las sonrisas se apagaban. ¿Y si no fuera verdad? ¿Y si los japoneses hubieran contraatacado? El miedo a la esperanza decepcionada la atormentaba.

—André, ten compasión, ven a buscarnos… —murmuró.

Lucie se acurrucó contra su pecho.

La espera continuó, una jornada muerta, y esta vez no hubo arroz ni hierba ni leche. Nada. Los soldados se comportaban con más brutalidad que nunca. La tensión era extrema. Les habían prometido la liberación. No ocurría nada.

En plena noche, en el patio estalló un estruendo ensordecedor. Disparos. Encerradas en las celdas, las presas solo veían sombras acrecentadas por las tinieblas y el cansancio. Alguien terminó por abrir de par en par las puertas de la prisión. Unos hombres, franceses y asiáticos, armados con picos, horcas y fusiles.

—¡Sois libres! —gritó un blanco.

Sacando fuerzas de flaqueza, salieron todas corriendo como si fueran un solo bloque. Mona llevaba a su hija de la mano. Fuera, se topó con una marea humana. Lágrimas, abrazos. Los portones del patio por fin dejaban pasar el aire. A la luz de las antorchas que los libertadores sostenían en alto, Mona buscaba a su hombre.

—¿No han visto a André Desforêt? Sí, el residente de Francia, el señor Desforêt.

Nadie la oía. Ella corría despavorida, con Lucie a su lado.

—¡Mona!

Se volvió. Ành lloraba contra el uniforme de un hombre blanco flaquísimo, Louis Joris.

—Mona, hay buenas noticias... —balbuceó.

El militar asintió. Su cara pétrea era toda aristas.

—André está vivo. Está bien. Bueno..., dentro de lo que cabe. Se reunirá con vosotras dentro de un rato en el puente, volvéis a Francia.

—¿Dentro de un rato?

Sí, al amanecer. Ành sonreía. Abrazó a Mona y luego se inclinó sobre Lucie para besarla. Joris le dio una palmadita en la mejilla:

—Hijita, tu padre es un héroe.

Mona los miraba alejarse cuando de repente se acordó de la loca.

—¡Louis!

El hombre de la cara pétrea se detuvo.

—Por favor... ¿Chapelier? Philippe Chapelier. ¿Le suena de algo el nombre?

Una sombra cruzó el rostro enflaquecido.

—¿Se refiere a Jacques? Jacques Chapelier era un amigo. Trabajaba con nosotros en la residencia del gobernador. El pobre murió en Hoa Binh. En cuanto a Philippe...

Mona se sintió mal.

—¿Philippe no era el marido de Isabelle?

Louis Joris alzó unos ojos angustiados, más tristes que el canto de los muertos.

—No, Philippe era su hijo.

Esbozó una sonrisa desconsolada y la noche lo engulló.

Los minutos que siguieron quedarían difuminados para siempre.

Habían destripado la casa. Abierta a los cuatro vientos, parecía un cuchitril. El suelo estaba lleno de escombros, de muebles rotos, de documentos esparcidos.

Lo primero que hizo Mona fue darle agua a su hija, por fin agua, y ella misma se bebió más de un litro. Luego llenó un barreño, desnudó a la niña y la frotó enérgicamente con un trapo que había en la cocina. El agua se volvió negra. En la superficie, una materia marrón, espesa, formaba una costra viva…, piojos. Cambió cinco veces el agua hasta que salió clara; luego secó a Lucie con una sábana que había quedado en el dormitorio. En el fondo de un cajón, encontró una de sus viejas blusas camiseras de crepé que a André le gustaba tanto que llevara. Se la puso a su hija y el tejido ondeó alrededor del cuerpecito como la vela de un barco.

—Vamos a ver a papá, cariño, imagínate… Yo también voy a bañarme. Espérame en la habitación.

Al cabo de un momento, diez minutos, media hora, unos pasitos silenciosos se acercaron a la cocina. Sentada en un taburete, postrada, Mona contemplaba el barreño a sus pies. Aún no se había quitado la ropa de prisionera.

En el muelle, dominado por la silueta de un barco inmenso, empezaban a despuntar en el cielo los primeros albores del amanecer. Mona hizo trotar a Lucie hasta el puerto. Había preparado una maleta con lo que encontró. En su cabeza todo se mezclaba: no reconocía la ciudad sumida en las tinieblas y, sin embargo, los lugares le resultaban familiares. El hambre le atenazaba el estómago. Tenía miedo. Miedo de que la promesa que le habían hecho de que vería a André de nuevo no se cumpliera; miedo de que su hijita de cuatro años no lo aguantara. Miedo de que André ya no la encontrase atractiva; los héroes tienen sus exigencias.

Lucie pesaba mucho a pesar de sus diez kilitos y Mona ya no podía llevarla en brazos.

—Siéntate aquí. —La dejó sobre uno de los sacos de arroz que había en el muelle—. No hables con nadie y no te muevas. Vuelvo enseguida.

Se acercó al barco para preguntar a los hombres que empezaban a cargar las mercancías. Los *pousse-pousse* se cruzaban tocando la bocina, una carreta se paró delante de ella para descargar otros sacos y, de repente, su hija había desaparecido. Mona echó a correr.

—¡Lucie!

Una voz grave, rota, había gritado el nombre al mismo tiempo que ella. Su corazón se puso a temblar.

—¡Lucie! —repitió la voz.

Mona se precipitó, tropezó, se incorporó, corrió hacia otra montaña de yute. La niña estaba acurrucada entre los sacos de arroz, frente a un hombre de ojos grises.

—¡Mamá! —exclamó llorando. Y de nuevo—: ¡Mamá, mamá…! —dijo entre dos sollozos.

De la boca de Mona salió una sola palabra.

—¡André! —gritó.

Los recuerdos son fantasmas, atraviesan nuestra piel y nuestros sueños. Mientras Mona, sentada en la cama de su hija en plena noche, en Saigón, oía las lagartijas y los murciélagos mezclar sus estridencias; mientras le contaba esta historia, añadiendo o quitando un detalle de aquello que ambas habían vivido; mientras la guerra volvía a aparecérsele una y otra vez, ella podía, cosa extraña, sentir en la lengua, como si fuera una caricia de la memoria, el sabor de la hierba y la leche mezcladas.

En un libro muy bonito titulado *Comment construiré une cathédrale*, Mark Greene distingue entre «los escritores de los planes y los escritores de las frases». Tengo la impresión de que eso sella de verdad, y definitivamente, las dos voces de la novela. La gran historia de Mona y Lucie se inscribe en el plan. Está construida, progresa, se alimenta de acciones. El segundo relato pertenece a la familia de las frases. Avanza a tientas, intenta que aflore otra verdad, tal vez la de Évelyne Pisier; y en contrarrelieve, la de nuestra amistad. Es mi búsqueda personal. Quisiera comprender por qué aquel encuentro supuso semejante conmoción, y también lo que dice, o más bien lo que susurra, de nuestra relación con la escritura.

No soy editora por casualidad. De todas formas, la casualidad no existe; Éluard lo ha repetido hasta la saciedad. Me recuerdo a mí misma en el despacho del director del colegio. Tengo diez años, voy a empezar secundaria y debo someterme, como todos mis futuros compañeros, a una cita preparatoria. Mi madre está a mi lado. ¿De qué hablamos? No tengo ni idea; bueno sí, de mis notas, de las asignaturas que me gustan, de mis aficiones. El director se interrumpe un momento e, inclinándose sobre la mesa del despacho, me pregunta:

—¿Y qué quieres ser de mayor?

Tranquila, contesto:

—Escritora.

El director abrió mucho los ojos y se reclinó en su sillón. No se rio, no se burló. Hubo un silencio. Mi madre no se movía. Después el director se puso las gafas y escribió en mi expediente: «Escritora». Recuerdo esta palabra, rodeada dos veces con bolígrafo, como mi primer paso en la vida adulta.

Estas frases son difíciles de plasmar en el papel. Son impúdicas, y me dejan desnuda. Pero creo que son honestas y necesarias. No para hablar de mí, lo cual no tendría ningún interés, sino para que Évelyne sepa el magnífico regalo que me ha hecho. Escribir sería para mí la libertad.

En Francia, los escritores a menudo son profesores, gestores culturales, guionistas, médicos, periodistas o editores. Pero los editores raras veces son coautores con sus autores.

O no.

O lo son siempre. La sombra del editor, como un fantasma, planea sobre el texto, juega al escondite con el lector, por lo general sin decir nada, pues la luz del que firma la obra basta para satisfacerlo. Yo, que no sabía nada de la edición, me quedé estupefacta cuando hice las primeras prácticas: ¿cómo? ¡Hay alguien aquí que se atreve a tocar la Obra! Luego lo comprendí. Todos somos el fruto de todas las savias y las tierras. El propio escritor está hecho de sus lecturas, de sus inspiraciones literarias. El editor añade las suyas y densifica el tejido. Las discusiones alimentan la obra. Y todo se fusiona, y se confunde, hasta que un día aparece el libro de un autor. De pronto me viene a la mente la célebre frase de Lacan: «La relación sexual no existe». También podríamos decir: «El autor no existe».

Es el talento de Évelyne. Ella, que luchaba con el psicoanálisis, me habrá hecho citar a Lacan.

Hanói lavaba sus calles y sus cárceles en medio de un barullo que el silencio de los muertos no acallaba. Mona había intentado encontrar a Dinh; en vano. Tal vez lo habían fusilado, nunca lo sabría. André, por su parte, estaba destrozado por el proceso de Pétain: habían condenado a muerte al mariscal, pero la sentencia no se ejecutaría dada su avanzada edad. Una suspensión de la pena vergonzosa, pensaba André, absolutamente infamante. Mona lo sentía mucho por él, pero no quería oír hablar más de política. Ya costaba bastante rehacerse.

Embarcaron en el transatlántico en septiembre de 1945, el mismo día de la capitulación de Japón y, como no tardarían en saber, de la proclamación de la independencia de Vietnam. André oscilaba entre la rabia y el agotamiento. Se impuso el agotamiento. Durmió como un tronco los tres primeros días de la travesía sin soñar.

En el barco olía a fuel, a sal y a libertad. Mona estaba fascinada por el azul infinito que los rodeaba. El sol hacía que el mar espejeara como una joya. Había recuperado a su marido, era un renacimiento. El camarote minúsculo servía de estuche a sus abrazos; eran huesos abrazándose. Poco a poco, sin embargo, cada uno iba recobrando las fuerzas. Había que comer de todo, todo el tiempo, en pequeñas dosis. Volver a acostumbrar el estómago. Lucie bebía leche, que le daba un poco de náuseas.

La segunda semana, al ver que Lucie se acercaba peligrosamente a la borda, Mona le pasó una cuerda por la cintura y la ató con firmeza a un bolardo de amarre. Le dolía imponerle una nueva correa, pero es tan fácil que haya un accidente… Como a ella, a la pequeña le gustaba el sol, que los primeros días le había quemado la retina y del cual ahora buscaba la caricia. Mona se quedaba con frecuencia a su lado, contemplando el paisaje.

El mar, el mar del cual amaba el absoluto y la permanencia, aquel mar que la acogía como un segundo cielo, era su único continente.

André también había estado prisionero. No hablaba de ello. Hoa Binh, a sesenta kilómetros de Hanói. Unos campos de trabajos forzados donde había soldados, oficiales y civiles que se veían obligados a cavar trincheras, abrir túneles, construir carreteras, puentes y fosas. Los prisioneros estaban repartidos en «tríadas»: si uno solo trataba de escapar, los otros dos eran ejecutados.

En una revista de temática bélica, años más tarde, Mona leyó el testimonio de un superviviente francés. Sospechoso de haber querido huir de Hoa Binh, ataron a su mejor amigo, Gontran, por los tobillos a un árbol. Tras dos horas de suplicio, lo desataron y lo echaron al suelo. Los japoneses lo creían muerto, pero simplemente se había desmayado. Sorprendidos al ver que despertaba, los soldados la emprendieron a golpes, despellejándolo a porrazos, y luego lo desnudaron y lo esposaron. Quedó expuesto al sol del mediodía durante tres días. Justo al lado, unos prisioneros enfermos cavaban una fosa de varios metros de profundidad. Una mañana, los japoneses llevaron a Gontran al borde y lo obligaron a arrodillarse.

—Baja la vista.

El sable se alzó y le cortó la cabeza, que rodó directamente al agujero.

Por la noche, en el camarote, a esa hora extraordinaria en que los adultos creen que los niños duermen, Lucie trataba de comprender las palabras secretas que se decían sus padres.

—¿Qué ha ocurrido exactamente? —susurraba Mona.

—Los amarillos le presentaron un ultimátum a Decoux: o firmábamos que aceptábamos quedar bajo dominio japonés, o lanzaban el asalto. Yo debía transmitir la información a París. Pero apenas comunicada la noticia, nos cayeron encima. No esperaron nuestra respuesta. Fue un ataque por sorpresa… ¡No pudimos hacer nada! Sesenta mil japoneses a un lado, menos de la mitad de franceses al otro… Los hombres se portaron dignamente, pero por desgracia la relación de fuerzas era desigual. Me vi obligado a pedirles que se rindieran.

—Hiciste bien. Eso te salvó.

—Si esos gaullistas hubiesen hecho lo mismo, la carnicería habría sido menor.

—Lo sé, cariño.

Pasó un ángel. Solo se oía el chapaleteo de las olas al golpear el casco, como alejadas, tenues.

—No me has contado nada.

La voz de André había cambiado.

—¿Nada de qué?

—En el campo. De las violaciones.

Lucie contuvo la respiración. Ella recordaba que esa palabra se pronunciaba con frecuencia en las celdas de Hanói.

—Para qué hablar de ello, cariño...

—Eso significa que sí. Que lo hicieron.

—Yo no he dicho eso.

—Ya lo he entendido, Mona...

—¡No! —gritó ella. Luego, conteniéndose, dijo en voz baja—: Dejémoslo, no vayamos a despertar a Lucie. Todo va bien, te lo aseguro. Y lo importante eres tú. Mi héroe...

Un rumor de besos, de roce de pieles, de caricias atravesó la noche.

—Has sido tan valiente, André... ¡Cómo te admiro!

Y las sábanas se arrugaban.

Unos minutos más tarde, Mona murmuró:

—¿Y ahora qué pasará?

—Solo ese demonio de De Gaulle lo sabe. En cuanto lleguemos, pediré que vuelvan a destinarme a las colonias.

Mona pensó: a Indochina no, por favor.

Al día siguiente, mientras Mona estaba quitando las espinas a un trozo de pescado, su hija le preguntó:

—¿A ti te violaron, mamá?

El tenedor tintineó contra la porcelana del plato.

—Pero ¿te has vuelto loca? ¿Qué estás diciendo? Ni siquiera sabes lo que significa. —Y como André se aproximaba a la mesa, le ordenó que se callara. No quiero oír esa pregunta jamás. Y menos delante de tu padre. ¿Entendido?

Durante la comida, el capitán se acercó a saludarlos. Ese día el mar estaba un poco movido, con olas de dos metros, pero el viento del este se llevaba la tempestad al otro lado. Dentro de unas horas, no quedaría ni rastro. Mona sonrió y le dio las gracias. El capitán fue a avisar a los demás pasajeros. Sirvieron rápidamente el postre y Lucie levantó unos ojos muy serios.

—¿Papá?

—¿Sí, cariño?

Mona sintió que se le hacía un nudo en el estómago. Y eso que la había advertido…

—¿Hemos ganado la guerra o la hemos perdido?

La angustia dio paso a la sorpresa. Mona intercambió una mirada de asombro con André, cuyos hombros se estremecieron con un movimiento de impotencia, antes de hacer acopio de valor.

—¡La hemos ganado, por supuesto! Los kamikazes han capitulado.

Los kamikazes, le explicó Mona a su hija, eran personas que decidían morir con tal de matar a otros. Varios pilotos japoneses habían realizado esas misiones suicidas.

—Por suerte, Estados Unidos ha reaccionado. ¿Te acuerdas de aquella vez en el campo, cuando hubo tanto ruido fuera? Pues ese día los americanos aplastaron a Japón gracias a dos bombas atómicas. Hiroshima y… ¿cómo se llama la otra ciudad?

—Nagasaki —contestó André con expresión sombría.

—Eso, Nagasaki.

—¿No estás contento, papá?

Él suspiró y tamborileó con los dedos flacos sobre la mesa.

—No me fío de los americanos. Con ellos, se acabaron las colonias, Lucie. Debes comprender una cosa: la guerra aún no ha terminado. En Francia, el mariscal Pétain…, ¿te acuerdas del mariscal Pétain?

Mona indicó por señas que le había hablado de él.

—Bueno, pues el mariscal está siendo agredido por un enemigo que se llama Charles de Gaulle.

Lucie abrió unos ojos como platos.

—¿Él también es japonés?

¿Qué podía entender una niña de todo aquello? Pero ¿qué podía decir un adulto de todo aquello? Ante la pregunta de si Francia había ganado o perdido la guerra, a su marido le costaba responder. Abandonaba una colonia que acababa de proclamar su independencia; que Francia se opusiera rotundamente a ello nada cambiaba. Algunas victorias no son lo que parecen.

Después de varias semanas de travesía, la bahía de Tolón apareció bajo un cielo cubierto de nubes. Mona sentía una mezcla de alegría, cansancio y tristeza. Todavía dominada por el balanceo de las olas, creyó tambalearse al caminar por el muelle, donde centenares de hombres y mujeres se agolpaban para recibir a uno de los suyos, o simplemente para verlos a ellos, a «los asiáticos». Entre la multitud, oyó gritar a una mujer:

—¡Philippe!

Se le heló la sangre. Buscó un rostro, una cabellera de fuego, pero únicamente vio a un chico que era todo piel y huesos echarse en brazos de una matrona con delantal, muy morena y muy gorda.

—¡Mamá! —exclamó el chico llorando.

Mona sintió una punzada. No era él, no era el Philippe que esperaba. Y tampoco era Isabelle. El hada pelirroja murió de verdad aquel día, mientras otra madre abrazaba a otro Philippe, su hijo, su milagro.

Unos meses más tarde, André informaría a Mona de la existencia de un campo de concentración para niños. Niños de entre nueve y dieciséis años, habían sido separados de sus padres y habían tenido que ir a pie hasta Dalat, a trescientos cincuenta kilómetros al norte de

Saigón. Los centinelas los hacían correr en formación El juego era sencillo: al que no corriera bastante rápido y llegara el último le pegarían un tiro en la cabeza. El primer día, para que la regla quedase bien clara, un soldado disparó al aire. Aterrados, los pequeños huyeron como conejos, mientras los japoneses se partían de risa. Realmente, con los niños se podía hacer lo que uno quisiera. En solo ocho días, los chicos recorrieron los trescientos cincuenta kilómetros obligados, alimentados únicamente con pescado seco y arroz. Luego los encerraron en un campo cuyas alambradas tuvieron que levantar ellos mismos.

La llegada a Francia sumió a la familia en un confort irreal tras meses de privaciones. Comida en abundancia, agua, jabón, camas de colchones mullidos, aire sano… Lucie crecía y se recuperaba poco a poco. Después de pasar varios meses en París, se instalaron en Niza, donde los padres de Mona, Yvon y Guillemette Magalas, que vivían en Numea por razones profesionales, tenían una casa que estuvieron encantados de prestarles, aliviados por saber que estaban libres y, en definitiva, bien de salud.

La ligereza, que de ligera solo tiene el nombre dado que tiene que ver con lo mejor de la vida, recobró sus derechos. Mona pudo rehacer su guardarropa, cuidarse el cabello, que tiñó de un tono dorado. André ganó peso. Su apostura le confería un encanto considerable. Cuidaba de Lucie, la llevaba de paseo por las montañas, le enseñaba los pueblos de la Provenza. Su hija descubría a través de ese territorio nuevo unos orígenes insospechados. Francia no era solo un nombre pronunciado con veneración. También era un paisaje de ríos transparentes, de avenidas flanqueadas de palmeras, de innumerables edificios, de mercados multicolores, de olores a pescado y de «erres» pronunciadas pegando la lengua al paladar. Se pasaba la vida recogiendo gatos que llevaba a casa, cosa que a Mona, que los odiaba, le hacía poca gracia; pero no protestaba, pues su marido sonreía enternecido.

Por las noches, André le leía a la niña las fábulas de La Fontaine. Imitaba al pobre leñador cubierto de ramas, la arrogancia del roble y la flexibilidad del junco, la rana que quería hacerse tan grande como el buey. A Lucie le encantaba verlo doblegarse, adoptar una voz estentórea o inflar los carrillos haciendo exagerados ademanes para que el relato fuera más vivo. El espectáculo la divertía tanto que no lograba dormirse, y reclamaba otra fábula más, otro cuento, enamoradísima ella también de aquel héroe.

Un día, Lucie le pidió que le leyera «La cabra del señor Seguin», «esa cabrita adorable» que se niega a volver de noche al redil.

—¿Quién es el imbécil que te ha hablado de esa historia? Espero que no sea tu madre.

Apostada en el pasillo, desde donde le gustaba escuchar a escondidas a su marido, Mona se puso tensa.

—¡Mamá no es una imbécil!

—Entonces ¿por qué quieres que te cuente la historia de esa cabra? ¡Y ella que creía que era bueno leerle a Daudet…!

—¡Pues porque se te parece, papá! ¡Eres tan valiente!

Mona oyó que André soltaba una palabrota. Disgustada, dio media vuelta precipitadamente, enfadada consigo misma.

«Verás lo que se gana deseando ser libre», advertía Daudet. Blanquette, después de luchar toda la noche con el lobo, se dejaba devorar por la mañana. Mona creía que era un elogio del valor; según André, era un elogio de la derrota.

—Creo que eso era lo que mi padre menos soportaba en el mundo. La derrota.

Negó con la cabeza, como diciendo: «El muy imbécil». Y con razón. Évelyne tenía una convicción que yo compartía plenamente: no se pierde nada por probar. La posibilidad de un fracaso no es razón suficiente para no hacer algo. En su filosofía, soñar y actuar se confundían: quería la vida, pero mejor.

Le gustaba mucho el nombre de su madre en la ficción, Mona, pero el de André le encantaba. Yo había elegido ese nombre por su etimología: *andros*, «el ser masculino». Ella había visto otra cosa:

—¡Me encanta que se llame como Malraux! Mi padre se habría enfadado…

Su padre aún concitaba mucha rabia en ella. La «escena del cuscurro», como la habíamos llamado, y que veremos más adelante, siempre la hacía suspirar. En cierta forma, André encarnaba su época a la perfección. Un sentido del honor llevado al extremo, una virilidad asumida, un físico seductor, la certeza de estar en posesión de la verdad y de que el mundo entero debía inclinarse ante Francia.

—¿Y algún buen recuerdo de él? —pregunté con timidez

Se encogió de hombros. Las lecturas de fábulas, las excursiones, las navidades en familia, los cumpleaños, sí, sin duda, pero en su memoria, incluso los momentos más corrientes de felicidad se cargaban en algún instante de crispación. André siempre estaba a punto de enfadarse. Un día esa tensión que ahuyentaba toda posibilidad de aburrimiento se volvería infernal; ya se sabe, cuando se estira demasiado una goma acaba por restallarte en la cara.

La víspera del primer examen de las oposiciones de derecho, me cuenta Évelyne, llega un correo de su padre que dice: «Cuando leáis esta carta, habré muerto». La madre y la hija están desayunando. Silencio. Luego Mona se echa a reír y aplaude.

—¡Por fin una promesa que cumple!

Évelyne, que ya no quería saber nada más de él, llama de todos modos a la policía y a los servicios de emergencia, les da la dirección de su padre en el distrito 16 y espera con inquietud noticias. André no está muerto. Ha fallado penosamente. En el pasillo del hospital, Évelyne lo oye gritar de dolor y lamentarse. La boca de su madre se tuerce en un gesto de desprecio.

—Se supone que era veneno… ¡Un tubo de aspirinas! ¡Bah!… Debería haberme pedido consejo.

Évelyne protesta. Su padre tiene apenas sesenta años. Quién sabe, podría comenzar una segunda vida.

Al salir del hospital, André quiere ver a su primer nieto, nacido hace poco. Está mucho más orgulloso de su nombre que de su apellido, de resonancias judías. Évelyne sonríe con aire burlón. Él no se deja embaucar. Anuncia su próximo regreso a Numea, donde espera disfrutar de una jubilación tranquila, seguramente todavía en compañía de mujeres, pero también con ocupaciones intelectuales, estudios, libros. Antes de irse, confesará su vergüenza: no hay nada tan ridículo como un suicidio frustrado.

Mientras en Niza Lucie descubría el parvulario, André mataba el tiempo. Visitaba el interior de la región, se bañaba en el Mediterráneo, bebía con sus amigos, como si estuviera de vacaciones prolongadas. Mona trataba de tranquilizarse. Lo nombrarían de nuevo administrador de las colonias. ¿Dónde? ¿Cuándo? Solo cabía esperar.

Entretanto, ella vigilaba de cerca la educación de su hija, temiendo que el recuerdo del campo de concentración la bloqueara. Pero no. Lucie era una alumna excelente y además de conducta irreprochable. Sin embargo, una tarde volvió a casa hecha un mar de lágrimas.

—¿Qué ha pasado?

Incapaz de articular palabra, Lucie sollozó con más fuerza. Mona se puso muy nerviosa, Llamó a su marido, que estaba leyendo en el jardín. Poco a poco, su padre consiguió hacer que hablara.

Todas las alumnas se habían reído de ella. Se habían burlado, la habían señalado con un dedo entre risotadas. «¡La muy idiota cree que la Segunda Guerra Mundial se libró entre Francia y Japón!» Porque eso había contestado Lucie a la maestra cuando esta le había preguntado.

—¿Cómo ha reaccionado la señora C.?

—Les ha dicho que se callen y después me ha preguntado si nunca había oído hablar de Alemania...

Mona suspiró y André tomó a Lucie en brazos. Era culpa suya. Jamás había mencionado delante de su hija a Alemania. Él solo había hecho la guerra en Indochina a las órdenes del fiel Decoux, un trabajador a macha martillo que compartía las ideas del mayor héroe nacional: Philippe Pétain. Pero los alemanes, en efecto, eran los enemigos jurados de Francia, unas ratas asquerosas que el mariscal había aplastado en 1918. Lucie parecía perdida.

—En la escuela dicen que Pétain vendió Francia a los alemanes...

André estalló. Sin el mariscal, los alemanes aún habrían matado a más franceses, «y a más judíos, dicho sea de paso». Pétain había servido de «escudo», no había que prestar oídos a todas las tonterías que se decían en el patio del colegio. Mona sonrió cuando lo vio levantarse de un brinco y ponerse a cantar, con la mano en el corazón:

—*Maréchal, nous voilà! / Devant toi, le sauveur de la France...* ¡Venga, Lucie, repite!

Y Lucie repitió.

Cuando su madre se llevaba a la niña a la habitación, esta se volvió. La maestra le reprochaba otra cosa.

—¿Qué pasa ahora?

André enarcó una ceja, irritado. Mona la animó.

—No sé qué es un judío —balbuceó Lucie y enseguida añadió—: La señora C. dice que es inadmisible no saberlo, sobre todo después de las matanzas que ha habido.

Mona se mordió el labio, incómoda. André se encogió de hombros y eludió la cuestión. Claro, claro, también habría podido ha-

blarle de eso, sobre todo porque él ordenaba aplicar las leyes antijudías en Indochina, pero ¿qué interés tenía?

—No hagas demasiado caso a tu maestra, créeme. Exagera respecto al destino que los nazis les reservaron a los judíos…

—Dime solo una cosa, papá. ¿Un judío es negro o amarillo?

Con prisas por acabar, le contestó que era blanco. Pero esos blancos no eran como ellos y había que desconfiar.

—Ya lo entenderás más adelante.

Estas cinco palabras serían su divisa.

A finales de marzo de 1946, cuando la primavera nizarda hacía rea-
parecer faldas y sandalias, el cartero trajo una carta del ministerio.

—¡Por fin! —exclamó André.

—Ojalá sea en África —susurró Mona. Sintió que el cuerpo de
su hombre se tensaba y se corrigió—: ¡Qué más da dónde sea, lo
importante es estar juntos! —Y lo besó—. ¡Mi André!

Pero desde que habían salido de Hanói solo tenía esta idea en la
cabeza: África. La sabana y sus amarillos atenuados, el sol de justicia,
las acacias salvajes. ¡Cuántas revistas de viajes había hojeado de niña en
casa de sus abuelos! ¡África, África! Era un nombre mágico que evo-
caba puestas de sol rojizas en la llanura del Kilimanjaro, noches al
raso para observar a los antílopes y los elefantes mientras abrevaban
en el aguadero, safaris en que iba vestida con un mono de aventure-
ra, encuentros con príncipes del Sahel, cobras que había que degollar
sin fallar y té a la menta servido al pie de los mausoleos de Tombuctú.

Nada de todo eso les fue concedido. Al cabo de dos días, André
volvió lívido y furioso de París. Ya podía despedirse de la promoción
ambicionada y «agradecer» a sus superiores que no lo despidieran,
¡por no decir que no lo encarcelaran!

—Pero ¿qué ha pasado?

—¡Muy sencillo! ¡Me hacen pagar mi honestidad!

El Gobierno provisional quería que André firmase que había «actuado obedeciendo órdenes» el día del ataque japonés. Haberse rendido de forma espontánea al enemigo para evitar un baño de sangre no bastaba. Aquella rendición se parecía demasiado a otra, y cualquier cosa que recordase el compromiso petainista debía condenarse. A Mona se le saltaron las lágrimas. Ahora que los hombres de De Gaulle estaban en el poder, los partidarios de Vichy serían castigados siempre, a menos que cobardemente aseguraran que no habían sido más que peones del mariscal, cosa que André jamás haría.

—Pero yo —proseguía su marido—, yo, al contrario que todos los demás, asumo mis convicciones y responsabilidades. ¿Que me castigan? ¿Que nunca seré gobernador? ¿Que nunca verás África? ¡Pues mejor! Mi honor está a salvo. —El salón se tambaleó—. ¡Seré el nuevo Drieu la Rochelle! Nada de compromisos. ¡Antes la muerte!

¿Adónde lo enviaban?

—¡De Gaulle es un mentiroso! ¡Un manipulador! ¡Como si la mayor parte de Francia hubiera participado en la Resistencia!

A Mona le daba vueltas la cabeza, en la habitación hacía demasiado calor. ¿Adónde? ¿Adónde irían?

—¡Como si no hubiera habido ningún petainista en Francia! Ese Charlot sabe muy bien que la multitud que lo aclamó en 1944 era la misma que glorificaba a Pétain un mes antes…

Se volvió hacia su mujer y se sorprendió al verla tan pálida.

—Amor mío, ¿estás bien?

Hubo un silencio.

—¡Dime adónde vamos, André!

—A Saigón. Ya lo sé, amor mío, ya lo sé… Pero ya verás, es en el sur, es muy distinto…

Ella no pudo reprimir el llanto. La trampa de Indochina se cerraba por segunda vez sobre ellos. Claro, su hombre había sabido permanecer fiel a sus ideales, eso era lo más importante. Había demostrado un valor excepcional. Pero la idea de volver allá le estrujaba el corazón. ¿Cómo se lo diría a Lucie?

—Yo me encargaré —le prometió André—. Y no te preocupes. Aplastaremos pronto a esa basura de Ho Chi Minh. Francia es más fuerte.

Cuando su hija volvió del colegio, se sentaron en el salón. La niña los interrogaba con la mirada. André tomó la palabra, como había prometido, y anunció que volvían a Indochina. Pensándolo bien, era una excelente noticia: ¿dónde iban a servir mejor a los intereses de la patria que en aquella colonia amenazada? Lucie permanecía muda, ni triste ni contenta, esperando la reacción de su madre, que se esforzó en parecer entusiasmada.

—Tu padre es la persona adecuada. En Indochina, el administrador tiene que saber leer, hablar y escribir el vietnamita. Allí envían a los mejores.

—No como en África —insistió André—. Los negros y los moros no entienden nada de nada, cualquiera puede dirigirlos Pero los viets son astutos… Si no comprenden lo que dicen, ¡cuidado! Te sonríen, y ¡zas!, te apuñalan por la espalda. —André se inclinó sobre su hija e hizo ademán de apuñalarla antes de echarse a reír—. Ya lo entenderás más adelante.

Lucie sonreía. Sus padres eran felices y, por tanto, no tenía nada que temer.

Una vida de postal. Es la imagen que se le ocurre cuando su mente se eleva y planea sobre la hamaca en que su cuerpo descansa lánguidamente. La piscina es de color turquesa. Volverá a nadar más tarde. No se aburre, no. Bueno, no del todo. Piensa que un día, tal vez pronto, tendrá otro hijo. Mejor un varón, si es posible. Y durante las vacaciones, si André se decide a trabajar menos. Esta tarde, jugará un partido de tenis con sus amigas del Círculo. Su revés ha mejorado; el derechazo todavía es un poco flojo. Mañana irá a la peluquería. Saigón es un paraíso.

Sin embargo, llega 1949. Y Vietnam aún está agitada. Francia mantenía sus posiciones, los comunistas no renunciaban a las suyas. Los blancos seguían disfrutando de la buena vida, con fiestas, distracciones y cafés, pero evitaban las zonas demasiado peligrosas. A veces los fines de semana iban hasta la costa. Nha Trang y su mar azul reavivaba los recuerdos de la travesía Hanói-Tolón, el infinito del horizonte. El agua era deliciosa, y Mona saboreaba la sal en los labios, era distinto de la piscina. En los arrozales aledaños, los campesinos, encorvados y de músculos enjutos, dibujaban unas líneas rectas parecidas al pico entreabierto de las garzas. Las mujeres apenas sonreían, pero cuando lo hacían podían contárseles las mellas en las dentaduras.

—Hijita, ¡tienes que ver los campos de caucho! ¡Son la herencia familiar! —resolvió André un domingo.

El padre de André, de nombre predestinado, Henri Desforêt, había poseído antaño en el centro del país unas plantaciones de árboles de caucho, árboles que lloran su savia. En poco tiempo, había amasado una fortuna con el caucho: a principios del siglo XX, era un comercio floreciente que iba de la mano de los progresos técnicos y podía dar mucho dinero. En consecuencia, eso le había permitido entrar en el Banco de Indochina, pero también ayudar a André a que lo destinaran a las colonias, una forma como otra de mantener el patrimonio. Los Desforêt ya no poseían plantaciones, pero André seguía siendo amigo de un propietario.

—¿Vienes con nosotros? —le preguntó a Mona.

Ella declinó la invitación con un bostezo, estiró las piernas, «Que os divirtáis, queridos», les dio un beso y los vio tomar la dirección de Dian, a ochenta kilómetros de Saigón.

Una tierra roja, generosa, rica en ácido fosfórico y en hierro contrastaba con el verde de la vegetación. Unos caminos abiertos por el hombre permitían a los obreros circular entre los árboles. Colmaba el aire un olor un olor vegetal, fresco y dulce, que recordaba la sangre.

Jean-Marie Truffier, el jefe de la explotación, los esperaba en la entrada.

—¡Qué placer verte, señor administrador! ¡Dichosos los ojos!

—¡El placer es mutuo! ¿Cómo te va, después de tanto tiempo?

Entraron en la casa colonial festoneada de blanco. El parquet estaba encerado. La escalera era monumental. Se oyó un grito. Era Lucie.

—¿Qué pasa?

La niña señaló al pie de la escalinata un tigre enorme que los miraba de frente y enseñaba unos colmillos de una blancura hipnótica.

—¡Ah! ¡Es mi trofeo más valioso! —comentó Truffier—. No tengas miedo, pequeña, está disecado, ¡no te hará ningún daño! Pero venid, sentémonos fuera.

En la terraza que dominaba la inmensa parcela de la empresa Michelin, André y Truffier brindaron alegremente con bourbon. Su conversación versó sobre los negocios, la política y la economía, mientras Lucie observaba los campos que se extendían ante ella. A lo lejos, los trabajadores agitaban sus patitas.

—¿Quieres verlos de cerca, querida? —le preguntó el hombre gordo dejando el vaso en la mesa.

Sin esperar su respuesta, chasqueó los dedos dirigiéndose a un boy, y cinco minutos más tarde estaban en medio del bosque, a bordo de un automóvil rutilante.

Los hombres con taparrabos trabajaban como si los blancos no estuviesen mirándolos. Se afanaban alrededor de los troncos medio pelados, clavaban la hoja del hacha con forma de V para que el látex manara. Los árboles empezaban a producir cuando tenían cinco o seis años, explicaba Truffier.

—¿Cuántos años tiene este? —preguntó André.

—Por lo menos ocho… —contestó el otro dando golpecitos al tronco.

—No, me refería a él. —Y con la barbilla señaló al adolescente que sudaba con cada hachazo.

—¡Ah, ese! ¡A mí, como comprenderás, me la suda, amigo mío! Ay, perdón, hay señoritas presentes…

Los trabajadores recogían la savia en unos cubos que luego transportaban a unos grandes barreños metálicos. Allí, tamizaban el líquido espeso antes de ponerlo a secar. Meses más tarde de ahí saldrían unas tiras flexibles y elásticas con que Francia, Europa y el mundo entero, gracias a la industria galopante, fabricaban unos círculos pesados y mágicos que llamarían «neumáticos».

En el camino de vuelta, su padre canturreó alegremente.

—Lo ves, Lucie, no basta con ser blanco, además hay que saber ser colono. Hacer trabajar a los indígenas, vigilarlos. Eso es lo que hace el señor Truffier todos los días. Es lo que hacía tu abuelo. ¿Te acuerdas de él? Lo viste una vez en París, después de Hanói…

Iba a asentir cuando su padre de repente se enfadó él solo.

—De todas formas, Maurras, el gran Maurras, ya lo dijo: la colonización no tiene la vocación de implantar la civilización. ¡Eso sería el caos!

Lucie bajó la cabeza. Los colonos. Los indígenas. No entendía nada, pero se prometía aprender. Para que un día su padre estuviera orgulloso de ella.

Al llegar a casa, encontraron a Mona con traje de noche y un moño alto.

—Vamos a salir —decretó—. Me apetece salir.

André la miró estupefacto. Ella avanzó, con los ojos brillantes, puso su mano de uñas rojas sobre el torso de su marido y luego acarició el cabello de su hija, conduciéndola hacia la cocina. Tibaï la esperaba con una cena rica, se portaría bien, ¿verdad? Pasó el brazo por debajo del de André y dijo:

—Llévame al Continental.

En la cocina, Lucie le resumió la jornada a la niñera. Los árboles del caucho todavía le hacían proferir exclamaciones de entusiasmo.

La sopa de raviolis estaba caliente, la niña sopló, metió un dedo y lo chupó enseguida, divertida por haber estado a punto de quemarse.

—Lo que había en los cubos era como jarabe...

Le habló de todo. De los hachazos repetidos, los árboles sangrantes, la procesión de obreros y, naturalmente, del tigre. Luego pensó en su padre, y con la boca llena de raviolis concluyó:

—La inmensa palabra «raza» es la que hace que seamos buenos colonos.

De madrugada, cuando las primeras luces empezaban a teñir el cielo, dos siluetas enlazadas pasaban deprisa frente al edificio de la Rue Catinat. Sofocaban las risas, de vez en cuando dejaban escapar un sonido más claro, se besaban. Habían bebido. La americana y la camisa del hombre estaban arrugadas; su pelo moreno untado de brillantina estaba un poco grasiento. La mujer, pero solo él lo sabía, no llevaba nada debajo del vestido. Iba con la melena suelta y los zapatos de tacón en la mano. Él no encontró las llaves; sí, hombre, las tienes en el bolsillo de la americana; ah, sí, claro; y tuvo que intentarlo dos veces antes de poder descorrer el cerrojo. Su aliento olía a amor y champán. Entraron de puntillas en la casa. Por un acto reflejo, entreabrieron la puerta de la niña. Dormía como un tronco. A sus pies estaba Tibaï, hecha un ovillo en la alfombra. Era la primera vez que dormía en casa de los amos, que se atrevía a desafiar la prohibición. Pero por esta noche André no diría nada.

—Es de locos. Cuando te repiten sin parar que hay razas y que las relaciones humanas se basan en ellas… Cuando la religión está omnipresente, cuando te educan en el antisemitismo, en el odio a los protestantes, a los homosexuales, a los metecos… ¿Cómo lo hiciste? ¿Y tu madre? ¡Tu propia madre! Que creció con esas ideas, las compartió con su marido… Y después se produjo la ruptura. Es inaudito. ¿Cómo hicisteis para liberaros de todo eso?

Évelyne me sirve otra copa de vino y dice sonriendo:

—Este es el tema del libro, ¿no?

Las estaciones se sucedían y los años pasaban. Lucie, que ahora contaba nueve, era la primera de la clase. Mona se sorprendía de que la guerra no la obsesionara más. Y es que ella misma soñaba con olvidar, con arrancar de sus recuerdos la cara de Isabel la pelirroja, de los soldados sádicos, de aquella hora infame que le habían infligido, del hambre y la vergüenza. Luego pensaba en la fuerza de André, en su valentía sobre todo, y se decía que los adultos debían pactar con su memoria para no estropear el futuro. Era así.

André trabajaba mucho. La agencia tributaria colonial, donde al final lo habían colocado, le exigía una dedicación total. Vigilaba las transacciones, comprobaba las entradas y salidas de divisas, velaba por la buena marcha de la economía local. Era su reino; su poder.

Una noche, cuando se disponían a cenar en familia, la cara de André se contrajo bruscamente. A Mona no le dio tiempo a reaccionar cuando vio su manaza, ancha como una pala, dar un golpe brutal en la mesa. Lanzó un grito tremendo:

—¡Ah, no, eso sí que no! ¿Dónde está la criada? ¡Que venga ahora mismo!

En el mantel había un trozo de pan cercenado. Su trozo de pan, al que le faltaba el cuscurro. Tibaï acudió alarmada.

—¡Basura! ¿Cómo te atreves a tocar mi pan? ¡Mi cuscurro! Con tus sucias manos de *niaqué*! ¡Lárgate inmediatamente! ¡Te digo que te largues, si no quieres que te eche yo!

Un silencio mortal se abatió sobre la mesa. Desconcertada, Tibaï se echó a llorar. Ella no había tocado nada, juraba que no había sido ella, pero su voz se perdía entre los hipidos.

—¡Y además miente, la muy perra!

—Papá... He sido yo... —protestó Lucie sollozando.

—¿Tú, qué?

—La que se ha comido el cuscurro...

Con ojos de loco, André miró fijamente a Mona, que escondió las manos temblorosas bajo la mesa.

—¿Y tú la has dejado? ¡Enhorabuena, esta es la educación que das a mi hija!

Mona sintió que se le helaba la sangre. De su boca no pudo salir una sola palabra. La violencia de André le había quitado el habla, ella también quería llorar, se mordía la cara interna de las mejillas para contenerse. Entre sollozos, la niña continuó:

—Papá, el cuscurro es lo que más me gusta del pan... ¡Como a ti!

Él se levantó y, sin previo aviso, le dio la vuelta a la niña y le propinó una azotaina que la hizo vomitar de dolor. Mona no podía respirar, agarraba el mantel con las manos crispadas bajo la mesa. Él seguía zurrándola. La niña lloró aún más, moqueaba, pero en medio de los sollozos, imploraba a su padre:

—¡Por favor, no despidas a Tibaï...!

Él hizo un gesto con la cabeza que significaba «Está bien», y la sirvienta corrió a refugiarse en la cocina. Mandó a Lucie a su habitación con un último azote. Los muebles parecían presos de un extraño vértigo, todo se tambaleaba.

—Y todo esto por un cuscurro... —logró articular Mona con voz débil.

Al día siguiente, mientras la criada ponía con manos temblorosas la cafetera, las confituras y los biscotes importados de Francia sobre la mesa, André tomó solemnemente la palabra:

—Siento mucho lo de anoche, me dejé llevar, no debí hacerlo.

Mona esbozó una sonrisa parecida a una mueca. Tenía marcadas ojeras bajo los ojos cansados y enrojecidos. Por primera vez desde que se casó, le había vuelto la espalda en la cama. Ni una caricia, ni una palabra; lo había rechazado todo.

—Lucie, debes entenderlo. Y vosotras también. —Tibaï asintió con la cabeza, pero él miraba a Mona—. Somos una familia. En una empresa, una administración o una patria, hay un jefe. En una familia también lo hay. Es el que gana el pan. ¡Y el jefe aquí soy yo! El cuscurro no es una cuestión de gustos, es una cuestión de jefe...

Lucie empezó a removerse en la silla. Con dulzura, Mona la calmó, acarició su mejilla aterciopelada; una nueva e intensa punzada de ternura se adueñó de su corazón. Su hija era maravillosa.

André recordó el lema de Pétain.

—¿Quién es Pétain? —balbuceó la niña.

—¿Ya has vuelto a olvidarte? ¡Pues tendrías que haberlo aprendido hace tiempo!

Mona suspiró. El discurso de su marido le llegaba a través del ruido de las mandíbulas masticando los biscotes. Retazos que le rozaban el oído: «el trabajo»..., «los criados»..., «vigilar»..., «la patria»..., «la colonia»..., «nosotros los amos»... Solo emergió de su letargo cuando Lucie tomó la palabra:

—¿Y la familia?

André se encogió de hombros.

—Si tienen derecho al trabajo y a la patria, también tienen derecho a la familia, ¿no? —insistió Lucie.

—Pues claro —zanjó él.

La sirvienta esperaba en el patio a que terminaran.

—Entonces ¿por qué Tibaï está con nosotros?

—¿Cómo?

—Sí, ¿por qué no está con su familia?

A Mona se le escapó una risa burlona. La lógica de Lucie era tan límpida, tan imparable, que se sorprendió de no haberse formulado ella misma esa pregunta. La pequeña rio ingenuamente con su madre. André se puso tenso. Sus ojos de plata adquirieron una dureza temible. En las sienes aparecieron las minúsculas anguilas color malva.

Lucie no se daba cuenta de nada. Hacía preguntas infantiles. ¿Tibaï era una especie de esclava? No, ya no existía la esclavitud, gracias a Dios. Mona cogió otro biscote y lo untó de confitura.

André citó a Maurras. Sus ojos resplandecían con un brillo inquietante, las palabras de su maestro lo poseían, su voz se volvía más atronadora. ¡La esclavitud suponía un peligro! ¡Y no un peligro cualquiera! Aumentaba los riesgos de mestizaje.

—¿Quieres decir de violaciones? —ironizó Mona.

Él frunció el ceño.

—¡La violación de las esclavas era una medida económica! —Un rictus le deformó los labios. Ella mordió el biscote—. ¿Y sabes por qué? ¡Porque así aumentaba el número de trabajadores gratuitos!

Sin embargo, la medida tenía sus límites: al aumentar el número de mestizos, los propietarios de esclavos conculcaban gravemente el principio de la distinción de las razas. Tibaï asomó la cabeza, comprobó que no necesitaban nada. André no la vio. El café se había enfriado; se lo bebió de un sorbo. Lucie debía comprender que no existía una gradación en las razas. Los *niaqués* eran menos feos y menos tontos que los negros, pero los blancos siempre serían superiores a los amarillos.

—¡Bueno, basta de charlas! —Se levantó, alegre—. Yo tengo que trabajar para alimentar a mi pequeña familia... —Un beso en la cabeza de Lucie, otro en la mejilla de Mona—. ¡Y no lo olvidéis! Los mestizos pueden tener la piel clara, ¡pero nunca serán blancos!

Y salió dando un portazo.

Lucie terminó de desayunar. Mona estaba cansada, ausente.

—Mamá..., ¿por qué la gente de color no puede ser blanca también?

En la escuela le habían enseñado que el blanco era un color: la bandera tricolor estaba compuesta por el azul, el blanco y el rojo. Delante de su taza de té, Mona le susurró que no pensara más en esas cosas. Su hija se rebeló.

—Pero ahora ya soy mayor.

Mona esbozó una sonrisa apagada.

—Eso es lo que me preocupa.

Ya no puedo más. Demasiadas noches en blanco, demasiados recuerdos, demasiadas dudas. Évelyne es una ausencia que hace renacer a todas las demás, una ausencia-mundo, una ausencia-caos. Vuelvo a zambullirme en nuestros correos electrónicos y allí floto durante horas. Su entusiasmo me guiaba; sin ella, tengo miedo de no dar con el libro. Estoy en ese estadio en que las ideas se confunden, se me hace un nudo en la garganta, me ahogo. No soy neutral; ningún editor lo es. Por no hablar de los novelistas. Y mientras intento escribir sobre Évelyne y su destino, sobre su extraordinaria madre, es inevitable que mi propia vida insignificante me estalle en la cara.

Mi madre es mauriciana naturalizada francesa. Yo soy francesa naturalizada mauriciana. Ella tiene la piel morena de las criollas, salpicada de pecas, y el pelo negro. Mi piel es mucho más clara, por mi padre, nacido cerca del Loira. Tenemos la misma sangre, pero no la misma piel. Muchas veces la gente no nos cree. «No puede ser hija suya.» La violencia de estas palabras tiene un efecto retardado.

En Mauricio, gozo de un estatus raro: demasiado blanca para ser «de aquí», en una familia demasiado morena para no serlo un poco.

Pero en general, por suerte, la piel no es el tema. Sin embargo, siempre recordaré a aquel hombre.

Burdeos, Cours de l'Intendance, uno de los barrios más elegantes de la ciudad. Debo de tener once años y estoy con mi madre. Salimos de una perfumería, el sol calienta en Aquitania, y él, con su gorra pegada al cráneo, se le encara y le escupe:

—¡Vuelve a tu país!

Nada justificaba nada; no lo habíamos agredido, ni siquiera lo habíamos mirado. Y esas palabras resuenan en mi cabeza, «¡Vuelve a tu país!», una frase citada demasiado a menudo, que sirve para todo hasta el punto, recuerdo, de que nos la soltábamos en el patio entre amigos, como una variante del «¡Anda, piérdete!» afectuoso del recreo. Mi madre abrió mucho los ojos, atónita, y yo tuve que hacer acopio de todas mis fuerzas para espetarle al tipo un insulto ridículo, mísero, que encontré en el fondo del bolsillo. En cierta forma, fue la primera vez que vi a mi madre como una inmigrante.

En la ciudad, el ambiente iba tornándose más pesado. Ho Chi Minh dominaba los corazones; su lucha por la independencia plena y total atraía a los vietnamitas, y cada vez eran más los que abrazaban su causa. Sin prisa pero sin pausa, el país estaba volviéndose comunista. Lucie notaba que los adultos tenían miedo. Había que distinguir entre los buenos vietnamitas, fieles a Francia, y los terribles Viet Minh. Pero ¿cómo reconocerlos? Su padre repetía:

—Un amarillo puede esconder a otro.

Una mañana, mientras jugaba con Tibaï, él abrió bruscamente la puerta, agarró a la niñera y la echó fuera gritando:

—¡Le prohíbo que se acerque a mi hija!

Lucie se quedó de piedra. Detrás de él, su madre parecía desconsolada. ¿Qué habían hecho mal? Tibaï quiso consolarla, pero André se lo impidió.

—Le he dicho que no se le acerque.

Los ojos grises de André tenían un resplandor inquietante. Lucie sintió que su padre quería protegerla, pero protegerla ¿de qué? ¿De Tibaï, su niñera adorada? No entendía nada. Desde el día del cuscurro, desconfiaba de los arrebatos paternos.

—André, cálmate. Tibaï no ha hecho nada…

—¿Cómo lo sabes? Es una amarilla.

Mona trataba de mediar. En Hanói, fue el jardinero quien les había enviado la leche. Y Tibaï siempre había sido…

—Las cosas han cambiado.

Lucie temblaba. No sabía a quién mirar. ¿A quién dar su apoyo, su fidelidad? Fue Tibaï la que rompió el silencio. Alzó el mentón y avanzó hacia André con una risa nerviosa. Y se produjo lo impensable. Escupió sobre sus hermosos zapatos. Fue breve, irreal, incontestable: Tibaï había escupido sobre los zapatos de su padre. Dios mío, ahora la matará. A Lucie se le cortó la respiración. Su padre profirió una palabrota, pero la voz clara de la sirvienta se impuso:

—Mi nombre es Yen. —Dio media vuelta y se fue.

Cuando la puerta se cerró tras la niñera, Lucie, llorando, se dejó caer al suelo. Mona no pudo hacer nada. Su hija permaneció en la misma posición toda la tarde, postrada, inconsolable. El vértigo la arrastraba consigo; a su alrededor, el mundo se hundía definitivamente en el caos.

Después llegó el día de la derrota, una derrota más, la que sobraba. El 21 de marzo de 1950, los Viet Minh incendiaron el mercado de Saigón. Fue la señal. Actuaban incluso contra sus compatriotas, contra los que consideraban «tibios», antinacionalistas, rojo claro. No había que engañarse: sus soldados serían implacables con los colonos que insistieran en vivir en la ciudad. Solo podían hacer una cosa: huir.

Con los ojos enrojecidos y el cabello suelto, Mona temblaba en aquel sillón demasiado grande para ella. Su marido se sentó a Lucie en las rodillas. No habría grandes discursos ni advertencias.

—Nos vamos de Indochina.

Al oír estas palabras, Mona volvió a sollozar. La cabeza le daba vueltas, ya no sabía qué quería y qué no. Desde hacía dos días, se pasaba el tiempo llorando. Las hormonas no la ayudaban. Pues estaba embarazada.

—Este país, al que amamos y por el cual he luchado, ya no quiere saber nada de nosotros.

André fingió ser fuerte. Ante ella desfilaron todas las imágenes: el nacimiento de Lucie en Hanói, el campo de concentración, el descubrimiento de Saigón, la residencia, el cuscurro, el Continental.

—No llores, Lucie. Nos esperan cosas bonitas. Tendrás un hermanito… o una hermanita. ¡Es un regalo precioso que me hace tu mamá!

Pero ¿de qué tipo era esa alegría, que le desencajaba la cara y hacía que su voz sonara falsa?

Al acostarse, Mona pasó una mano por el cabello moreno de André, aspiró el olor de su piel, buscó sus labios. Las lágrimas todavía corrían por sus mejillas.

—Entonces, todo ha terminado… —murmuró.

Él la abrazó con ternura.

—Lo afrontaremos. Siempre lo hemos hecho.

Ella se sorbió la nariz, asintió con la cabeza y se sumió en un sueño pesado. Las estrellas permanecieron ocultas en la oscuridad brumosa.

Al día siguiente, cuando la luz diurna la despertó, Mona experimentó una sensación extraña. André todavía dormía. No lograba captar qué era, pero había algo anormal. Se desperezó, lo sacudió un poco. Ante la perspectiva de nuevos dramas, casi estuvo tentada de rezar. Su marido abrió un ojo gruñendo.

—¡No! —gritó Mona llevándose una mano a la boca.

—¿Qué pasa? —se sobresaltó André.

Ella negó con la cabeza, estupefacta. ¿Cómo era posible?

—Pero ¿qué te pasa?

Incapaz de hablar, Mona hizo un gesto.

«Tu cabeza», vocalizó, pero sin pronunciar la palabra.

Él se precipitó hacia el espejo y no pudo contener una palabrota. Blanco. Tenía el pelo blanco. Una sola noche y el pelo… Le quedaban algunos mechones castaños, pero en la parte alta de la cabeza Dios había soplado nieve.

¿Qué podía decirle ella? La derrota lo había corroído por dentro, su cuerpo se había vengado. A Mona no le parecía menos atractivo así, pero el hecho es que había cambiado. Él mismo palideció ante el espejo. O sea, que esas cosas pasan. Era absurdo.

En el dormitorio que pronto abandonarían se cogieron las manos. En la calle, se oían los primeros cláxones, el canto de la ciudad que despierta.

—No habría que envejecer nunca, Mona.

Ella estaba de acuerdo.

—No envejecer nunca, no descender nunca por debajo de uno mismo.

—Retener la belleza.

—Sí, retener la belleza.

En los ojos de André se había deslizado una nueva melancolía. Las miradas bastaban; nada de palabras; una palabra lo habría estropeado todo. Entonces, con una seriedad impropia de ella, Mona se inclinó hacia él y lo besó durante mucho, muchísimo rato; un beso para sellar una promesa.

Regresar a Francia era imposible. Inconcebible. Sin embargo debían irse, y enseguida. Gracias al padre de Mona, encontraron una solución. Viajarían a Numea, donde Yvon había decidido terminar su carrera profesional. La familia Magalas los acogería allí y André, aunque no lo nombrasen gobernador, obtendría un puesto importante. Lucie lloraba. ¿Nueva Caledonia no era peor aún que Francia? ¿Una isla horrible llena de piedras? Las sonrisas falsas de los adultos no lograban engañarla. André estaba desesperado por abandonar Indochina. Todos sus sueños de grandeza se desvanecían, como arena entre los dedos. No solo no había ganado su guerra, sino que Indochina desaparecería para siempre. Ho Chi Minh y Nguyen Giap eran los grandes vencedores. Francia, quitada de en medio, cedería el terreno a los americanos. Mientras su marido contemplaba el desastre, Mona tenía una mano sobre el vientre. La vida crecía.

—¿Has vuelto alguna vez a Indochina, bueno, a Vietnam?

Évelyne negó con la cabeza. Jamás. No era de las que miran atrás; una vida se construye mirando hacia delante. No le gustaban las peregrinaciones.

Debería intentar imitarla.

La última vez que cenamos juntas, sin embargo, lo hicimos en un restaurante vietnamita. Sonreí al verla masticar los *nems*, pensé en Tibaï y en cuando preparó el Tét en la Rue Catinat. Mientras manejábamos los palillos, hablamos de las primarias de la derecha, que se celebrarían al cabo de unos días, de los políticos, de las elecciones presidenciales. Y luego de repente, Olivier empezó a hacerme preguntas, muchas, sobre mí y mi familia, sobre la isla Mauricio, sobre mis ideas. Aquellas preguntas me sumergían en mis secretos de editora, en la universidad, en los colegios electorales o los paisajes de mi isla; todas, sin embargo, inquirían lo mismo: «¿De dónde viene lo que os une, a ti y a ella?». Évelyne mojaba su *nem* en el *nuoc mam* y me sonreía.

El avión había acelerado en la pista y Lucie había visto cómo Saigón se alejaba, poniendo punto final a su infancia. Desde ese momento, estuvo callada. Mona quiso tomarla en brazos para consolarla, pero André la disuadió con una simple mirada. Habría que acostumbrarse: Indochina había muerto.

El viaje fue agotador: veinte horas, con dos escalas en Australia, para recorrer los siete mil quinientos kilómetros que los separaban de Numea. Mona masticaba un trocito de jengibre a fin de combatir las náuseas. Dormía a ratos, mordisqueaba una galleta, la vomitaba mezclada con bilis, y cogía otro trozo de jengibre que la hacía esbozar muecas. Al amanecer, en medio de una bruma amarillenta de calor y polvo, aterrizaron por fin en La Tontouta. Un simple hangar hacía las veces de aeropuerto, pero un coche oficial estaba esperándolos. André se había puesto el traje claro que tan bien le sentaba. Debajo de las axilas, ya se expandían dos aureolas. Saludó al chófer blanco con librea, y Mona quiso ver en aquel apretón de manos el principio de una vida nueva.

Pese a los baches de la carretera, Lucie seguía muda y con los ojos obstinadamente cerrados. No quería ver nada de esa tierra que la había arrancado de su país natal y que su padre había dejado tan en contra de su voluntad. Mona por el contrario se sentía renacer. Todo era más hermoso, más verde, más sorprendente. Pasaron por la ciudad de Païta, dominada por el bosque de musgo del monte Mou; luego por la bahía turquesa de Dumbéa, con la orilla salpicada de manglares. Los perros, con la lengua fuera, buscaban la sombra de los árboles. Mona sonreía.

El chófer se detuvo en una plaza plantada de flamboyanes.

—¡Ahí están! —gritó Mona.

Desde el umbral de la casa colonial, sus padres les hacían señas. Vio cómo la cara de su madre se iluminaba de felicidad, y eso hizo que todo lo demás desapareciera. Ya no se volvería a hablar de Indochina. En Numea, la vida sería fácil. Su padre, impecable en su traje a pesar del calor, se precipitó a abrirles la portezuela, seguido por su esposa.

—¡Oh, cariño, cómo has crecido, ya eres toda una señorita! —exclamó Guillemette comiéndose a Lucie a besos—. La última vez que te vi aún no tenías dos años. —Estrechó a Mona contra su pecho, emocionada, y dijo sin detenerse—: Entrad, entrad... ¡No os quedéis ahí, vamos!

Yvon las besó y puso una mano amistosa en el hombro de André:

—Usted primero, yerno. —Riendo, señaló con el índice el cabello blanco—. Veo que ha ganado en sabiduría.

—¡Ahora Lucie lo llama «abuelo»! —bromeó Mona.

Besó a André en la mejilla, que respondió con una sonrisa forzada.

La habitación principal, amplia y bien amueblada, daba a un porche de madera. En el jardín bordeado de plantas murmuraba una fuente. Mona se refrescó con un poco de agua la cara y los brazos.

—¿Has visto qué rosas tan bonitas tengo? No pensaba que se abrirían con este solazo. —Guillemette se inclinó sobre una flor amarilla y retrocedió enseguida—. ¡Cuidado! ¡Una avispa! —Se echó a reír—. Ven a ver mis hibiscos. —Y se la llevó al fondo del jardín.

A la sombra del almendro malabar, las envolvió el silencio. Su madre temblaba imperceptiblemente, pero apretaba los dientes para no derrumbarse; Mona se percató de su esfuerzo irrisorio. Quiso tomar la palabra. Su madre se le adelantó y la abrazó. Permanecieron así unos segundos.

—Estaba preocupada por vosotros... —murmuró—. Oh, hija mía, habéis hecho bien en dejar aquello. Era la única solución.

—Ha habido momentos espantosos, mamá.

Guillemette se detuvo.

—Lo sé, cariño.

Y le lanzó una mirada tan profunda que Mona tuvo la certeza de que lo había adivinado. La violación. Ella, que no se lo había contado a nadie, creyó que la tierra se abría bajo sus pies. ¿Una madre podía notar esas cosas? Después de todo, solo se llevaban veinte años. ¿El cuerpo conservaba los estigmas del infierno? De pronto, Mona tuvo la sensación de que el silencio la había traicionado, de que cuanto había ocultado afloraba a sus manos, sus mejillas, sus senos, sus labios. Lady Macbeth invertida, culpable del crimen de los otros.

La llegada de Lucie la sacó de la negrura de sus recuerdos.

—¡Abuelita! El abuelito me ha dicho que me toca la habitación más bonita de la casa. ¿Es verdad?

—Bueno, tu abuelo dice muchas cosas... —Guillemette le guiñó el ojo a Mona y puso la mano en el hombro de Lucie—. Lo mejor es ir a verlo, ¿no te parece? ¿Crees que tu habitación será la más bonita?

Desde el porche, Yvon y André les hicieron una seña de complicidad.

Lucie palmoteó al descubrir el gran dormitorio presidido por una cama con baldaquín. La mosquitera se había metamorfoseado en un dosel de princesa. En la estantería se alineaban muchas cajas de juegos: Monopoly, ajedrez, damas, el juego de la oca...

—¡Hay que ver cómo te miman! —exclamó Mona.

Lucie se precipitó en brazos de su abuela.

—Abuelita querida, ¡gracias, gracias!

Luego dispuso sobre la cama sus peluches y muñecas, los observó con un gesto propio del pintor delante del lienzo y rectificó el orden, poniendo el oso al lado del perro. Bajo las miradas de su madre y su abuela, sacó el juego de damas y lo dejó en el suelo.

—¿Quién quiere jugar conmigo?

Mona suspiró.

—No, cariño, ahora no... Estoy demasiado cansada.

Se volvió hacia Guillemette.

—¿Tú, abuelita?

—No me gustan las damas.

—¿El Monopoly entonces?

—Lo prefiero, pero al menos hemos de ser tres; si no, no es divertido. Ya jugaremos después.

Los ojos de Lucie se empañaron en lágrimas.

—No, bonita, no llores —exclamó Guillemette.

—¡Quiero que venga Tibaï! —sollozó la niña.

Mona se mordió el labio. Se sentía feliz por estar allí, en aquella casa alegre, rodeada de sus padres; la tristeza de su hija iba a estropearlo todo. No quería oír hablar más de Indochina, era superior a sus fuerzas.

—¡Venid a tomar algo! Hay limonada. —La voz de su padre las salvó.

En la cocina, le sirvieron a Lucie un gran vaso de zumo azucarado, que se bebió de un tirón enjugándose las lágrimas. Por su parte, Mona se cambió y se puso un vestido blanco de algodón. En el vientre, el tejido se tensaba ligeramente. La conversación volvió a versar sobre los últimos días en Saigón, las tensiones, las amenazas, la política. Luego por fin, el silencio.

—Entonces ¿esta vez nos darás un varón? —dijo su padre volviéndose hacia ella.

Ella lo miró sin comprender Un calor desagradable iba enturbiándole la mente. Todavía no había anunciado su embarazo. No le parecía que su vientre…, aunque tal vez sí que… ¿Tanto se notaba?

—No, querida —contestó su madre—, fue André quien nos lo dijo por teléfono.

Un resplandor pálido, intermitente, empezó a crecer; de repente se hizo líquido, un charco de luz blanca, maligna: la rabia.

—¿Cómo te atreves?

—Perdóname, cariño, pero estaba tan feliz… Y tus padres esperan con tanta impaciencia un nieto…

Ella sintió ganas de arañarle la cara.

—Era yo quien debía decírselo.

Fuera, un pájaro verde y rojo picoteaba unas migas al pie del porche. Los alisios acariciaban las rosas de su madre. Esas rosas en que zumban las avispas y con las que las bellas muchachas se pinchan. Un sabor amargo le colmó la boca.

—Perdóname, amor mío —repetía André.

Ella no le hizo caso, disgustada, ofendida. Un hijo. Era su sueño. Un varón para demostrar que era una mujer, entera y verdadera. Se volvió hacia su hija:

—¿A que te gustaría tener un hermanito?

Lucie alzó los ojos color cielo y bajó la cabeza muy modosa. Los adultos eran inestables, misteriosos, imprevisibles. No había que contrariarlos más. Pero le habría gustado saber por qué todos parecían tan empeñados en que lo que llegara fuese un chico.

Évelyne me proporcionó todos los elementos para terminar el libro, salvo los detalles relativos a sus abuelos. No conozco los nombres de pila de sus dos abuelos, ni el de su abuela paterna. No sé exactamente cómo se conocieron ambas familias, los Magalas, por un lado, y los Pisier/Desforêt, por el otro. Lo que es real es la velada parisina organizada por el Banco de Indochina durante la cual Mona conoció a André. El resto lo he completado como he podido.

Del matrimonio de sus abuelos paternos, Évelyne decía: «Bueno, él daba órdenes y ella hacía punto». Una pareja conservadora, metida en formol. Évelyne no los quería mucho; por lo demás, casi no los había tratado.

En cambio, adoraba a su abuela Magalas, fantasiosa y entrañable, que murió de una «dulce locura». Durante meses, en el hospital, le administraron terribles electrochoques, que no solo no la hicieron mejorar, sino que la convirtieron en un espectro.

Cuando muere Guillemette, Évelyne está embarazada de gemelos. Como homenaje, le promete a Mona que si tiene un niño lo llamará Guillaume. Su madre pone una cara rara, pero le da las gracias. Dado que falta poco para el parto, prohíbe a Évelyne asistir al entierro.

De la razón profunda de esa prohibición se enteraría más tarde, y era otra totalmente distinta: su abuela no se llamaba Guillemette, sino Adèle, nombre que odiaba. Se había puesto Guillemette ella misma por coquetería, y todo el mundo le había seguido el juego. Mona no quería que su hija lo descubriera inscrito en una tumba. Évelyne estaba pasmada. O sea, que su hijo llevaba un nombre ficticio escogido por su abuela. «¡Y pensar que durante tantos años no me dijisteis nada!» Mona no sabía qué contestar. «Además, Guillemette es un nombre feísimo, mucho más feo que Adèle!» Era en verdad absurdo. Inútil. ¿Por qué ocultar algo que no es vergonzoso? Y la confesión tardía no arreglaba nada, al contrario. Puestos a mentir, ¿por qué no llegar hasta el final, si se ha decidido que la verdad no conviene? Este era uno de los misterios de esa familia. Y no sería el último.

Cada familia tiene sus obsesiones. En casa de los Magalas, eran dos: los estudios y la banca. Yvon había nacido en Pézenas, entre Béziers y Montpellier, a finales del siglo XIX. Su padre, un campesino de dientes amarillentos que usaba boina, había muerto de manera fulminante en plena cosecha de patatas. Toda una vida acariciando las patatas, ofreciéndoles una tierra más mullida que un lecho para humanos, vigilando las nubes y el mistral, para acabar sobre ellas, con la nariz en el barro.

Yvon había tomado el relevo. A los catorce años se levantaba al alba, layaba, binaba, escardaba, regaba, recogía, seleccionaba, limpiaba, iba a vender. Cuando Mona, después del anuncio del compromiso, le contó a André la trayectoria de su padre, creyó oírlo mascullar: «Un palurdo, vamos». Yvon Magalas no era de los que se dejan llevar por la fatalidad. Y a la vez que realizaba los trabajos agrícolas, estudiaba como un loco. Cada sábado, al final de la jornada, podía vérsele en la biblioteca municipal. Leía los clásicos e intentaba aprender algunas palabras de inglés con un manual de fonética: «Good morning, sir. How are you, sir? My name is Yvon».

La muerte de su madre lo liberó de Pézenas. Con tres francos en el bolsillo, un cepillo de dientes y algunas patatas de la tierra, se encaminó a París. Los primeros meses estuvieron a punto de acabar con todas sus esperanzas. Llamaba a las puertas de tiendas, empresas y particulares, pero nadie lo quería. Comía de los cubos de basura de los restaurantes, a veces robaba un pedazo de pan, dormía donde podía. Un día, agotado, se dejó caer en los escalones de un gran edificio del Boulevard Haussmann. Era el Banco de Indochina. Hombres trajeados entraban y salían, con expresión radiante y muy erguidos.

Al día siguiente, y al otro, y los días que siguieron, el adolescente siguió merodeando delante del edificio. Al final se percataron de su presencia. Guiñando un ojo, Yvon decía: «Good morning, sir. How are you, sir? My name is Yvon». Un día, aquel muchacho demacrado que farfullaba correctamente el inglés le resultó divertido a un hombre, que se paró. Era el director. Le formuló algunas preguntas y pareció satisfecho con las respuestas. El corazón del adolescente latía desbocado; por fin, por fin le sucedería algo bueno, lo intuía.

—Tengo un trabajo para usted. Venga mañana a las ocho.

Yvon estaba exultante. Tan pulcro como pudo gracias a los baños de la Rue Petitot, se presentó antes de la hora en el Banco de Indochina. Un empleado le pidió que lo siguiera. Deslumbrado, atravesó el gran vestíbulo de baldosas brillantes, se extasió ante la escalera de mármol y luego avanzó por un pasillo de servicio. En la pequeña habitación del fondo, el empleado le dio un cubo y una escoba.

—Empezarás por el despacho del jefe.

Que un hombre que había comenzado como limpiador en el Banco de Indochina acabase siendo el director, tras haber aceptado todos los puestos intermedios, de factótum a contable, alimentaba la leyenda de Yvon, y a Mona le inspiraba una admiración sin límites. «El trabajo, hija mía, lo es todo. Y la paciencia también.» El tiempo, unido a la voluntad, era un grandísimo aliado. «Pero para que funcione, hay que llegar el primero. El primero a todas partes: a la escuela, a los exámenes, a las citas.»

Un día después de su llegada, antes de comer, Yvon y André tomaron el aperitivo en el porche. Magalas quería formar a su yerno en la problemática local antes de que tomase posesión del cargo el lunes siguiente. Nueva Caledonia era una colonia muy pequeña, pero habían ocurrido cosas. El Código de la Condición indígena había sido abolido el 7 de marzo de 1944. Desde 1946, los canacos tenían pleno derecho a la nacionalidad francesa. En otros términos, podían votar, circular, ser propietarios, acceder a las instituciones y crear su propio partido, cosa que no habían tardado en hacer.

—Y ya se imagina su orientación… —dijo Yvon.

—¿Comunistas?

—Por supuesto. El Partido Comunista caledoniano. Dirigido por una mujer, Jeanne Tunica y Casas. Una divorciada… Que además está muy pendiente de las reivindicaciones de los trabajadores vietnamitas instalados aquí.

—Pues vaya.

—Le aseguro que los católicos han reaccionado. Y además, entre la ley y los hechos, queda un margen… Para serle franco, a mí esas discusiones de capilla y esa lucha de ideas me importan bastante poco… Lo que me importa es la economía. Quiero dejar Numea con un banco saneado, eso es todo.

Las tres mujeres, que acababan de volver del mercado, se reunieron con ellos en la terraza. Mona le devolvió el cambio a André; se había comprado un collar de coco y nácar, que lucía muy orgullosa. Lucie seguía un poco enfurruñada. Su abuela se la sentó en las rodillas y se balanceó en la mecedora de mimbre, mientras un criado con librea les servía unos refrescos. Los hombres seguían hablando de política.

—¿Será posible? ¿No podríais cambiar de conversación? —exclamó Guillemette alzando las manos al cielo como si fuera una condenada—. ¿No sería mejor que os preocuparais de Mona, que espera un bebé? —André soltó una carcajada—. Estamos en un lugar maravilloso, todo va bien, pero ellos, no señor, ¡dale que te pego con la guerra!

Mona se desternillaba de risa. Su madre siempre había tenido una vena teatral; le gustaba mucho cantar, improvisar sainetes, contar anécdotas. Alguna vez había recibido a los invitados descalza, «para que se sintieran cómodos».

—¿Abuelito? —Yvon estiró el cuello—. Tú, durante la guerra, ¿eras petainista o gaullista?

Se hizo un silencio.

—Si hasta la niña saca el tema… —masculló Guillemette.

Mona no daba crédito. Su hija solo tenía nueve años. ¡A los niños de nueve años la política no les interesa! Pero a Lucie sí. No pudo evitar pensar que era por influencia de André.

—La verdad, si quieres que te sea sincero —respondió Yvon—, ni una cosa ni la otra. No como algunos…

Mona se mordió el labio. Su marido estaba a punto de contestar, pero con una sola mirada ella hizo que se tragase sus insultos. Guillemette trató de relajar el ambiente:

—Le he pedido a la criada que nos prepare un pescado a la plancha. Ya veréis, cocina di-vi-na-men-te.

Yvon se levantó y desapareció en el jardín.

A André se lo llevaban los demonios. Nada más entrar con su mujer en la habitación, atacó:

—¡Los comentarios de tu padre son insoportables! ¡Humillarme así delante de nuestra hija!

—Ya basta, André, no te ha humillado, ha dicho lo que pensaba, eso es todo. Uno tiene derecho a preferir los negocios a la política.

—A mí un campesino no me da lecciones.

Ella se quedó boquiabierta.

—¿Un campesino? ¿Mi padre?

—¿Qué es si no? ¿Acaso no empezó en un campo de patatas? ¿Reniegas de tu padre?

—¡Te prohíbo que hables así de él! Mi padre hizo más en unos años que el tuyo en toda su vida.

—Ah, ¿sí?

—Sí. ¿Y sabes lo que te digo? Que si no retiras lo que has dicho, voy a ver a Lucie y le cuento todo lo de Henri.

Él frunció el ceño.

—¿Contarle qué?

—El tráfico del caucho, ¿no te suena de nada? El noble Henri Desforêt, que exportaba la producción ilegalmente para no pagar los impuestos. ¿Es eso el respeto al trabajo y a la patria?

Él la abofeteó. Fue tan rápido, tan seco, que ella casi no sintió la mano desplazarse en el aire. Pero por debajo de la mejilla fue expandiéndose un calor difuso. Se quedó aturdida, con los ojos desorbitados por el dolor, y una lágrima tembló antes de caer.

—Oh, amor mío… —André la abrazó—. Perdón, perdón…
—Le acarició la mejilla ardiente y la cubrió con mil besitos—. No
quería… —su mano le acarició la nuca—, bonita mía… —descendió, buscó su vientre, sus pechos, empezó a pellizcarle los pezones.
Pegó sus labios a los de ella, la estrechó contra sí más fuerte—. Perdón —dijo una última vez, pero en un tono más apremiante.

Hicieron el amor como si no hubiera pasado nada.

En las sábanas húmedas de la noche caledoniana puntuada por la
respiración de André, Mona miraba el techo. Había elegido a su
padre. Esta idea la obsesionaba. Sí, en la discusión entre él y su marido, ella había defendido a su padre. Frente a Yvon, volvía a ser la
niña cariñosa y fascinada. Obediente, ante André también, por otra
parte. Amaba demasiado a los hombres. A su padre. A su marido.
Sus dos héroes. Se llevó la mano a la mejilla, que ya no le dolía.
¿André temía que Yvon le robase el protagonismo? Aunque no se lo
confesara, el cargo en Numea se lo debía a su padre. Mona sonrió
en la penumbra. Pues claro que sí… ¿Y si, simplemente, André temiera perderla? ¿Compartir con Yvon su autoridad, su influencia,
no tenerla ya toda para él? Era evidente. Tenía miedo. La quería
tanto… Mona se durmió, mecida por la dulzura de esa hipótesis
tranquilizadora.

La gama de verdes parecía infinita, del azul verde profundo de los pinos al verde botella de las araucarias; del verde amarillo de las palmeras al verde más tierno del musgo, una alfombra cubría las laderas. A lo lejos se extendía la bahía de Numea, cuyo azul intenso contrastaba con la vegetación. Aquí y allá unos puntos rojos o amarillos iluminaban la colina de los Pájaros: flamboyanes, daturas, alamandas y cóleos. A la derecha, una flecha metálica taladraba el cielo: el semáforo.

La villa de tejado rojo, rebautizada obviamente como Villa de los Pájaros, albergaba tres dormitorios espaciosos, una gran sala de estar, una cocina en la parte de atrás, con una dependencia para los criados y —lujo supremo— un cuarto de baño moderno. El día en que se instalaron, André colocó inmediatamente en la biblioteca las obras de su querido Maurras y unas novelas de Pierre Drieu la Rochelle.

—¡Escucha, Mona! —dijo abriendo *El fuego fatuo*—, es maravilloso: «El hombre solo existe en el combate, el hombre solo vive si se arriesga a morir».

Luego, tras un instante de vacilación, pero tan breve que ni él mismo se dio cuenta, añadió la Biblia en su estante. Necesitaron media jornada para ponerlo todo en su sitio, bajo un sol abrasador y líquido.

Cuando por fin los mozos se fueron, André agitó delante de Mona un paquete e inmediatamente lo escondió detrás de la espalda.

—¿Qué es?

Él sonrió como una esfinge.

¡Vamos, André, dímelo! ¿Qué es?

Ella se comportaba como una niña. Él alargó la mano para acariciarle el pelo.

—¿Te gusta esta casa?

A modo de respuesta, ella le picoteó los dedos a besos. Pero un ruido los sobresaltó. Llegaba del bosquecillo.

—Un gato —decretó André—. O un animal salvaje.

Mona hizo una mueca de niña pequeña, fingiendo estar aterrada.

—¿Te dan miedo los animales salvajes?

Falsamente amenazador, dio un paso hacia ella y la abrazó brutalmente. Ella se dejó abrazar, con una risa sensual. Entonces él le tendió el paquete.

Al desenvolverlo, apareció una estatuilla, una estatuilla preciosa de cristal que representaba un loro. Mona admiró las plumas de colores, la finura del pico, el ojo redondo que la contemplaba. Las garras parecían más bien las de un águila, pero daba igual, era muy bonito. Se echó al cuello de su marido, acarició el pájaro. Luego le dirigió su mirada enamorada y él la siguió al dormitorio. Con la puerta entornada, hicieron el amor brutalmente sobre el colchón todavía envuelto en plástico.

«Demasiada ambigüedad.» Así resumía Évelyne la relación de sus padres. Dominación y sumisión, juegos de niños y un listón cada vez más alto. Ella misma reconocía haber estado marcada, sobre todo al principio de su vida, por esa forma de actuar. Drama. Teatro. Exceso. Porque así era como concebía el amor; los que pretendían lo contrario se conformaban con la tibieza. Me contó cómo una tarde, después de una discusión con su primer marido, fingió cortarse las venas con una cuchilla de afeitar. Mientras lo hacía, no gritó su nombre, sino el de su primer amor: «¡Fidel! ¡Fidel!». La sangre perlaba sus muñecas y ella se desternillaba de risa. Él no entendía nada.

—Yo era terrible.

Había coleccionado hombres, consideraba que tenía derecho a hacerlo, había luchado por ello. Y luego, un día, todo había cambiado. El final de un ciclo, el comienzo de otro. Un segundo matrimonio, pero sobre todo un amor extraordinario, esta vez para toda la vida.

—¿Crees que se puede cambiar? —le pregunté.

La vida de su madre y la suya abogaban en este sentido. No recuerdo su respuesta. Además, ¿se lo pregunté realmente? ¿No será solo una idea que se quedó atascada en las paredes de mi cráneo como una bola en un flipper? No importa. Creo que habría podido decirme: cambiar por cambiar no tiene mucho sentido. Lo importante es construirse.

Por la mañana temprano, Mona iba a bañarse al Pacífico, pisaba la arena fina de Anse Vata, se tumbaba en la bahía de los Limones, al borde de los manglares. La propia Lucie estaba fascinada. Las playas irreales de la isla de los Pinos la dejaron sin palabras. Jamás había visto un agua tan transparente, tan cristalina. Mientras nadaba podía tocar las tortugas con caparazón de ámbar. Poco a poco, Indochina iba borrándosele de la memoria; Yvon y Guillemette la cubrían de regalos; sus padres disfrutaban de la nueva vida; pronto dejaría de sentirse culpable por olvidarse de Saigón. Al final del día, a menudo le pedía a su madre que pasearan por el Doniambo. Allí había unas fábricas de níquel.

—Lucie, es horrible, ¡me da náuseas! Vámonos.

Le decía que sí a su madre, pero se quedaba en el sitio, embriagándose con el olor químico nauseabundo como habría hecho con las flores delicadas de un franchipán.

Al cabo de unas semanas contrataron a Rosalie. Se había distinguido de las demás candidatas negras por su bondad y su fervor cristiano; una gran cruz dorada se balanceaba entre sus grandes senos de ébano y rebotaba cada vez que ella soltaba una carcajada. Se la habían recomendado en misa y Mona se lo había comentado a

André, que desde que habían llegado a Numea ya no frecuentaba la iglesia. Los negocios, la obra colonial, el servicio de Francia, todo tenía prioridad frente al cura. A Lucie le preocupaba. ¿Podían castigarlo a uno por esas ausencias? ¿Qué pensaría Dios? Al acostarse, rezaba por su salvación. «Señor, por favor, haz que papá vuelva con nosotras a misa. Amén.» La criada gorda le hacía olvidar los miedos. La cubría de besos y caricias, le enseñaba cánticos, que entonaban juntas.

Extrañamente, Mona permanecía a la defensiva. Había algo en aquella mujer que la incomodaba; tal vez fuera su paso indolente, su dominio imperfecto del francés o aquella silueta tan entrada en carnes, las nalgas, el vientre, los pechos rollizos; demasiado sexuada. El embarazo ya estaba bastante adelantado y hacía varias semanas que André no la tocaba, como si su cuerpo demasiado vivo le diera asco. Ella se volvía celosa. ¿Tenía una secretaria? ¿Se relacionaba con las esposas de los otros altos funcionarios? A veces, se perdía en la contemplación de sus ojos, buscando en ellos el indicio de una infidelidad. Pero no. Solo parecía ocupado por su trabajo.

—¿Cómo están mi mujer y mi hijo? —exclamaba cuando volvía por la noche.

Ahora Mona temblaba al pensar que quizá no fuera un varón.

—¡No sería culpa tuya! —la tranquilizaba su madre, que acudía a tomar el té—. Pero tienes el vientre puntiagudo, ¡seguro que será un chico! El mío también era así cuando tuve a Alain.

Su mirada se perdió en la lejanía y Mona suspiró. Alain, su hermano pequeño, que murió a los dos años porque se atragantó con un trozo de manzana. Nunca había comprendido cómo pudo ocurrir una cosa tan tonta.

—Se le fue por el camino equivocado. Esto es todo —zanjó Guillemette. Su madre rechazó la tristeza con un servilletazo y se le acercó—: ¿Puedo hacerte una confidencia? —Miró alrededor para cerciorarse de que no hubiera espías al acecho—. Seduce a otro —murmuró.

—¿Qué?

—Sí, seduce a otro. No te digo que engañes a André. Solo que aguces su vigilancia. Si otro te ronda, verás como se emplea a fondo.

Mona se echó a reír.

—¿Qué crees que hice yo con tu padre? —continuó Guillemette—. Le entró la preocupación y, ¡zas!, lo tuve comiendo de mi mano. ¡Créeme, hijita, no hay nada igual! —Al apartar una mosca con un gesto, tiró la tetera, que se estrelló contra el suelo—. Yo no he sido. Se ha caído sola.

Y rio de nuevo, dejando a su hija consternada y muy contenta de tener una madre tan alocada.

Para pasar el rato, Mona hojeaba libros, leía algunas páginas de Drieu o de Céline, lo que encontraba en el salón, pero la aburrían. Acabó por hacerse socia de la biblioteca Bernheim, que estaba en el centro de la ciudad. Una mujer de unos cincuenta años de cabello plateado, sentada detrás del mostrador, estampilló la novela que Mona había elegido: *Thérèse Desqueyroux*.

—Tiene un mes para leerla. Si tarda un poco más tampoco pasa nada.

Mona le dio las gracias.

La heroína de Mauriac le causó una fuerte impresión. Tembló al leer las palabras del marido a la mujer: «Limítate a escuchar, recibir mis órdenes y atenerte a mis decisiones irrevocables». André no era tan duro, pero también tenía esa manera de decidir por ella. ¿No eran así todos los hombres? Con el vientre abombado hacia el horizonte, Mona dejaba la novela, se iba a contemplar la naturaleza, a hablar con los pájaros o a disfrutar de una siesta junto a su lorito de cristal.

Al cabo de dos semanas, volvió a la biblioteca para devolver el libro; la mujer de cincuenta años seguía allí.

—¿Le ha gustado?

—Sí, mucho.

La mujer sonrió.

—¿Quiere otro?

—Otro día. Ahora no tengo la mente despejada —dijo señalándose la barriga.

La bibliotecaria asintió con la cabeza.

—Pues hasta pronto. ¡Y ánimo!

Estamos a 6 de enero de 2017. Recibo un mail de Évelyne, muy corto, un dardo. Me anuncia una «mala noticia»; en realidad en eso consiste el mensaje. Creo recordar que exclamé un «¡Oh, no! No puede ser», que mis colegas oyeron sin duda al otro lado del tabique, que no amortigua ningún ruido.

La llamé. Debía de estar fuera, o no oyó el teléfono, o no se sentía con ánimos para contestar. Le dejé un mensaje en el que le decía hasta qué punto la noticia me apenaba, pero también que estaba segura de que encontraría la fuerza, junto con los médicos, para salir de aquel brete. Parloteé para llenar el silencio, como todo el mundo en estos casos; ¿qué se puede decir? Lo adecuado habría sido abrazarla. Pero ella no estaba en París.

Yo empecé a hacer equilibrios. A petición suya, continuaba enviándole capítulos revisados, le preguntaba sobre su madre, sobre cómo se conocieron sus padres, etcétera. Pero no quería cansarla. Iba adelantando sola, esperando «el momento propicio» para consultarle lo que añadía. Ella me escribió: «¿Por qué no me envías la continuación?», y poco después: «Te contestaré más adelante. Creo que he minimizado un poco mis problemas de salud». Yo notaba su tristeza, y el valor que había necesitado para confesar aquello, cuando todo su ser estaba volcado en la novela. La palabra que más se repetía entre nosotras, además de «amiga», era lo que hoy considero mi llave maestra particular, mi pequeño tesoro inmenso: «Confianza».

Espero que un día, cuando yo también tenga setenta y cinco años, pueda tender la mano a una joven de veintiocho; será editora, novelista, estudiante, desempleada, ingeniera, agricultora, rebelde, estará embarazada, enamorada, divorciada, llena de sueños, loca de atar, yo la llamaré «mi amiga querida» y le diré: «¡Adelante con esa hermosa aventura! ¡Sin miedo! Tengo plena confianza en ti».

Llegó septiembre con sus fuertes calores. Las rosas se marchitaban apenas se abrían. Asomaban otras yemas, eclosionaban y se secaban inmediatamente. El ciclo de la vida era desesperante. Mona tenía la sensación de que ella no servía para nada. Ante sí, su barriga crecía, animada por una fuerza autónoma de la cual ni siquiera era responsable. Fuera de su barriga, no pasaba nada, ¡nada! Era pavoroso. Las visitas de su madre aliviaban un poco su soledad, pero entre André, que estaba en el despacho, y Lucie, en la escuela, los días se estiraban como un gato enorme. Por la noche, su ronroneo desagradable la obsesionaba: «¿Y hoy qué has hecho? Nada, nada, nada». ¡Y pensar que había soñado con ser médico! No había sido mala estudiante. Tal vez habría repetido el primer curso, como todo el mundo, pero se habría esforzado. Ahora… Pasaba las horas aplicándose mascarillas de huevo y miel, se untaba la piel con manteca de karité, se friccionaba con monoi. Estaba impaciente por que naciera el bebé.

Una noche en que se quejaba de que lo veía poco y se aburría, André le anunció que pronto se celebraría el baile del gobernador. Eso la distraería, ¿no? Mona suspiró. En su estado, ¿qué hacía ella en un baile? ¿Puede llamarse baile a un baile donde no bailas?

—¿Lo ves? Nunca estás contenta —le respondió André volviéndole la espalda.

El gobernador había invitado a un centenar de personas. André se esmeró en su atuendo; Mona eligió un vestido imperio ancho de cintura para que no le apretara la barriga, cada vez más redonda. A pesar del cansancio, y sobre todo del calor, su rostro seguía siendo encantador. Rosalie se quedó con Lucie.

En la sala adornada para la ocasión con mantelería impecable y cintas satinadas, el gobernador habló del estatuto de la colonia, de los proyectos de mejora de la ciudad, del buen entendimiento entre las comunidades y de la próxima construcción de un polideportivo.

—¿Y con qué dinero? —masculló su marido.

Después les sirvieron champán frío, unos pastelillos de pescado y fruta del pan, y a continuación una cena copiosa y bastante mala. Mona no tocó el civet de ciervo, cuyo olor le revolvía el estómago, y se contentó con masticar los trozos de batata semicrudos. André hablaba con sus compañeros de mesa. Tenía opinión sobre cualquier tema, podía contestar cualquier pregunta. En eso no tenía igual. Y cuanto más hablaba, más guapo lo encontraba su mujer.

—¿Señora Desforêt?

Su vecina de mesa, una gran burguesa con la nariz tan reluciente como los zapatos, acababa de hacerle una pregunta.

—Disculpe, estaba distraída… ¿Qué me decía?

—¿Para cuándo es?

—Para noviembre.

—Ay, es maravilloso. ¿Irá a la clínica del Buen Pastor, supongo?

—Claro.

Una vez terminado el postre, el gobernador se levantó y dio unas palmadas. La orquesta ya estaba en el estrado y atacó una melodía saltarina. El gobernador y su mujer abrieron el baile, luego todos los comensales ocuparon la pista. André le ofreció el brazo a Mona. Evidentemente, ella negó con la cabeza.

—Entonces, me perdonarás, ¿verdad?

Y fue a tenderle la mano a la esposa del administrador, con el cual estaba citado al cabo de dos días. Mona seguía el baile de los demás con sensación de cansancio; ¿hay algo más triste que una fiesta en la que uno no participa? Bajo la tensa piel de su ombligo, notaba que el niño se movía; otra danza, otro baile dentro de su cuerpo.

La orquesta se puso a tocar una canción de moda de Nat King Cole. Las parejas se enlazaban en la pista, moviéndose lentamente al ritmo del piano. «Is it only cause you're lonely…» Cuando empezaba a bostezar, un hombre se le acercó. Moreno, de ojos brillantes y aire deportivo. Era la primera vez que lo veía.

—Señora, ¿me concedería usted este baile?

Ella soltó una risita al oír aquella fórmula deliciosamente anticuada. De manera educada, declinó la invitación con una amplia sonrisa, redondeando la mano alrededor del vientre.

—En otra ocasión entonces —dijo el hombre, con una inclinación de la cabeza. Y se perdió entre la multitud.

«Seduce a otro», le había dicho su madre. Mona apartó la idea de su mente.

He releído uno de los primerísimos mensajes de Évelyne. Por supuesto, habla del libro, de lo que nuestra amistad está empezando a hacer con él, de su insomnio de la víspera, que pasó leyendo los capítulos revisados, riéndose a veces como una loca.

La echo de menos. Lo menciono en mi entorno, y me llegan comentarios de unos y otros.

—¿Una amiga? Pero ¿cuánto tiempo hacía que os conocíais?

Seis meses.

—Ah, bueno, no mucho.

Los sentimientos no se miden por fechas. «Lo que cuenta —decía Brel, que había leído a Séneca— es la intensidad de una vida, no su duración.» La intensidad de una amistad te da alegría para mil años, es como un amor, te entra por el ombligo y te inunda totalmente. No se mide por meses.

—Pero ¿no era un poco vieja?

Me pongo tensa. Las palabras se quedan encalladas, incapaces de describir lo que siento. Me vienen a la mente insultos, pero no pasan de mis labios, aunque deberían…

—O sea, ¿que eres su editora, pero eres tú quien escribe el libro?

Los ojos se entornan y no sé qué responder: sí, es extraño, ya lo sé, lo escribo con ella, sin ella pero con ella, o más bien lo termino, al otro lado de la noche infinita. ¿Comprendes? Es otra forma de abrazarla. La única que me queda. Para cumplir la más hermosa de las promesas.

Tengo la impresión de tocar la noche con los dedos. Es espesa, voraz. Amenaza con engullirme. No estoy a la altura. El texto no es como quisiera. No es lo bastante intenso, ni lo bastante vivo. Le falta su risa. Voy a reescribir todo lo que no funciona. Si hace falta, no voy a dormir más.

Necesidad de recuperar las huellas. Las marcas físicas de Évelyne en el texto. Los documentos están ahí, los tengo delante.

Respecto al pasado, mantengo una actitud de anticuario; la frase es de Nietzsche, y no es precisamente un cumplido. Mi memoria es un pegamento que me aprisiona y no me deja salir. En mí hay demasiada preocupación por el pasado. Una fuerza que funciona, decía el otro; no lo consigo.

Creo oír la voz de Évelyne, y mezclada con la suya la voz debilitada de mi padre, de mis tíos, de mi abuela. Las puertas de la nada se abren las unas sobre las otras; cada duelo está unido a los anteriores, unido a los que vendrán, y es un vacío que no deja de ensancharse.

He abierto el cajón donde guardo mis cofres de secretos. He sacado las notas manuscritas de Évelyne sobre el famoso documento titulado «Pistas de trabajo». De nuevo, el olor acre a tabaco y papel. Las hojas están frías, realmente frías, y eso casi me asusta.

No puedo tirar nada. Ha recortado artículos de periódico, garabateado cosas sin interés. Sé que lo guardaré todo.

Cuando era pequeña, mi madre preparaba confituras. Mi padre se encargaba de las etiquetas, era su modesta contribución doméstica. Con su preciosa letra cursiva, escribía: «Higo», «Cereza», «Frambuesa», y mi preferida, «Ruibarbo». Murió cuando yo contaba catorce años. Después del entierro, busqué todos los tarros que aún conservaban la huella de su mano. Luego despegué las etiquetas, una a una, con el cuidado de un orfebre. La tinta era azul, negra, a veces verde. «Grosella», «Fresa», «Albaricoque». Letanía de frutas que rescataba a mi padre de entre los muertos. Simples etiquetas. Hoy están alineadas sobre una gran cartulina de cuadritos, como mariposas clavadas por un entomólogo. Ya no las toco.

El sábado 11 de noviembre de 1950, el gobernador organizó una jornada conmemorativa del armisticio. «Homenaje a nuestros héroes de la Primera Guerra Mundial», rezaba una pancarta. Todos los altos funcionarios, así como sus familias, habían sido invitados a participar en el homenaje nacional. Los niños debían hacer dibujos, cantar «La Marsellesa», escribir poemas. Una fiesta importantísima para André ya que, indirectamente, consagraba a su héroe de Verdún.

Lucie, a petición de las monjas de la escuela Saint-Joseph de Cluny, recitó los cuatro versos compuestos por ella en honor a su padre:

En medio del frío y del horror,
condenada a la comida rancia,
mi patria no sucumbió al pavor
¡porque su nombre es Francia!

Se celebró un banquete en el ayuntamiento. Yvon y André se encontraron en medio de las máximas autoridades pero, por precaución, se sentaron lejos uno de otro. Guillemette prefirió quedarse en casa. Mona se había mostrado preocupada.

—Pero ¿qué va a hacer sola?

Yvon había alzado los ojos con impotencia.

—¡Pintar!

Mona escuchaba distraídamente la conversación de los hombres. Se sentía pesada, agotada por el parto, ya inminente.

—¡Qué error, la creación de Israel! —se lamentaba su marido—. Al cabo de solo dos años ya se ven las consecuencias desastrosas.

Un hombre de uniforme se mostró de acuerdo.

—¡Y con la ayuda del Reino Unido!

—¡No me hable! Yo siempre he dicho que los ingleses eran nuestros verdaderos enemigos. Todos recordamos Mers-el-Kébir…

—¡Una vergüenza!

—¡Un crimen!

André se volvió hacia Mona.

—¿Te acuerdas? Más de mil muertos en el bando francés. ¡Cabrones!

Mona le respondió con una sonrisa que parecía más una mueca. Mers-el-Kébir le importaba un comino; su barriga estaba viviendo un combate que valía por todas las batallas de los hombres. André apuró la copa y con gesto irrevocable estrechó la mano del militar. Conmemorar 1918 era hablar otra vez de 1940.

Mientras los hombres arreglaban el mundo y las guerras, ella sintió que su vientre se contraía. Dejó escapar el primer grito de dolor. En el alboroto general, nadie la oyó. El bebé se le antojaba más pesado que nunca.

—André…

Por fin él se volvió hacia ella.

—No me encuentro bien…

Se preocupó al verla lívida. Mona soltó otro grito y algunas cabezas se alzaron. Él se excusó con sus colegas, le hizo una seña al chófer y fue a buscar a Lucie, que se aburría muy modosita en medio de los demás niños.

En la Villa de los Pájaros, Rosalie se ocupó inmediatamente de Mona. Dispuso barreños con agua caliente, ropa blanca, tijeras y alcohol.

—Por si no da tiempo a llevarla al Buen Pastor.

Mona negó con la cabeza: no sería muy rápido, lo notaba. Pero los dolores ya eran terribles. Lucie asomó la carita por la puerta del dormitorio, inquieta por su madre, aterrada ante el par de tijeras que brillaban al sol.

—Mamá —murmuró.

—No pasa nada, Lucie. Por favor, no te quedes ahí. Sal a jugar. ¿Por qué no vas hasta el semáforo? —Y gritó de nuevo porque volvían las contracciones.

El cielo era abrasador y el faro lanzaba unos relámpagos metálicos. Lucie avanzó por el camino de tierra. Todo se hallaba en calma; los blancos del lugar estaban terminando de celebrar la fiesta en la ciudad; los canacos eran invisibles. Cuando llegó al semáforo se sentó en la hierba, sintiendo curiosidad por los barcos, que acechaban sus señales por la noche. Empezó a imaginar a piratas con cicatrices en la cara y a princesas enamoradas de su carcelero, capitanes de largas barbas grises, marineros crueles y borrachos. De repente, se sobresaltó. Acababa de oír algo, una especie de respiración mezclada con el chirrido de una rueda. Ya estaba levantándose, dispuesta a huir, cuando descubrió una carretilla cargada de leños y delante de ella a un hombre con el pelo sucio. Era Timea, el boy de los vecinos. Salía del almacén del faro. No tenía ningún motivo para estar allí. Lucie reparó en la palanca que le había permitido forzar la entrada. Sus miradas se cruzaron un segundo y eso bastó.

—No, por favor… —balbuceó Timea.

Pero Lucie ya le había vuelto la espalda.

La cuesta la hizo jadear como un animal salvaje. Creyó oír a Timea correr detrás de ella, la mataría si la alcanzaba, apretó el paso, deprisa, no hacer caso de los guijarros, de las hierbas que le azotaban las pantorrillas, escapar del ladrón; esta vez no era un juego. Llegó a casa sin aliento, con las mejillas encendidas y los ojos desorbitados de terror.

—¡Papá! ¡Papá!

Su padre no estaba en la planta baja. Subió los escalones lo más deprisa que pudo, entró en el dormitorio como una exhalación. Su madre seguía acostada en la cama, pálida, gimiendo. André estaba a su lado.

—¡Papá! —chilló más fuerte la niña—. ¡He visto a un ladrón abajo! ¡En el semáforo! ¡Y sé quién es!

Él se irguió.

—Cuéntamelo.

La niña se lo contó. Ahora Mona lloraba, porque los dolores eran cada vez más seguidos.

—André, ¡llévame… a la clínica!

—Voy a llamar al chófer, cariño. Enseguida… ¿Ha robado la leña del faro?

—Disculpe, señor —se atrevió a intervenir Rosalie—, pero su señora no estar bien. El viaje no bueno para ella…

—Rosalie, no le he preguntado nada. Ocúpese de Lucie y yo me encargo de lo demás. —Luego, volviéndose por última vez hacia su hija—: ¿Es Timea? ¿Estás segura?

La pequeña asintió con la cabeza, crecida por la mirada orgullosa de su padre.

La villa estaba envuelta en la oscuridad, pero André y Mona aún no habían regresado. Lucie estaba sola con Rosalie y con sus pesadillas. ¿Y si su madre moría de parto? ¿Y Timea? También empezaba a temer por él. ¿Robar leña era muy grave? Ya no sabía qué pensar y sollozaba. Rosalie la abrazó. Su cuerpo ancho y tranquilizador, una alcoba de carne, era más caliente que el de Tibaï.

—¿Quieres que te cuente un cuento?

Lucie asintió con la cabeza.

—En mi tribu la llaman la leyenda de Païla.

Rosalie se la había oído a su madre, que se la había oído a la suya, que se la había oído a su bisabuela, y que en el mundo entero se había transmitido a través de las mujeres desde la noche de los tiempos.

«Érase una vez una isla hermosa y cálida…»

No había que fiarse. La fábula era atroz. Golpeada por el diluvio, un día la isla perdió a su población cruelmente. Una mujer, Païla la Morena, se sabía condenada pero debía a toda costa salvar de las aguas a sus hijos, dos chicos. Cuando la montaña en que se había refugiado se desmoronaba, se enroscó alrededor de los dos cuerpecitos y los protegió con su carne. Cuando despertaron, los pequeños creyeron que la sangre de su madre era leche. Mamaron y sobrevivieron.

—La vida es más fuerte que todo —concluyó la niñera.

Pero Rosalie seguía llorando.

—¿Y su mamá? ¡Se murió!

Rosalie besó el cabello color arena y apretó su mejilla contra la mejilla blanca.

—Murió, sí. Pero enterraron su cuerpo en la montaña. Y allí creció el árbol más bonito y más grande que puedas imaginarte. Créeme, Lucie, la vida es más fuerte que todo.

Hacia las dos de la mañana, un ruido despertó a la niñera. Procedía de la cocina. Se levantó a toda prisa, agarrando al pasar un bastón que siempre dejaba al lado de la cama para ahuyentar a serpientes y ratas. Una sombra amenazadora se proyectaba por la ventana. Rosalie estaba a punto de darle un garrotazo cuando reconoció la cara del señor.

—¡Rosalie! ¡Soy yo! —André Desforêt tenía la cara desencajada. Saltó sobre la mesa al lado de la ventana y bajó al suelo con un resuello—. Me he dejado las llaves.

Tiró unas cazuelas que cayeron con estrépito sobre las baldosas. En ese instante, una silueta avanzó tímidamente.

—Cariño, te he despertado.

Con su pijama azul, Lucie tenía los ojos hinchados por el sueño. Con los dedos crispados contra la barriga, no se atrevía a preguntar por qué no había vuelto su madre. André tenía los ojos desorbitados. Llenó un vaso de agua con mano temblorosa. Aquel no era su estado normal. Rosalie retrocedió un paso, dispuesta a oír la mala noticia.

—¡Todo va bien! —Se dejó caer en una de las sillas y se dio una palmada en el muslo—. Sí, todo va bien.

—Gracias a Dios… —susurró Rosalie, aliviada, y besó su cruz de oro. El nacimiento de un niño es una bendición.

Lucie no lograba hablar, paralizada de emoción. Entonces ¿era cierto? ¿De verdad tenía un hermanito? Su padre la tomó en sus brazos y le anunció victorioso:

—¡Es un chico!

La niñera dio rienda suelta a su alegría. Hubo risas, abrazos, caricias.

—Tu madre está cansada pero se recuperará enseguida.

Gracias, Dios mío, gracias, murmuró Lucie para sus adentros. Se sentía importante. Ser la hermana mayor no era una responsabilidad menor.

—Una cosa más —declaró André. Un orgullo nuevo iluminaba sus ojos grises—. ¡Timea está en la cárcel!

Lucie alzó la cabeza.

—No íbamos a permitirlo, por supuesto. Gracias a ti han detenido al culpable. El gobernador y yo mismo te felicitamos.

La sonrisa de Rosalie se heló.

—Mi madre quería por encima de todo un varón —insistía Évelyne.

No era solo una exigencia de su padre. Al tener un varón una mujer se ganaba todo el reconocimiento.

Siglos y siglos construidos sobre esa visión del mundo. Hay que ser consciente de ello para comprender la revolución llevada a cabo por las mujeres de esa época. La primera revolución fue de orden interno. Mientras no cambiaran las propias mujeres, no habría nada que hacer. ¿Y había algo más difícil que renunciar a la comodidad, por asfixiante que fuera, de la costumbre anclada desde los inicios de la humanidad?

Olympe de Gouges permanecía en la memoria, pero al final se imponía una pregunta: ¿por qué la lucha de las mujeres no comenzó realmente hasta el siglo XX? ¿Qué cosa especial justificó ese cambio? Se me responderá: el avance de la ciencia, las guerras, que pusieron a las mujeres a trabajar, la aceleración de los intercambios, sobre todo a nivel internacional. Todo lo que podríamos denominar «la existencia de un posible». Sí, sería posible un día, gracias a la ciencia, controlar el cuerpo, los embarazos, los deseos. Sí, sería posible un día trabajar como los hombres, ¿no lo habían hecho en tiempos de crisis? Sí, sería posible inspirarse en las inglesas y americanas, ¿acaso las sufragistas no habían servido de inspiración a Francia? Lo que es posible existe ya. Este es, creo, el secreto maravilloso de la ficción.

Había nacido por cesárea en plena noche,

—Se llamará Pierre, como Drieu la Rochelle —proclamó André.

La niña se fijó asombrada en la nariz minúscula y rosada de su hermano, sus mejillas coloradas, sus dedos más delicados que pétalos de flores. Al contemplarlo, pensó en los gatitos que en otro tiempo recogía por las calles de Niza, tan flacos y frágiles, y le sorprendió que un chico del que sus padres no cesaban de proclamar lo valiente que era, no fuese más grande y fuerte. Sacaron una foto de familia. En esa imagen hoy desaparecida, Mona sonreía al objetivo con expresión triste, cogida del brazo por su marido, que nunca había estado más guapo.

Al día siguiente, mientras Mona se recuperaba, André acompañó a Lucie a la escuela para anunciar a la directora el nacimiento de Pierre.

—¡Es una bendición! —se entusiasmó la hermana Marie de Gonzague—. Lucie, te autorizo a que des la buena nueva a tus compañeros.

En la clase, la monja la hizo subir al estrado y la animó con una amplia sonrisa. La pizarra inmensa a su espalda se estiraba como un charco de tinta.

—Acabo de tener un hermanito —murmuró Lucie.

Los otros alumnos lanzaron unos tímidos «oh» y «ah».

—¿Lo habéis oído? —repitió la monja—. ¡Lucie acaba de tener un hermanito!

Como si solo hubiesen estado esperando esta señal, todos los niños se levantaron y empezaron a aplaudir. Lucie no lo entendía, la aplaudían por primera vez en su vida, los aplausos cada vez eran más fuertes, oyó un «¡Bravo!» en el fondo de la clase, y otro, y otro más, y la avalancha no remitía. Incómoda al principio, luego empezó a sonreír y después, contagiada por el buen humor general, se echó a reír también, antes de batir palmas con fuerza, un hermanito, ¡bravo, bravo! La escena se repitió varias veces durante la mañana. En cada aula en que sor Marie de Gonzague hacía una parada, Lucie anunciaba la buena nueva y los niños aplaudían. Cuando llegó al edificio reservado a los canacos, la profesora le ordenó por señas que no hablara. Entraron por una puerta de servicio y, siempre en silencio, se acercaron.

Lucie los vio por el gran ventanal. Eran al menos cuarenta, amontonados unos sobre otros, indisciplinados, sucios y alegres. También ellos llevaban uniforme, pero ninguno usaba zapatos. Un niño cogió un lápiz con los dedos de los pies y lo lanzó hasta la altura de la mesa. Unas niñas, al fondo de la clase, se tiraban violentamente de los pelos, mientras otra, muy gorda, atacaba el tercer plátano. A los oídos llegaba un estruendo de francés y canaco, en medio del cual de pronto sonó un eructo soltado por aquella bola de carne. Lucie hizo una mueca de asco.

—Ya ves —murmuró la hermana de doble papada—, esas son cosas que jamás verás hacer a los blancos. —Y la condujo hacia la salida.

Igual que André Desforêt, sor Marie de Gonzague creía que las razas no eran iguales. El espectáculo de aquellos «salvajes» era a sus ojos un argumento suficiente. Desde hacía muchos años, los padres maristas intentaban que progresaran mediante la enseñanza religiosa, pero el camino sería largo. La monja sonrió a Lucie.

—Dios ha hecho así a los hombres. Diferentes unos de otros.

No le habló de las tierras canacas expoliadas por los colonos o los barrios de chabolas donde se hacinaban las familias y donde Cristo no había enviado ni agua corriente ni electricidad.

A pesar de aquel episodio incómodo, Lucie se convirtió en la heroína del día, una sensación nueva para ella, agradable y turbadora. Cuando le contó a su madre la jornada tan emocionante que había vivido, Mona, que justamente estaba dando de mamar al bebé, con una de que aquellas maravillosas sonrisas suyas le dijo:

—Es porque es un niño.

Lucie seguía sin captar el sentido.

—Tener un varón es una garantía de perpetuidad —le explicó su padre—. Un hombre conserva el apellido aunque se case. Pierre Desforêt siempre será Pierre Desforêt.

—¿Y yo quién seré?

André se encogió de hombros.

—La señora… la señora de Fulano o Mengano. ¡Dependerá del marido que elijas!

Lucie se quedó desconcertada. Si un hombre siempre valía más que una mujer, entonces Timea el ladrón valía más que ella, y el chico que cogía el lápiz con los dedos de los pies también.

—¡No digas tonterías! Una niña blanca siempre valdrá más que un niño negro o amarillo. Y tú eres la más bonita de las niñas. Rubia como el sol, cariño…

—Más adelante —abundó Mona— no te costará nada encontrar a un hombre que esté a tu altura... Fuerte, inteligente. Valiente.

—¡Un hombre como papá!

La respuesta de Mona se confundió con una mueca. Con su boca minúscula, Pierre acababa de desgarrarle el pezón.

Simplicidad del principio que regía la sociedad desde siempre: las mujeres son inferiores a los hombres. Las primeras cedían de modo natural a los segundos su apellido, su patrimonio, su cuerpo y sus ambiciones. Eran raras las que abrazaban un destino individual. Existían sin embargo excepciones. «Empezando por Juana de Arco...» La Doncella de Orleans, una valiente de cabello rubio, era la heroína nacional indiscutible, a la vez femenina y patriota, guerrera y obediente, una antorcha en el corazón de los hombres. André desapareció un minuto y luego volvió al salón con un libro, que blandió ante las narices de su hija.

—Ahora eres bastante mayor para comprenderlo; o al menos para intentarlo. Es de mi amigo Maurras.

Lucie contuvo un grito de asombro. ¡Así que *Morace* era amigo de su padre! ¡Eso lo explicaba todo! Y ella que durante todos esos años había creído que se trataba de la palabra *race*...*

—Escucha con atención. «Los poderes morales y religiosos, y muy principalmente la religión católica, representan un bien de primer orden, y uno de los deberes esenciales de la monarquía es servirlos. Pero la organización religiosa no basta: la propia santa Juana de Arco constituye o mejor dicho reconoce al rey de la tierra de

---

* *Mot race*, en francés, con el que hace un juego de palabras a partir de la pronunciación del apellido del escritor francés Charles Maurras. *(N. de la T.)*

Francia, que reina en nombre del rey del Cielo…» Ya lo ves. La grandeza de Francia es su monarquía. No esa basura de República. Juana de Arco lo vio claro.

Pierre empezó a gemir y a removerse, con los párpados fruncidos por el dolor de la digestión.

—Bebé, tesoro mío… —susurró Mona.

André acarició el cabello de su mujer y luego apuntó a Lucie con el índice.

—No te olvides tampoco de la Virgen María. Dulce y abnegada… María es a la vez virgen y madre, es el personaje femenino más bonito.

A Lucie le entró una duda. La Virgen María le gustaba bastante, pero la Doncella de Orleans era tan valiente, servía tan bien a Francia, que aún le parecía más noble.

—¿Qué prefieres, que sea virgen o doncella? —preguntó, plantándose delante de su padre.

Pierre fue confiado muy pronto a los cuidados de Rosalie. Desde que Mona había dado a luz y reanudado la intimidad con su hombre, la criada gorda se le antojaba menos peligrosa. Los Magalas los visitaban con frecuencia, pero al cabo de pocos meses iban a volver a Niza. Mona aprovechaba estas visitas para enseñarle a su padre el boletín de notas de Lucie, que era la primera de la clase en lectura y escritura.

—Debe aplicarse más en matemáticas —comentaba el abuelo frunciendo el ceño.

Pero Yvon estaba orgulloso de su nieta, satisfecho con Pierre y contento de su propio trabajo. Se iría dejando la filial de Numea a su mejor nivel, con la sensación del deber cumplido. En cuanto a Guillemette, acumulaba desde hacía varias semanas unos cuadros espantosos, pues le había entrado una pasión desaforada por la pintura con cuchillo. La ligereza envolvía a Mona, un velo de algodón flotaba sobre sus hombros.

Aprovechaba los momentos libres para ir a bañarse, pasear por la ciudad, salir de compras, deambular por la biblioteca Bernheim. Una mañana, entró cuando la mujer de cabello plateado estaba mostrándole el lugar a una pareja.

—La estructura de hierro que ven aquí fue creada por Gustave Eiffel. Fue Lucien Bernheim, un alsaciano que poseía minas de cromo y cobalto, quien hizo una donación a la ciudad. Y la biblioteca se fundó en 1909.

Mona escuchó con interés y su mirada se cruzó con la de la mujer. Se saludaron de lejos. Cuando la pareja se hubo marchado, la cincuentenaria se le acercó.

—Veo que ha dado a luz. ¿Ha ido todo bien?

—Sí, gracias. Es un varón.

La mujer esbozó una mueca.

—¿Y eso era importante?

—¿Cómo dice?

—Que tuviera usted un varón, ¿era importante?

—Ah... —Mona carraspeó—. Sí... Bueno... Ya tengo una niña, entonces...

Se interrumpió. La bibliotecaria la miraba a los ojos.

—¿Ha venido a buscar un libro?

Mona bajó la cabeza.

—No... Sí... Bueno, ninguno en concreto...

—¿Quiere una novela, un ensayo?

—Sí.

—¿Sí qué?

Mona se ruborizó.

—¿Sí, un ensayo? —tanteó la mujer. Mona bajó la cabeza, incapaz de decir lo que había ido a buscar—. ¿Algún tema en especial? ¿Algún período histórico que le interese? —La bibliotecaria comprendió que buscaba algo de lo cual ella misma ignoraba el tenor—. Está bien. ¿Me permite que lo escoja yo?

Mona contestó con un sí minúsculo.

—Vuelvo enseguida. —La cincuentenaria desapareció entre las estanterías.

Mona se sentía ridícula. ¿Desde cuándo se avergonzaba de sí misma? ¿De su falta de cultura? ¿De su saber repleto de lagunas? ¿Desde cuándo no se atrevía ya a pedir, a afirmar, a imponer? ¿Lo había hecho alguna vez?

—¡Aquí tiene su libro! A no ser que ya lo haya leído.

Mona miró la cubierta beige, adornada con un marco rojo y negro, y negó con la cabeza. *El segundo sexo*, de Simone de Beauvoir. Tuvo la impresión de que el libro le quemaba en las manos; André odiaba a Beauvoir, a Sartre, a los comunistas. La odiaría si lo leía.

—Ábralo.

La bibliotecaria insistió con una sonrisa muy dulce. Pero Mona no se movía.

—Tome. Lea solo los dos epígrafes del principio.

Temblorosa, Mona pasó las primeras páginas con una excitación culpable.

Hay un principio bueno que ha creado el orden, la luz y al hombre y un principio malo que ha creado el caos, las tinieblas y a las mujeres.

PITÁGORAS

Todo lo que han escrito los hombres sobre las mujeres debe ser sospechoso, pues son a la vez juez y parte.

POULAIN DE LA BARRE

Nadie ha creído jamás que una frase pudiese cambiar una vida. Pero ¿y dos? Mona cerró el libro y levantó la vista.

—Me lo llevo.

A la sombra de un cocotero, frente al agua azul de Anse Vata, empezó a leer. Las frases eran densas, teóricas, pero de una inteligencia inaudita. Inventar a la mujer. Acabar con la visión dominadora de los hombres. Mona no lo comprendía todo, pero estaba fascinada. Las frases llamaban a otras frases, vértigo de ideas. Durante tres días, volvió a Anse Vata. No hizo otra cosa que leer. Al cuarto día, a punto de acabar el libro, lo supo. La voz de Simone de Beauvoir había encendido hogueras dentro de ella. Estaba pasando algo. Metió el libro en el bolso y entró en la laguna.

El sol de primera hora de la tarde lo quemaba todo. Debajo de su vientre, unos peces plateados iban en pos del plancton. Se alejó de la orilla, se zambulló, dio unas brazadas. En ese mismo momento, aparecieron en la playa unos caballos. Tres o cuatro, guiados por sus jinetes. Emergiendo en parte del agua, Mona se acercó a contemplarlos. El pelo mojado le dibujaba una trenza natural sobre el hombro. Uno de los jinetes se detuvo y dio media vuelta.

Mona lo reconoció inmediatamente.

—Ya me parecía que era usted —dijo el hombre.

El hombre del baile. Ella contestó con una risa forzada, infantil. Se miraron durante unos segundos.

—¿Conque practica la equitación?

No podía habérsele ocurrido una pregunta más idiota. El hombre sonrió.

—Dirijo el club de Magenta. ¿Le gustaría venir un día? Podría enseñarle a montar.

Ella vaciló.

—Cuando usted quiera, por supuesto… —añadió él.

Su bañador revelaba sus pechos turgentes perlados de sal, sus bonitos brazos, sus pequeños defectos. Él seguía teniendo aquellos ojos brillantes que se sumergían hasta el fondo de ti y hacían que el corazón te latiera de una forma rara. Mona se puso una mano a modo de visera para disimular su azoramiento. El hombre del baile estaba allí, invitándola. En su mente, se agolpaban los pensamientos más confusos. André se pondría como loco… Alzó la cabeza. Fue la primera sorprendida al oírse contestar con voz firme:

—Mañana.

SEGUNDA PARTE

¿Qué puede hacer la literatura frente a lo absoluto del vacío? ¿Cuál es esa plenitud con la que pretende colmarnos? Por más que trabaje con las palabras, en torno a las palabras, entre las palabras, no tengo respuesta. Vivir otra vida, proporcionar sueños, hacer reír y llorar, dejar huella, describir el mundo, formular preguntas, resucitar a los muertos: ese es el papel de los libros, según dicen. Ofrecer el consuelo de la belleza. Es poco; es muchísimo.

Évelyne está muerta. Toda la novela viene de ella, igual que el niño viene de la madre, y sin embargo no la verá. Es una injusticia inexplicable.

Jueves 12 de enero de 2017, 19.25 horas. Ya sabemos que está enferma. Pero remitirla constantemente a eso, y cuando escribo «eso» me refiero a la condición de paciente, es imposible. La debilidad no le pega nada. Acaba de escribirme un mail en el que habla del libro —ni sombra de autocompasión— e insiste: tengo que ir a verla a su casa del sur. Le contesto.

Mi querida Évelyne:

¡Perfecto! Bajaré a Sanary en el momento en que sea más sencillo y fácil para ti. Lo haré encantada.

Te envío el principio del capítulo de la parte de Numea. Mi trabajo por ahora llega hasta la parte superior de la página 9, antes del fragmento marcado con fosforito azul. Se trata todavía de *work in progress*, a todos los niveles.

Pero ya hay escenas que empiezan a cobrar formar.

Un fuerte abrazo,

CAROLINE

«Bajé» a Sanary un mes más tarde, para asistir a su entierro.

«Mañana», había dicho Mona. En la playa de Anse Vata, los demás jinetes se acercaron. Ella ni siquiera los vio.

—De acuerdo, mañana —respondió el hombre del baile—. ¿Hacia las doce?

Sí, hacia las doce. Con aquel polo blanco, habría podido ser inglés. Ella se impregnó de su aspecto impecable, atlético, y se fijó en su mano. No llevaba anillo. Sus pupilas se cruzaron, una última sonrisa, y Mona se zambulló en la laguna.

Debajo del agua, con los ojos abiertos, vio el mundo como era: desdibujado, ondeante, irrespirable y bello.

Volvió a la Villa de los Pájaros con la cara rosada de las adolescentes. Las araucarias del jardín alzaban sus puntas hacia el cielo, las flores de los flamboyanes se arremolinaban como ofrendas. Mona se reía sola, feliz y asustada por su audacia. Actuar según sus deseos era muy nuevo para ella, y qué importan Dios, la moral y André.

Rosalie, que ya estaba preparando la comida de los niños, la miró de una forma rara.

—¿Va todo bien, señora?

—¡Divinamente! ¿Qué cosas ricas está haciéndoles?

Metió un dedo en el puré de fruta del pan, para probarlo; una delicia. Luego anunció que iba a coger mangos para el postre. El sol empezaba a bajar y se teñía de oro. Mona salió al jardín. Sus pies descalzos sobre la hierba, los perfumes en el aire. A lo lejos, el océano. Las ramas del mango casi tocaban el suelo. Escogió dos frutos maduros y se sentó junto a los hibiscos. Hacía un día precioso.

A la mañana siguiente, después de que André y Lucie se hubieran ido, se puso un vestido amarillo que se ceñía a la cintura. Escogió unos zapatos de tacón negros. El cabello en un moño, el esmalte de uñas impecable, dos capas de carmín color amapola. La idea que se hacía de una mujer fatal. Cuando iba a pedirle a Toussaint, el chófer canaco, que preparase el coche, Rosalie llamó a la puerta.

—Señora, el pequeño Pierre la llama.

Con la cara contraída, el bebé hipaba entre dos sollozos. Mona lo cogió en brazos, besó su frente enrojecida —«Bebé, tesoro mío…»—. El niño se calmó a los pocos minutos, empezó a chuparse el dedo y cerró los ojos. Con precaución, Mona se lo tendió a la niñera. Pierre despertó inmediatamente y se reanudaron los chillidos.

—Oiga, Rosalie. Ahora no puedo ocuparme de él. Tengo que salir. —La canaca bajó la cabeza pero no se movió, con los ojos fijos en el vestido—. Tengo una clase de equitación.

Enseguida se arrepintió, no tenía por qué justificarse, pero había sido más fuerte que ella.

—¿De equitación…? —La criada se interrumpió—. Perdone, señora. Sí, señora.

Dio media vuelta y se llevó al niño.

Mona miró sus zapatos de tacón. Se había traicionado sola. Nerviosa, los metió en la caja, se desabrochó el cinturón y colgó el vestido amarillo en la percha. Buscó en el armario y sacó una falda larga, azul marino, una camisa blanca y unos botines de ante que había comprado en París y que nunca se ponía. Luego se plantó delante del espejo, se deshizo rabiosamente el moño, se pasó una mano por el cabello para volver a darle forma, preparó un algodón para desmaquillarse, pero suspendió el gesto: boca color sangre y cabellera rubia suelta, la mujer fatal era la que le sonreía en el espejo.

El club de la hípica estaba detrás de la playa de arena gris de Magenta. Un largo camino rectilíneo conducía a los edificios en cuyas fachadas las acacias proyectaban sombras. Mona ordenó a Toussaint que parase el coche a la altura del pórtico.

—Ya me las arreglaré para la vuelta. Puede irse.

El chófer de André quiso protestar, pero ella se lo impidió con una mirada. Él obedeció y la dejó sola sobre la tierra batida.

El sol de mediodía aplastaba el paisaje. Con sus botines de ante y su falda larga, Mona se moría de calor. El miedo y la excitación la turbaban, pero avanzó. Se asomó por la puerta de un pequeño despacho con el letrero de recepción. Nadie. Dio la vuelta y se acercó al establo.

—Disculpe…

Una joven alzó la cabeza.

—Señora, ¿en qué puedo ayudarla?

—Estoy… estoy buscando al propietario del club. Habíamos quedado.

—Todavía no ha vuelto… Voy a ver…

Se separó de la yegua a la que estaba atendiendo y miró su reloj.

—Debería estar aquí dentro de una hora, hora y media. ¿Quiere esperarlo?

La muchacha —no debía contar más de veinte años— tenía paja en el pelo, unos grandes ojos negros y una bonita sonrisa. A Mona se le hizo un nudo en la garganta. Claro. ¿Qué se había creído? ¿Que un hombre como él estaría solo? La invadió el desánimo. ¿Qué hacía allí? ¿Se cruzaba con un hombre en la playa y olvidaba todos sus deberes? ¿No debería estar más bien al lado de Pierre? Y de Lucie, que pronto volvería del colegio. Tibaï en otra época y ahora Rosalie se ocupaban siempre de todo. ¿Era eso ser madre?

—Ya volveré en otro momento, gracias.

En ese mismo instante, la yegua alzó la cabeza. Mona la miró con sus ojos almendrados resaltados por el kohl. El animal traslucía una dulzura infinita.

—Acérquese —dijo la muchacha.

Mona pasó los brazos por el cuello del animal y pegó la mejilla contra la crin. Era caliente, suave y rasposa a la vez.

—Dune. La niña mimada del club…

—Me gustaría montarla.

El animal tenía un cuerpo de ébano, en el que contrastaban la crin y cola, de un blanco roto.

—Chocolate crines lavadas.

Mona abrió mucho los ojos, sorprendida.

—Es el nombre que se da a este pelaje. —Sonriendo, la muchacha le tendió el cepillo—: ¿Le dejo que la prepare usted misma?

Durante una hora, Mona se olvidó de todo. Del hombre, de André, de sus hijos. Guiada por Jeanne, atendió a la yegua y la cepilló largo rato. Dune, que sacudía las crines con displicencia, acaparaba toda su atención. Era la primera vez que le hablaba a un animal, y en esa conversación tejida de murmullos y relinchos, disfrutó de la paz. El ruido de un motor rompió la armonía del instante.

—¡Ah! —exclamó Jeanne—. Debe de ser mi tío.

Salió a recibirlo. El corazón de Mona dio un brinco. «¿Mi tío? ¡Mi tío!»

Enseguida reconoció su porte atlético y sus ojos brillantes. Tras besarle la mano, la ayudó a ensillar a Dune.

—¿Es la primera vez que monta?

Su «sí» había sonado tímido.

—Todo irá bien, se lo aseguro.

La tomó de la cintura y la izó sobre la yegua.

—La falda puede estorbar. La próxima vez, póngase pantalones, estará más cómoda.

Ella se ruborizó.

—No tengo pantalones. Ya sabe que…

—Lo sé. Pero para montar a caballo, puede ponérselos. Hay una tienda de equitación en Numea, le facilitaré la dirección.

Fue el primer paseo que dieron por la playa de Magenta. Dune avanzaba dócilmente. El mar de aceite brillaba, rozado de vez en cuando por los alisios que rizaban su superficie. Los caballos iban al paso y les daba tiempo a admirar los colores del agua, la montaña que se perfilaba a lo lejos. A veces los acariciaban las palmas de los cocoteros. Mona se sentía confiada. La conversación era fluida. Él le hablaba de su misión en la oficina del gobernador, en la sección policial, del arte de conciliar su trabajo y su pasión por los caballos.

—No tengo mujer. No tengo hijos. Eso me permite disponer de tiempo.

Ella quiso saber por qué no estaba casado.

—La guerra. Formé parte del grupo de resistentes en el Vercors. En esa época, no podía pensar en el mañana.

De Gaulle, a quien había servido y a quien todavía servía difundiendo sus ideas, seguía siendo su modelo. Ella no le preguntó si se llevaba bien con André, pues se imaginaba perfectamente sus conflictos. Prefirió hablar de sus hijos, de cómo la maravillaban a diario. El sol derramaba sobre ellos su mucílago espeso.

El paseo terminó al empezar la tarde. No se habían tocado. La palabra había ocupado todo el espacio y había actuado como pantalla, un abanico púdico detrás del cual ocultar su emoción. Para Mona fue un dolor inesperado. Su piel reclamaba la del otro. Era terrible la falta de ese cuerpo nuevo del que solo había disfrutado en su imaginación.

Cuando regresó a la Villa de los Pájaros, acompañada por el chófer del club, André ya había vuelto del despacho. Fue igual que si lo viera por primera vez. Su cabello blanco como un penacho, sus facciones regulares, su estatura. Quiso olvidar el paseo de Magenta. Olvidar su audacia. ¿Qué mejor que abandonarse en brazos de su marido?

En la primera versión del manuscrito de Évelyne, cuando habla de sus quince años y su primer día de curso el último año del bachillerato, se puede leer: «¡Se acabaron los uniformes, y gracias finalmente por el derecho a llevar pantalones!». 1956. Las chicas poco a poco se liberan.

Me quedé atónita al enterarme de que la ley de 1800 que prohibía «el travestismo de las mujeres» no fue abolida hasta 2013. «Toda mujer que desee vestirse de hombre —disponía el artículo— deberá presentarse en la jefatura de policía para obtener la autorización.» La única excepción a la regla es la mujer que «sujeta un manillar de bicicleta o las riendas de un caballo».

Siempre he llevado pantalones. Siempre he visto a mi madre con pantalones. ¿Pueden las chicas de mi generación imaginar un mundo en que «el travestismo de las mujeres» se considera un delito?

En Numea, se practicaba la equitación por el mismo motivo que nos limpiamos las uñas: por costumbre y buena educación. André era uno de los pocos que eludía ese ritual social. Prefería la pesca submarina, para la cual se había comprado un pequeño velero. Todos los domingos llevaba a la familia a la isla de los Pinos e iban a admirar corales y peces. Que Mona montase a caballo le parecía sin embargo muy normal. No se opuso.

La tienda ecuestre se encontraba en la Rue de Sébastopol. Las sillas ocupaban una sección muy amplia: de cuero, de todos los colores, esplendorosas como objetos de arte. También tenían cepillos, de cerdas flexibles o duras, limpiacascos, bruzas, almohazas y diferentes tipos de cascos. Mona se probó uno de brida dorada, adornado con lazo de terciopelo detrás.

—Le sienta de maravilla, señora.

Al lado había trajes de hombre, polos, chaquetas y pantalones.

—¿Tienen para mujeres? —preguntó Mona tirando de uno de ellos.

—Claro que sí.

La vendedora desapareció en el almacén y volvió con dos modelos.

—Por desgracia, no hay mucha variedad…

—No importa —repuso Mona—. Me los probaré a ver cómo me sientan.

La vendedora depositó los artículos en el probador y corrió la cortina. Mona se quitó la falda, contempló los primeros pantalones, una especie de leotardos beige de tejido elástico. El material se le pegó a los muslos de forma desagradable. Tal vez eran demasiado pequeños, o estaban mal cortados, el caso es que no le quedaban bien. Sonó la campanilla de la tienda y el taconeo de la vendedora se alejó. Los segundos pantalones, azul noche, le parecieron más anchos. Se los puso. Le ceñían bien la cintura y luego se abocinaban ligeramente de los muslos a los tobillos. Permitían respirar con normalidad. Abrió la cortina y retrocedió para observarse mejor en el espejo. «Mis primeros pantalones», pensó emocionada.

Pero en el espejo lo que vio fue un polo blanco, un cabello moreno, un porte magnífico. Parpadeó un segundo, desconcertada.

—¡Es exactamente lo que le hacía falta! Thierry —dijo volviéndose hacia el amigo que lo acompañaba—, te presento a la señora Desforêt. La esposa del señor Desforêt, que es el encargado de las cuestiones económicas en la oficina del gobernador. La señora tomó ayer la primera clase.

—Encantado.

—Thierry es mi colaborador. ¡Qué sorpresa verla aquí!

Ella farfulló una respuesta. Los pantalones resaltaban sus curvas y enfundada en ellos se sintió casi desnuda, desnuda delante de dos hombres, a uno de los cuales deseaba. Se refugió en el probador. Detrás de la cortina, respiró hondo. El corazón se le aceleraba. Se quitó los pantalones. Estaba allí, a unos metros de ella. Le habría bastado descorrer la cortina para dejar al descubierto sus bragas de seda. Con un gesto brusco, se abrochó la falda, se retocó el peinado en el espejo, tomó aire y salió, con su trofeo en la mano.

—¡Me los quedo! —Los pantalones aterrizaron en el mostrador—. Envíele la factura a mi marido.

—Permítame...

Él puso la mano sobre la prenda con gesto de propietario. A ella eso le gustó. Los dedos de uñas cuadradas palparon el tejido, inspeccionaron el material, se demoraron en los pliegues. Luego, como a su pesar, dobló los pantalones y se los tendió a la vendedora.

—La señora es una clienta del club. Será un placer para mí.

Con voz sofocada, ella le dio las gracias rehuyendo su mirada. ¡Tenía ganas de reír, de gritar, de morir! Un calor que identificaba perfectamente le retorcía las entrañas. Lo notaba, acabaría por sucumbir a aquel hombre, a aquel deseo demasiado violento para ella. Pero al levantar la cabeza, mientras recogía el bolso, un viento frío le heló el espinazo. Desde la acera, más allá del escaparate, Toussaint la observaba.

El segundo sexo estaba escondido en el fondo del bolso; ya era hora de devolverlo. Para su sorpresa, la bibliotecaria negó con la cabeza.

—Quédatelo. Te lo regalo.

No supo qué la sorprendió más, si el tuteo o la propuesta.

—Pero puedo comprármelo...

—No será el mismo.

Ella la miró sin comprender.

—Este es el ejemplar en que has depositado tu memoria. El libro ahora lleva tu impronta. Este, no otro. Signatura 2BEA. —Marthe abrió el libro al azar—. Con la mancha de grasa que te ha caído en la página 125.

Las dos rieron.

Contigua a la gran sala de la biblioteca, había una habitación ciega que servía de trastero. Marthe, ese era su nombre, había puesto allí una mesa y dos sillas. Una débil bombilla colgaba de un cable. Marthe puso sobre la mesa una botella, dos vasos y un cenicero.

—¡Por Simone! —exclamó la mujer alzando el vaso.

Mona la imitó, divertida.

—¡Siéntate un minuto, anda!

Se sentó; enseguida le gustó aquel ambiente polvoriento, de papel y cartón, al cual Marthe confería un aire de clandestinidad. El tiempo dejó de existir. El exterior era otro país.

Hablaron de todo, de sus experiencias, dudas, tomas de conciencia. Se exaltaron alegremente: ¡sí, había que acabar con el orden moral masculino, con la abominable tiranía de los machos! El feminismo era una oportunidad increíble; no una oportunidad, sino una urgencia.

Marthe nunca había estado casada. No tenía hijos. Había tenido un padre muy duro, violento, que la había vacunado contra los hombres.

—El día de su entierro me fui a dar una vuelta en piragua.

En cuanto a su madre, la pobre mujer, había muerto joven y no había podido protegerla.

—¿Entonces vive sola? —le preguntó Mona.

—No, vivo con Lenin. —Y ante la mirada horrorizada de Mona, le aclaró—: Es un perro. Una maravilla, ya lo verás. Y no me trates más de usted.

Volvieron a brindar.

El reloj marcaba las ocho de la tarde y la bibliotecaria seguía disertando.

—Hay una relación directa entre la dominación masculina y la propiedad privada. —Las envolvía un humo acre. Encima de la mesa, los dos vasos estaban vacíos, la botella también lo estaba. Mona se contenía para no tomar apuntes—. Si la mujer no hereda, si no tiene ninguna independencia económica, si en vez de poseer es poseída,

¿qué pasa? —Marthe aplastó la colilla con rabia—. ¡Sigue siendo una esclava! —Y encendiendo otro cigarrillo, añadió—: ¿Y qué es lo primero que un hombre posee de una mujer?

Mona bajó la cabeza asintiendo. Era así como ocurrían las cosas con André. No lo retenía con sus discursos o argumentos, sino gracias a su belleza, su cabello sedoso, sus senos pesados y turgentes.

—El cuerpo es un arma de doble filo. Y las mujeres deben usarla con inteligencia. Pero sobre eso, hija mía, no tengo nada que enseñarte...

Hoy la gente se burla mucho de Simone de Beauvoir. «Burla» sin duda no es la palabra adecuada. ¿Desprecio? ¿Desdén? Olvido. ¿Beauvoir? Es el pasado. La mujer «de» Sartre. Mala fe, por supuesto. Agresividad. Una arpía, perversa, izquierdista, estalinista… Sin ningún talento literario. ¡Y qué pesada!

Creo sobre todo que la gente ya no la lee. La cita. Y siempre es la misma frase, la que repiten hasta la náusea: «No se nace mujer, se llega a serlo». Antes de conocer a Évelyne, yo no había leído *El segundo sexo*. Había leído fragmentos, como cualquiera. Algunos extractos en el último curso del bachillerato, y sobre todo comentarios, glosas. A los veintiocho años, abro el libro para comprender.

Principios de la década de los cincuenta. Una mujer de menos de treinta años, madre de una niña y de un bebé, esposa de un alto funcionario que siempre le ha dicho lo que tiene que hacer y pensar, que ha renunciado a todo por él, y eso en una sociedad donde las mujeres no pueden abrir una cuenta en un banco, ni divorciarse, ni controlar su cuerpo, ni trabajar como los hombres, lee lo siguiente:

La mujer no es nada más que lo que el hombre decide; en francés se la llama «el sexo», lo cual significa que el macho la ve esencialmente como un ser sexuado: para él, ella es sexo, por tanto, lo es absolutamente. Ella se determina y se diferencia en relación con el hombre y no este en relación con ella; es lo inesencial frente a lo esencial. Él es el Sujeto, él es lo Absoluto; ella es lo Otro.

Y unas páginas más adelante:

En el momento en que las mujeres empiezan a participar en la elaboración del mundo, el mundo todavía es un mundo que pertenece a los hombres; a ellos no les cabe la menor duda, ellas apenas lo dudan. Negarse a ser lo Otro, rechazar la complicidad con el hombre, sería para ellas renunciar a todas las ventajas que la alianza con la casta superior puede proporcionarles. El hombre-señor protegerá materialmente a la mujer-vasallo y se encargará de justificar su existencia: junto con el riesgo económico elude el riesgo metafísico de una libertad que debe inventarse sus fines sin ayuda.

Es una deflagración. Una conciencia delante de ti que te dice: no eres más que un hecho biológico; desde tu posición de Otro puedes convertirte en Esencial también tú, pero ten cuidado, eres tu propia enemiga, has disfrutado de ese confort que te convierte en esclava de tu amo. Para ser libre tendrás que aceptar la intemperie de la libertad; para existir, tendrás que aceptar darle la vuelta completa a tu existencia.

Estarás sola.

Su reflejo en el espejo, polo blanco y elegancia británica, ya no la abandonaba. Había pasado una semana desde que se encontraron por casualidad. Pese a su excitación, Mona intuía que el tiempo jugaba a su favor, había que hacerlo esperar, tal vez también dudar; volverse indispensable. Una mañana, le pidió a su marido que se cambiaran los chóferes. Le cedía a su querido Toussaint; ella prefería a Fikou, un viejo canaco de piel apergaminada.

André estaba en el despacho. Lucie se fue a la escuela. Rosalie se llevó a Pierre de paseo. Con una culpabilidad deliciosa, Mona sacó del armario los famosos pantalones. Le encantó notar la tela contra las piernas, la libertad de movimiento que le daba, y se imaginó montando a la yegua al galope. Eligió una blusa vaporosa, cogió las botas y salió.

El coche enfiló el sendero del club de Magenta.

—Fikou, pare el coche delante de ese señor.

El hombre estaba allí, tomando un café al sol, de pie en el umbral. Llevaba la camisa arremangada, unos pantalones claros. Le pareció encantador.

Bajada del coche estudiada. Primero una pierna, luego un brazo en la portezuela, y el rostro, medio velado por unas gafas de sol, hizo su aparición.

—Ya no la esperaba —dijo él con una sonrisita.

Ella se quitó las gafas.

—Al contrario. Creo que me esperaba justo a mí.

Él hizo un gesto con la cabeza que podía significar «Touché» y luego levantó la taza.

—¿Le preparo uno?

Ella asintió y entró en el edificio.

La cocina estaba detrás de la recepción. Era una sala muy sencilla, amplia y blanca, con una gran encimera, una mesa de madera y cuatro sillas. Al verse solos en un lugar cerrado, se quedaron callados. Él sacó una taza, buscó un platillo. Mona se le acercó y puso una mano sobre la suya.

—En realidad, no me apetece un café.

La porcelana tintineó contra la bandeja. Él se sumergió en sus ojos y leyó en ellos la respuesta que esperaba. La estrechó contra sí y deslizó una mano entre sus muslos.

Évelyne nunca me reveló el nombre del *Amante*. En su texto inicial, aparece con esa denominación genérica, durasiana si se quiere, o bien en una versión más política: *el Gaullista*. Tendré que consultar la novela de Marie-France Pisier, *Le Bal du gouverneur*, que relata a su manera el adulterio materno. Pero más tarde. Cuando haya terminado de escribir. Me da demasiado miedo encontrar ecos y coincidencias que me paralicen. Ya hay una que no deja de sorprenderme. Escogí, siempre a petición de Évelyne, el apellido *Desforêt* para sustituir al de Pisier. Juro que no sabía que Marie-France, en su libro, había elegido el de *Forestier*. No creo en la casualidad.

La niñera repasaba la ropa en la habitación de Pierre, que dormía en su cuna. Mona volvía de Magenta, con un sol en el vientre. Se inclinó sobre el bebé, admiró la finura de sus manos, su paz inocente.

—Venga a verlo, Rosalie.

La niñera se acercó.

—Mire qué guapo es…

La canaca sonrió y murmuró tiernamente:

—*Petit Pierre, Pierrot…*

Mona se volvió hacia ella; Rosalie era tan buena, se ocupaba tan bien de sus hijos… Una ternura que lo englobaba todo, el mundo, a los amos, a los criados, desbordaba de su corazón en ese instante; quería darle las gracias por todo, no lo había hecho lo suficiente, e incluso abrazarla. Y entonces lo vio. Retrocedió espantada.

—¿Qué tiene ahí?

Su índice señalaba los labios negros. En la comisura, unas microampollas amarillentas formaban una costra fea. La herida era bastante extensa. La niñera dio unos golpecitos con el dedo en la zona sospechosa y dijo:

—No lo sé. Creo que es el mosquito.

Oh, no, no era «el mosquito», sino otra cosa.

—¡Rosalie! Le prohíbo que toque a Pierre y a Lucie, y a nadie de esta casa.

La canaca no lo entendía y la miraba con sus ojos redondos. Pierre despertó.

—Mire, le doy la tarde libre. Váyase, descanse, haga lo que quiera, pero aléjese de mi hijo y no toque a nadie. ¿No lo habrá besado?

—¿A quién, señora?

—¿A quién? A mi hijo. A Pierre.

—Pues sí.

—¿Cuándo?

—No lo sé. Esta mañana.

Mona alzó la mirada al cielo. Ahora el niño chillaba.

—¡Váyase! El señor ya hablará con usted más tarde.

Desconcertada, la sirvienta obedeció. Mona agarró el cuerpecito y corrió al cuarto de baño, donde preparó un baño muy caliente. Enjabonó al bebé varias veces, cambió el agua, volvió a bañarlo. Pierre gritaba debido a aquel masaje tan enérgico. Ella frotó, frotó la piel hasta volverla escarlata. Dudó un segundo y luego volvió con algodón y una botella de alcohol de noventa grados. Untó el cuerpo, que exhaló inmediatamente un olor fuerte y punzante —olor a hospital—. «Es el mosquito…» Cambió las sábanas de la cuna, muy decidida a quemar las otras, que debían contener los gérmenes maléficos, aireó la habitación y, de forma mecánica, encendió una vela de hierba luisa. Pierre volvió a dormirse por fin y Lucie regresó de la escuela.

Sin decirle hola ni darle un beso, le preguntó si Rosalie la había tocado. La pequeña asintió.

—¡Ay, Dios mío! —La empujó al cuarto de baño y dio comienzo el mismo espectáculo, hasta la botella amarilla de alcohol—. Estoy segura de que Rosalie es contagiosa. Es una enfermedad fea. En caso de que se demuestre, habrá que despedirla.

Lucie se enfadó. No quería que despidieran a su tata. Ella fue quien la protegió la noche en que sus padres se marcharon a la clínica, quien le contó la leyenda de Païla la Morena y quien la consoló después de que denunciase a Timea, al que encarcelaron por su culpa.

—Mamá, si Rosalie está enferma, ¿por qué no la cuidamos en vez de despedirla? No es comunista, no ha hecho daño a nadie.

Mona tiró la toalla al suelo.

—¿Qué estás diciendo? Que sea o no comunista, no tiene nada que ver con esto.

—Pero a Tibaï la despedisteis porque era comunista, ¿no?

—Lucie, Indochina era un país en guerra. Allí, los comunistas estaban en contra de nosotros. Aquí es distinto.

—¿Aquí ser comunista está bien?

Mona no pudo evitar sonreír. Tendrá que contarle esta escena a Marthe.

—Sí, aquí está bien. Pero esto no es lo importante. —Y tendiéndole a su hija ropa limpia, dijo—: ¡Lo importante es la higiene!

En cuanto André volvió del trabajo, Mona le comunicó sus sospechas. Estaba dispuesta a conceder el beneficio de la duda a la criada, a condición de que esta se sometiera de inmediato a un reconocimiento médico. André estuvo de acuerdo.

—Una canaca, claro... —masculló, y pidió hora al médico.

Al día siguiente, el diagnóstico fue rotundo: herpes.

Rosalie no pudo volver a ver a los niños; preparó un hatillo con sus cosas, recibió los cuatro chavos que le debían y, con su cruz de oro brincando entre los pechos, abandonó la Villa de los Pájaros.

Obsesión por la higiene. Sospechas. Ayer los médicos de Ellis Island, hoy los de Lampedusa. Pieles oscuras, pieles sucias. El despido de Rosalie me hace evocar un episodio doloroso.

Mi madre sale de la isla Mauricio con destino a Europa en mayo de 1968. Mientras en la Sorbona, Dany el Rojo levanta barricadas, ella descubre Bélgica, los grandes centros, el cielo gris, la cerveza, los museos, las salidas con amigos sin un padre que la espíe por encima del hombro. Enseguida encuentra trabajo. En esa época, ser bilingüe francés e inglés es una ventaja, y como ex súbdita de Su Majestad —Mauricio acaba de obtener la independencia—, domina perfectamente la lengua de Shakespeare. En agosto de 1969, la empresa se traslada a Ginebra y le ofrecen un puesto allí, que ella acepta.

En aquella época, todo trabajador extranjero que desembarca en Suiza debía pasar un examen médico en un centro llamado «Control de la Población». Ignoro si todavía existe. Mi madre, que tiene entonces unos veinte años, se presenta en el lugar nada más llegar. Lleva un bonito vestido blanco de verano que resalta su piel color café con leche. La enfermera del centro no le dirige ni una mirada.

—Desvístase.

Mi madre obedece, incómoda, pero no puede elegir. Junto a la puerta hay un perchero y cuelga el vestido.

—¡Quite eso de ahí! ¡Esto no es un guardarropa!

No hay ni silla ni banco. Ella aprieta el vestido contra su vientre, sin saber dónde dejarlo. La otra no dice nada, espera. Mi madre resiste un poco; no quiere que se ensucie un vestido blanco tan bonito.

—¡Venga, que es para hoy!

De repente siente el miedo. El vestido se abre como un nenúfar. Cae al suelo. La enfermera se regocija.

—¡Te he dicho que no!

—¡Me da igual lo que digas!

Se quedaron inmóviles en el peldaño superior de la escalera. André parecía desconcertado. Acababa de traspasarse un límite. Nunca le había escupido así a la cara.

—Las mujeres no conducen. Tienes todos los chóferes que quieras a tu disposición. Y ahora basta. —Un gallo, una nota quebrada, había roto su voz grave. Perdía terreno.

Un rictus deformó los labios de Mona.

—No estoy pidiéndote permiso. —Y acercándose más—. Estoy informándote, eso es todo.

Numea había entrado en el invierno austral, que refrescaba la isla con sus céfiros. Desde hacía seis meses veía al Amante a escondidas y se atrevía a afirmarse en sus deseos. Sobre todo se atrevía a realizarlos. Su último sueño había adoptado la forma de un coche. Tenía que sacarse el permiso. Permitir. La vida no le había permitido gran cosa hasta entonces. Había llegado la hora de tomar lo que no le cederían.

Se imaginaba al volante de un Renault Frégate, con el pelo enmarañado, conduciendo a toda velocidad hacia el club ecuestre de Magenta. Por primera vez, se quedaría boquiabierto. Sería ella la que lo llevaría de paseo, a la bahía de Toro, a la cascada Bâ o a la piedra verde del Aopinie. Pasarían horas enteras dentro del coche. Ella le diría: «¡Vamos a tal sitio!» y en el último momento tomaría la dirección contraria. Su risa le daría ganas de besarla, una y otra vez.

André la alcanzó en la escalera, le clavó los dedos en la piel; la sensación la llevó al borde del vértigo: unas manos japonesas, seis años antes, la habían agarrado igual.

—¡Suéltame!

Lo rechazó con tanta violencia que él perdió el equilibrio, soltó una palabrota. El dormitorio de Lucie no distaba sino unos pocos metros. Ella bajó los peldaños. A su espalda, él gritó algo que ella no oyó. Dio un portazo y se cerró con llave.

Todos los altos funcionarios de Numea disponían de chóferes privados. Se trataba en general de canacos católicos, incondicionales de la causa de la UICALO, la Unión de los Indígenas Caledonios Amigos de la Libertad dentro del Orden. «Mejor eso que los rojos», sentenciaba su marido. Mona ya no soportaba a ninguno de esos chóferes, aún menos a Toussaint.

—Son tus chóferes, André. No los míos.

—No seas tonta —replicaba él.

El puño golpeó violentamente contra la puerta.

—¡Te lo advierto, pobre tonta! ¡No obtendrás el permiso! —La puerta temblaba—. ¿Y sabes por qué? —Dos golpes más—. ¡Porque nunca te lo sacarás!

Un ruido terrible la sobresaltó: un mueble lanzado contra el batiente, tal vez una silla. Mona cerró los ojos. Debajo del ombligo se le formó una bola más pesada que una piedra. No decir nada. Esperar.

Los pasos pesados acabaron alejándose. Un motor sonó a lo lejos, luego nada, el silencio. Al cabo de unos minutos que se le hicieron largos, Mona se levantó y giró la llave, temblando. La silla bloqueaba un poco la puerta, la recogió. Se había roto una pata. Todo le pareció irreal, sus gestos, su cuerpo, sus pensamientos. La propia casa flotaba sobre un mar falsamente en calma.

Se encerró en el baño, abrió los grifos. Un vapor ardiente. Se acurrucó bajo la ducha. Sus miedos formaron una pequeña espiral alrededor del desagüe y se fueron con el agua. Había dejado atrás el tiempo de la humillación. Ya nunca más le dictarían su conducta.

Ahora se sabía de memoria cada estante; no lo había leído todo, claro, pero sabía encontrar a los existencialistas, los ensayos políticos, la poesía de Aragon, las novelas del siglo XIX, los manuales de jardinería.

—Toma, bébete esto. —Marthe le tendía un vaso en el que temblaba un líquido anaranjado—. Papaya fresca.

Mona dio un sorbo, hizo una mueca.

—Vamos, no exageres. Solo una lágrima de ron. Es lo que necesitas.

Marthe se había convertido en su cómplice, su faro, su mala compañía preferida.

—Hablaré con mi amigo de la autoescuela —la tranquilizó—. No te preocupes. ¡Dentro de un mes, conducirás tu coche!

Apuró de un trago el vaso de papaya con ron.

—Está bien, Mona. Empiezas a afirmarte.

A su alrededor, los libros parecían sonreírles.

No tuve tiempo de hablar largo y tendido de Beauvoir con Évelyne. Sé que la leyó de muy joven, animada por su madre.

En la playa de Niza, subraya los «pasajes admirables» y descubre al mismo tiempo a Sartre, pues la una va con el otro. Es la época. Évelyne, al igual que Mona, ha tomado conciencia de que ya nada detendrá la marea roja y furiosa de las mujeres. Pero su revelación literaria llegará un poco más tarde, a finales de 1956, con la lectura de Gide. Una pasión que ya no la abandonará.

A Évelyne le queda un año para terminar el bachillerato. El profesor de francés, un señor mayor exquisito de lentes gruesas, pide a los alumnos que comenten una novela que les haya gustado. Ella no duda ni un segundo, elige *Los alimentos terrestres*. «Nathanaël, no desees encontrar a Dios si no es en todas partes… La melancolía no es sino el fervor decaído…» Se siente embriagada, exaltada, y firma su disertación como Nathanaël. Consciente de haberse salido un poco del marco establecido, está sin embargo satisfecha de su trabajo. ¡Error! El profesor ni siquiera le pone nota y se niega a devolverle la redacción. Convoca a sus padres.

—Están divorciados. Vivo con mi madre.

Estupor del viejo profesor: el caso de su alumna es aún más desesperado de lo que suponía.

Mona acude a la cita. Durante la conversación, para poner al profesor de su parte, le entrega a escondidas los poemas de Évelyne. ¡Su hija siente pasión por la literatura! Mire, señor, escribe, compone versos, no puede reprochársele. El viejo antipático se emociona. Suspira. Perdona. Desde ese momento, se autoproclama asesor literario de Évelyne, que abandona la poesía, pero no a Gide.

Mona tenía ese talento. El de dar la vuelta a las situaciones que habían empezado mal. El de divertir o enternecer. La imagino delante de aquel profesor indignado. Echa la cabeza atrás, suelta una carcajada, saca un cuadernito de colegiala repleto de poesía nervaliana. Ya lo ve usted. Como le digo, es pasión lo que siente. Lo invita a cenar, por favor, cuánto me gustaría. Hablaremos de literatura. Él acepta, por supuesto. Ella vuelve a reírse. En suma, tiene encanto.

Poco después de que despidieran a Rosalie, llegó una mujer vieja llamada Constance. Era una mestiza muy piadosa y sin imaginación que a Lucie no le gustó mucho. Prefería al viejo Fikou, que atrapaba las gallinas y dejaba que ella las acariciara, aunque su padre había prohibido que hablasen con él.

Una mañana, cuando estaban esperando delante de un semáforo camino de la escuela, se les acercó un grupo de hombres y mujeres totalmente vestidos de blanco.

—Fikou, ¿quiénes son?

El canaco guardó silencio.

—Son raros… Fikou, ¡tengo miedo!

—Son los leprosos —dijo él, con un suspiro.

Ella se acurrucó en el asiento. Sabía lo que era la lepra: una variante de la peste. Los espectros, que llevaban una campanilla colgada al cuello, tenían la piel corroída, los miembros mutilados. Bastaba tocar a una persona afectada por el mal para que la necrosis te destrozase un trozo de brazo, un pie o una mejilla, las había advertido la hermana Marie de Gonzague. Lucie subió la ventanilla, presa de una angustia indescriptible. Había respirado el aire de los enfermos; a lo mejor ya estaba contagiada.

La noche siguiente, una cohorte con cascabeles se acercó a su cama para llevarle el beso de Satanás. Había caras agujereadas, sin nariz, sin boca; muñones que se agitaban, carne triturada rosa y negra y amarilla y unos chillidos siniestros. Lucie despertó empapada. Quiso llamar a su padre, pero contarle lo de los leprosos era denunciar a Fikou. No quería que acabase como Timea, en la cárcel de Nou. Allí, según le había explicado Rosalie, los carceleros les quemaban los pies a los presos y les aplastaban los dedos con un martillo. Se escondió debajo de la sábana temblando y se sumió en un sueño agitado.

Al día siguiente de los leprosos, Lucie entró como una exhalación en el baño:

—¡Primero yo!

Desde la enfermedad de Rosalie, su madre los obligaba a bañarse tres veces diarias, pero aquel día ella quiso pasar antes que Pierre. Se frotó enérgicamente, pidió la botellita de alcohol. Durante toda la semana, la escena se repitió. Y venga jabón, y venga baños.

—¿Qué te pasa? —le preguntó su madre impaciente.

—No quiero tener la enfermedad… —gimió ella.

—¡Y no la tendrás! Ya no hay peligro.

Contuvo las lágrimas. Sí, sí que había peligro. Pero no podía decir cuál.

Todas las tardes escrutaba sus manos, sus piernas, su cara. Por suerte, la lepra no llegaba. Al cabo de tres semanas, consideró que el peligro había pasado. La voluntad de Dios se había cumplido: no se había contagiado de la enfermedad. Cayó de rodillas y recitó dos padrenuestros. También rezó por Rosalie, de quien ya no tenía noticias y a quien echaba mucho de menos. Iba a acostarse otra vez cuando la asaltó una duda. Faltaba algo. Se arrodilló de nuevo y pidió a Dios que salvase a los leprosos, cuya carne triturada y rosácea había hecho que la cena le diera asco.

Era una de las «pistas de trabajo» que le había indicado a Évelyne. «Trabajar más la escena con los leprosos. ¿Qué provoca en el imaginario de un niño?» Ella puso un signo «+» delante de mi pregunta y subrayó la palabra «leprosos». La otra cuestión sería: ¿por qué le pedí que trabajase más esa escena?

En las calles de Port Louis, la capital de la isla Mauricio, mendigaba una mujer envuelta en un sari. Creo que nunca olvidaré esa escena de mi infancia. De perfil parecía normal. Era pobre, claro, pero igual que tantos otros tirados en las aceras de basalto, con socavones y sucias. Yo caminaba con mis padres, veía su perfil de india delante de mí. De pronto, se volvió hacia nosotros… Y nada. Sí, nada. Le faltaba la otra mitad de la cara. La lepra se le había comido la carne. ¿Dónde estaba la mejilla? ¿El ojo? ¿Qué le habían hecho? Aquella materia rosácea, grumosa, me hacía pensar en la carne de las salchichas que mi madre preparaba los domingos. Contuve un grito. Quise lavarme las manos. No sabía nada del origen de la enfermedad, pero estaba horrorizada.

Empiezo a entender que para hablar de Évelyne debo aceptar que mis recuerdos personales se mezclen con el relato. Los rodeos, las digresiones y las charlas son los lazos que unen a un autor con su editor. Todo se desborda sin cesar. Aquí estoy contándole lo que no tuve tiempo de decirle. Su texto, desde el principio, es un espejo que ella me tiende.

Mona se sacó el permiso en un mes, como le había prometido Marthe. Fikou la dejaba en la ciudad, en la biblioteca o el mercado, y ella se dirigía a escondidas a la autoescuela. Como buen cómplice de Marthe, el profesor, que también era comunista, valoraba el proyecto de rebelión de Mona. Cuando se enteró de que había aprobado y de que no tardaría en recibir el famoso rectángulo rosa, Mona corrió a compartir la buena noticia con su amiga, que la abrazó muy contenta.

—Me gustaría estar presente para ver la cara que pone tu marido…

Mona pensaba sobre todo en la del Amante. El permiso le daría una libertad increíble. Podrían recorrer la isla a su antojo, escaparse durante horas. Ya no tendría que inventar excusas para justificar sus desplazamientos; cuando lo deseara, cogería el coche y se iría.

André rio sarcástico. ¿O sea, que se había sacado el permiso? ¿A pesar de su prohibición, a pesar de la pelea, a pesar de su falta total de sentido práctico? Era imposible. Pero el semblante serio de su mujer lo inquietó.

—No me digas que es verdad.

Ella no pudo evitar una sonrisa malévola.

—No me lo puedo creer. Lo ha hecho.

Le entró un ataque de tos. Ella quiso darle unos golpecitos en la espalda; André la rechazó brutalmente.

· —¡No es más que un pedazo de papel! —exclamó entre hipidos—. Te falta lo esencial: ¡el coche! ¿No pensarás que voy a regalarte yo un cacharro de esos?

No, no lo pensaba. Pero al día siguiente fue a Correos y llamó a su padre, que ahora estaba jubilado y vivía en Niza. Gracias a sus contactos con el banco de Numea, Yvon desbloqueó los fondos necesarios para comprarle un Renault Frégate, y Mona fue a recogerlo al garaje la semana siguiente.

Nada más sentarse en el coche, sola, agarró el volante, arrancó y sintió que renacía. No era solo por el hecho de poseer un vehículo flamante, ni siquiera por saber que podía moverse libremente, sino en verdad por ser consciente de haber obtenido una victoria; a partir de ahora, trazaría su camino como le diera la gana.

Pelirroja, de ojos castaños, con una cara redonda de luna llena y los dientes separados, la nueva no era muy guapa que digamos. La hermana Marie de Gonzague la presentó brevemente:

—Madeleine Durand, vuestra nueva compañera, que viene de la metrópoli.

Y la sentó al fondo de la clase. Lucie la miró a hurtadillas, le pareció pálida y triste. Durante el recreo, Madeleine tomó asiento en un banco, pero la echaron.

—¡Apestas, zanahoria, apestas! —le decían las niñas riéndose.

Debajo de las arcadas, las monjas no lo oían. Lucie no había olvidado lo mal que lo había pasado en Niza años atrás, cuando sus compañeros la habían tratado de idiota porque no sabía nada de Alemania ni de los judíos. Burlarse, explicaban en el catecismo, no era cristiano. Fue hacia Madeleine y le propuso jugar a la rayuela. La sonrisa que iluminó su cara en ese instante casi la hizo parecer bonita.

¿De qué depende la amistad? Una mano tendida, unas risas compartidas, una piedra que te prestas para alcanzar la casilla del «cielo». Las dos niñas acabaron siendo como hermanas.

Unos días más tarde, Madeleine llegó muy agitada.

—Te apellidas Desforêt, ¿verdad?

—Sí.

—¡Entonces eres tú! —exclamó—. He podido matricularme aquí gracias a tu papá. De otro modo, no habría podido.

Lucie reflexionó.

—¿Porque eres pelirroja?

—No, no es por eso.

—¿No serás judía?

—¡No! Soy protestante.

Lucie no ocultó su sorpresa. Su padre siempre le había dicho que odiaba a los protestantes, igual que su amigo Morace. Pero quizá había varias formas de serlo; sin duda Madeleine y su familia pertenecían a la buena.

—Los protestantes dejan a cada cual frente a Dios. Acaban con la Iglesia. Por eso son una amenaza para el cuerpo de la nación.

Lucie ya le había oído ese discurso a su padre, pero no lograba relacionarlo con el gesto hacia Madeleine.

—Si tanto te importa la Iglesia, ¿por qué no nos acompañas nunca a misa los domingos? —le espetó Mona, que estaba hojeando una revista.

Lucie se sonrojó. Su madre había hecho la pregunta que le quemaba en los labios desde que habían llegado a Nueva Caledonia. Temía por su padre, que estaba jugando con fuego. Dios era bueno, pero no había que burlarse de Él. En efecto, ¿por qué ya no iba a misa? André la sentó en sus rodillas.

—Voy a misa en mi corazón.

—¡Pero no puedes! ¿Quién te da la comunión?

—No necesito la comunión. Lucie, querida, no lo olvides: yo soy maurrasiano.

—¿Y a Morace no le gusta ir a misa?

—Maurras, en su fuero interno, no cree en Dios. Pero sí en la Iglesia, en la hermosa Iglesia católica que sostiene a nuestra amada Francia. Es un pilar de la nación, y por eso hay que respetarla. Todo lo que perjudica a la nación es condenable: los judíos, los masones, los metecos y, por tanto, también los protestantes.

—Explícale, entonces, por qué has hecho mangas y capirotes para que Madeleine entrase en Saint-Joseph —ironizó Mona.

Él no contestó. En las sienes se le marcaron, minúsculas, las venas color malva.

—Jocelyn Durand, el padre de Madeleine, es un funcionario importante. Él también encarna la patria. Desgraciadamente, es protestante. No siempre se puede tener todo.

Mona reprimió una risa sarcástica. No pudiendo soportarlo más, André se levantó y la amenazó.

—¡Para ya!

Pero ella no paró.

—¡Lo sabes muy bien! —estalló él—. Lo que he hecho por la hija de un protestante, ¡no lo habría hecho jamás por unos judíos!

Y salió dando un portazo.

Más tarde, Lucie fue a ver a su padre, que estaba fumando un puro y haciendo cálculos en un papel muy grande.

—¿Papá?

—Mmm…

Se sentó en una silla frente al escritorio.

—¿Por qué odias a los judíos?

Él suspiró y se quitó las gafas. Lucie se daba cuenta de que molestaba, pero necesitaba una respuesta. André echó una ojeada al reloj. No tenía tiempo que perder con ese asunto.

—Es muy sencillo —respondió—. Los judíos fueron los que crucificaron a Jesús. El vía crucis, la corona de espinas, el suplicio, ellos son todo eso. Venga, y ahora vete.

Lucie abrió mucho los ojos, sorprendida. El martirio del Señor eran ellos… ¡Todo se aclaraba! ¡Por supuesto! Se le había quitado un enorme peso del pecho. Besó a su padre y corrió al jardín, liberada. Tendría que explicárselo a Madeleine.

Desde la adolescencia, Évelyne manifiesta la necesidad de entender el antisemitismo paterno. Para ello, lee a Maurras, y percibe de inmediato los límites de un sistema viciado.

Los judíos, según el «nacionalismo integral», son responsables de la revolución y el capitalismo, que han provocado el fin de la monarquía. Lo prioritario no es el antisemitismo de piel, sino el antisemitismo de Estado. Menos mal.

No se trata de decir: «Mueran los judíos», que tienen derecho a la vida, como todas las criaturas, sino: «Abajo los judíos», porque han progresado demasiado en nuestro país. Nuestro antisemitismo de Estado consiste en quitarles, en prohibirles lo que han tomado y no les corresponde y, en primer lugar, la nacionalidad francesa, porque tienen una que es indeleble y de hecho la mantienen. ¡Pues que se contenten con ella!

La hipocresía de tal pensamiento repugna a la joven Évelyne. Y es que ha empezado a leer, a pensar, y a pensar de forma distinta gracias a su madre. Pero dos o tres años antes, porque los años a esa edad cuentan, ¿cómo puede la niña llena de admiración por su padre discernir causas y consecuencias?

—No podía —me dijo—. Yo creía en lo que me decían.

Su padre no perdía nada por esperar. Un día u otro los adultos tienen que pagar por la mala educación que nos han dado.

Sabido es que en el amor hay mucha magia y un poco de determinismo, a menos que sea al revés. Sin duda no es un detalle menor que las hermanas Pisier eligieran como primeros maridos a hombres cuyos apellidos, unos años antes, podían suponer la muerte.

Por segunda vez en su vida, Lucie veía llorar a su padre. Es el 16 de noviembre de 1952. Más de un año después de la muerte de su querido mariscal Pétain, Morace sucumbía a su vez.

—¡Oh, no, no! —gritó su padre antes de desplomarse en el sofá del salón.

El periódico cayó a sus pies y una terrible crisis de llanto lo sacudió. En vez de consolarlo, Mona se rio malévolamente.

—Está llorando de rabia, sí.

Morace había pedido los últimos sacramentos en el último minuto y se había confesado a Dios. Había cedido, había traicionado su palabra. Lucie estaba perpleja.

—Papá…

Le tendió su dibujo. En una hoja blanca había trazado una cruz. Arriba, un gran sol. Cuatro siluetas cogidas de la mano en el centro: un hombre inmenso, sobre la cabeza del cual había dibujado una corona; una niña, una mujer, y en un rincón, un bebé. Escrito con rotulador rojo, ponía: «Te quiero, papaíto moraciano».

Él la abrazó muy fuerte sorbiéndose los mocos. Lucie se acurrucó contra él. ¡Lo admiraba tanto, estaba tan orgullosa de él! Su madre salió del salón encogiéndose de hombros.

¿Qué había que hacer para que todo volviera a ser como antes? Desde que su madre tenía coche, desaparecía con regularidad, sumiendo a su padre en unos ataques de cólera espantosos. Ambos se insultaban, gritaban nombres que ella no comprendía; un momento después, se abrazaban fogosamente; luego volvían a discutir. Con sus pantaloncitos bombachos, Pierre los observaba con expresión preocupada. Cuando las voces se alzaban mucho, Lucie se encerraba en su habitación y, con un nudo en el estómago, rogaba a Dios, a la Virgen María y a Juana de Arco, de rodillas sobre el parquet, con las manos tan apretadas que los dedos sobresalían blancos y adoloridos.

—¿Tienes el rotulador? —preguntó su padre enjugándose los ojos.

Ella le dio uno. Con una raya decidida, tachó el adjetivo y escribió encima «maurrasiano». Fue una iluminación.

—Procura recordarlo —concluyó su padre.

Mona cada vez pensaba más en irse a vivir con el Amante. En casa, las tensiones eran diarias, André sospechaba algo, sin duda. Toussaint nunca se había mostrado tan empalagoso, y todo en él la repelía. En cuanto a los niños, en especial Lucie, cada vez tenían más pesadillas y casi no comían. A eso se añadía que el Amante pronto tendría que volver a Francia; y solo soñaba con una cosa: que ella lo siguiera a la metrópoli. Si se quedaba en Numea, se marchitaría, decía él. No cesaba de cubrirla de regalos, besos y caricias, subyugado por la libertad que ella inventaba entre sus brazos.

Entre dos caladas al cigarrillo, Marthe decía con rudeza:

—Un vichysta, un gaullista… ¡Ya solo falta un comunista! —Una mueca le deformaba la cara—. ¿Por qué te empecinas con los hombres? —Pero su irritación nunca duraba mucho—. Lo que me preocupa es que los rumores van aumentando.

Había que prepararse: su adulterio pronto no sería un secreto para nadie.

Desde hacía unas semanas, Mona efectivamente recibía menos invitaciones. Al club de bridge, a las *tea parties* de la vecina, a las cenas mundanas. Incluso Jocelyn Durand, el padre de Madeleine, la había saludado con la boca pequeña la última vez que se encontraron. ¿Acaso la gente lo sabía? ¿Todo el mundo lo sabía? Puso una mano sobre el brazo de su amiga:

—Me da igual. Ahora hago lo que me da la gana.

Marthe le respondió muy seria:

—André no te lo pondrá fácil. No te lo tomes muy a la ligera.

—Mira, no sirve de nada que ahora me haga la monjita, ¿no crees? —contestó Mona, imbuida de su exaltación recién estrenada de mujer libre. Y juntó las palmas mirando al cielo, impía encantadora y socarrona.

Los jueves, Lucie pasaba la tarde en las Âmes Vaillantes, su agrupación escultista católica. Esa noche volvió y entró en el salón cantando canciones, con la boina calada y bien recta.

—Pero… no te la pongas así —le dijo su madre, y levantó la boina para ladeársela un poco—. Así estás más guapa.

—¡No quiero estar guapa! —replicó Lucie calándosela de nuevo bien recta—. ¡Ser coqueta está mal!

Mona suspiró. Las lecciones de la hermana Marie de Gonzague eran de una eficacia temible.

—¿No tienes deberes para mañana? —le preguntó su padre.

—Sí, de inglés.

Fue a buscar el cuaderno a su habitación y volvió a sentarse en el sofá del salón. Le lanzó una tierna mirada a su padre y leyó:

—*Togeterre, oui are appi.*

—¿Qué?

Mona se inclinó sobre el cuaderno. «Together, we are happy.»

—¿Es la hermana Marie de Gonzague quien te ha enseñado a decir «Togeterre?»

André negó con la cabeza, incómodo.

—Sí.

—¡Pues se equivoca! ¡Se dice *together*!

Lucie lo repitió y luego confesó candorosamente:

—La hermana Marie de Gonzague comete muchas faltas con el subjuntivo, ¿sabes? ¡Pero me cae bien! Explica el catecismo como nadie.

André se levantó del sillón mascullando y se sirvió un bourbon. Mona estaba fuera de sí. El nivel de la escuela era desastroso, Lucie no podía seguir allí. Si el inglés era así, podía esperarse cualquier cosa del francés, las matemáticas, la historia…

—Oye, tampoco es para tanto —zanjó su marido—. No tenemos que convertirla en una intelectual, ¿verdad?

Mona se quedó petrificada un segundo.

—¡Cómo! ¿Prefieres que tu hija sea solo una buena madre? ¿Una buena esposa? ¡Una ceporra, vaya! Como yo, ¿verdad? ¡Eso es, como yo!

—¿De dónde sacas que eres una buena madre y una buena esposa? —gritó aún más fuerte André—. ¿Tú te has visto bien?

—¿Qué?

—¿Crees que eres un modelo?

—Porque tú sí lo eres, ¿verdad? Ah, sí, perdona, lo olvidaba… Tú… El hijo espiritual de Pétain…

—¡No nombres a Pétain!

—Nombro a quien me da la gana… Pétain, Maurras… ¡Incluso Hitler! ¡Tus héroes!

La agarró del pelo y la sacudió. Ella le mordió la mano.

—¡Basta! —chillaba Lucie.

Pero ellos seguían sin oírla, hubo más gritos, más insultos. Durante un segundo, el salón se volvió blanco, cegador. Lucie abrió la boca porque le faltaba el aire. Las luces empezaron a flotar a su alrededor y se desplomó, con un ruido de carne muerta.

Recuerdo bien a Évelyne, medio divertida, medio indignada, exclamando:

—«¡Togeterre!» Así exactamente lo pronunciaba la monja. Era una inepta.

Sus pupilas brillan; el furor de aquella época se reaviva, tengo la impresión de que la escena acaba de producirse.

—Aparte del catecismo, no sabía nada.

Le hablo de mi madre. En Mauricio también, y luego en las Seychelles, donde vivió un tiempo, iba a colegios de monjas. Las odiaba. Latín y geografía: dos asignaturas que detestaba por culpa de una mujer horrible que sabía menos que sus alumnas y les echaba perdigones al hablar.

Évelyne y mi madre tuvieron una escolaridad parecida, me refiero a la escuela primaria. Grupos de niñas de uniforme, religión a diario, cantos patrióticos al izar la bandera por las mañanas. Prohibición formal de ser coquetas. «Si Dios ha hecho las uñas rosas no es para que las pintemos de rojo. Quítate ese esmalte inmediatamente.»

Lucie se había desmayado y por fin los gritos habían cesado. Despertó poco después en su dormitorio, con compresas de agua fría en la frente. Su padre había dudado de si llamar al médico. Según su madre, no valía la pena: la niña solo estaba conmocionada. Constance le hizo un caldo, pero Lucie apenas lo probó. Se durmió casi enseguida.

Ahora debían de ser las dos o las tres de la madrugada. De puntillas, Lucie empujó la puerta de la habitación de su hermanito. Acostado boca abajo, respiraba suave, apaciblemente. Pierre era tan pequeño que aún estaba protegido de las crisis de los mayores, pero Lucie se preocupaba por él. Su boca rosada y tranquila, sus puñitos entreabiertos la calmaron. Lo besó en la cabecita y volvió a su dormitorio, donde se durmió y no soñó nada.

Al despertarse por el sol que se filtraba a través de las persianas, Lucie echó una mirada al reloj, se lavó y se vistió con ansiedad, dispuesta a afrontar nuevas tempestades, pero cuál no fue su sorpresa al ver a sus padres charlando tranquilamente en la cocina. Todo eran «tesoro mío», «cielito» y carantoñas sin fin.

—¡Hola, Lucie!, Buenos días, cariño.

Les dio sendos besos.

—¿Ya estás mejor?

Sonreían. Ella no daba crédito. ¡Y se lo preguntaban ellos después de todo lo que había pasado! Le sirvieron el chocolate y las tostadas como si nada.

—¡Date prisa o llegarás tarde!

Se subió al coche conducido por Fikou, que arrancó enseguida. ¿Cómo podían los adultos hacerse tanto daño y al día siguiente reanudar la vida exactamente donde la habían dejado antes del caos?

Pasaron los días. Burbuja de algodón perfecta, de una suavidad olvidada. Sol abrasador sobre Numea. Baños en familia. Pero no duró. Un martes, al salir de la escuela, Lucie vio llegar a su madre con el pelo revuelto, la voz quebrada. Casi la arrancó del brazo de Madeleine.

—Cariño, tendrás que ser valiente. —La metió en su Renault Frégate—. Tu padre está enfadadísimo. Quiere hablar contigo ya.

Se saltó un semáforo en rojo, sonaron los cláxones, pero ella no hizo caso. Lucie miró un punto invisible en el horizonte para no llorar. ¿Qué había hecho? ¿Qué tenía que reprocharle?

—Gritará, pero no te preocupes, yo estaré allí.

Entre sus manitas desgranaba un rosario invisible.

André ya andaba arriba y abajo por el salón. Mona lo miró desafiante, sin retirar la mano del hombro de Lucie. Sin decir nada, él agarró su brazo rosado y tierno y la tiró en un sillón. Mona sintió dolor por ella.

—Ahora me lo cuentas todo.

Lucie abrió unos ojos como platos.

—¿Desde cuándo se ve tu madre con ese hombre?

Quiso levantarse, pero su padre se lo impidió.

—No te moverás hasta que me lo hayas contado todo.

Lucie se volvió hacia su madre, implorante. Mona sintió que las lágrimas le anegaban los ojos. No era así como debían suceder las cosas.

—Ya te he dicho que ella no sabe nada —repitió.

—¡Cállate! —chilló André—. Lucie, habla. ¡Sé que lo sabes!

—Pero... ¿que sé qué? —balbuceó la pobre niña.

—¡Que me engaña!

El brazo extendido señalaba a su madre. Lucie volvió a dirigir la mirada hacia él.

—¡No, papá, no es verdad!

—¡Mientes! Toussaint me lo ha contado todo. ¿Por qué cambian de acera nuestras amistades cuando la ven pasar, eh? —Se dio una palmada en la frente—. ¡Y yo sin enterarme! ¡Cornudo! ¡Cornudo! —Casi gemía—. Todo Numea está al corriente. —De nuevo se acercó a Lucie con saña y le torció el brazo—. ¡He dicho que me lo cuentes! ¿Por qué la proteges?

Lucie se echó a llorar.

—¡Proteger a una furcia!

Al oír la palabra, Lucie se levantó de un salto del sillón y corrió a refugiarse entre las faldas de su madre.

—No, no... Es mentira...

Mona se mantuvo erguida, inflexible, con los ojos fijos en los de su marido, como esas estatuas antiguas que no se sabe si encarnan el amor o la guerra.

Los días siguientes fueron espantosos. Mona pasaba todo el tiempo posible en casa de Marthe, cuando no estaba en brazos del Amante, que la había recogido en un estado febril.

—Tarde o temprano tenía que enterarse.

Volvía a proponerle que se fuera a vivir con él.

—¿Y los niños?

—Tráetelos.

—Pero es que no puedo. Así no. Tendría que divorciarme.

Su sonrisa era elocuente.

Marthe opinaba lo mismo que el Gaullista: el divorcio era la única solución. Mona estaba abrumada. Las mujeres no se divorciaban así como así.

—Si tu marido te sorprende en vuestro hogar con otro hombre, puede matarte sin que lo metan en la cárcel… Una falta «excusable», según el Código Civil.

Se llevó una mano a la frente.

—¡Pues sí que me das ánimos!

Mona le robó un cigarrillo y dejó que el humo, que desprendía un olor un poco acre, la envolviera.

—Por lo que recuerdo —prosiguió Marthe—, puedes pedir el divorcio por incompatibilidad de humor o carácter. Pero los jueces no favorecen mucho a las mujeres en esos casos. Si no, te quedan el maltrato y los insultos graves. ¡Elige!

Empezaba a caer la noche sobre las rejas de la biblioteca, cerrada desde hacía una hora. Mona agarró la botella de ron que su cómplice reservaba para las grandes ocasiones o las tardes de decaimiento. Sin decir palabra, llenó dos vasos con el líquido ambarino.

—Marthe, ¿puedo dormir en tu casa esta noche?

La cincuentenaria parpadeó y se alisó el cabello plateado.

—Puedes.

Mona no vio la bella luz que se encendió en los ojos negros de su amiga.

Era una casita, rodeada por un jardín, en la Rue des Acacias.

—Conocerás a Lenin.

Al otro lado de la cerca, el perro empezó a ladrar.

—Sí, Lenin, sí… Ya voy.

Mona entró en un pasillo bastante oscuro que daba a una habitación desordenada. Había libros por todas partes. Sobre la mesa, los sillones, la encimera e incluso en las plantas verdes. Al otro lado del ventanal, un labrador. Marthe abrió la puerta y el perro le saltó encima con amor.

—Ya estoy aquí, ya estoy aquí… —le decía riendo.

—¿Cuántos años tiene?

—Cinco. Todavía es un muchacho… ¿Verdad, Lenin?

El perro se mostró de acuerdo con un gañido. Cuando terminó de hacerles fiestas, Marthe lo miró trotar por el jardín sonriendo.

—Solo es un perro, ya lo sé… Pero ya ves… Sin él, no estaría tan bien. —Apartó la mirada—. Los animales nunca te decepcionan.

Mona percibió la tristeza de su amiga, y no contestó.

—Bueno, esta noche, ¡pollo a la plancha y ensalada!

Y Marthe puso una botella de whisky sobre la mesa.

Se pasaron la noche bebiendo, fumando y bebiendo de nuevo.

—¡Beauvoir tiene razón! ¡Defender la causa de todas las mujeres contra todos los hombres!

—Pero a mí me gustan los hombres… —murmuraba Mona medio recostada sobre la mesa—. ¡Mi Gaullista es guapo! André también… Sí, ¡muy guapo!

Marthe negaba con la cabeza, totalmente borracha.

—¡Las mujeres, te lo digo yo! ¡Solo las mujeres!

Se reían.

—¡Sartre es feo! —gritó Mona con gran hilaridad.

—¡Es verdad! ¡Pero Sartre es grande! —repuso Marthe entre dos hipidos—. ¡Por la revolución de las mujeres! —El alcohol se derramó por el suelo—. ¡Por la curda de nuestra vida!

Lenin lamió el charco de whisky. Las risas se alimentaban con la noche; la amistad se alimentaba con la embriaguez. En cierto momento, Mona rozó con su mano la de Marthe, piel contra piel, pero sin darse cuenta. El alcohol la había depositado en un país donde los cuerpos y las ideas ya no son certidumbres.

El personaje de Marthe es inventado. En realidad, ignoro cómo Mona descubrió *El segundo sexo*. Pero la novela necesitaba un personaje que encarnase el instante del cambio: el encuentro con el Otro. ¿Qué habría pensado de ello Évelyne? ¿Qué me habría dicho? «Yes!», con su sonrisita traviesa. O bien: «Haz lo que quieras». Confianza… O quizá habría modificado el curso de las cosas. Decía lo que no le gustaba y con una fuerza de convicción increíble, que me hacía mucha gracia.

Pero quiero creer que le habría gustado mi bibliotecaria. En el personaje de la mujer de letras comprometida, quincuagenaria, alcohólica, solitaria y herida por la vida, hay pedacitos de mí, de Évelyne, de amigas, de actrices y sobre todo de desconocidas. Pero en cualquier caso, debo decíroslo. Mi tercer nombre de pila es Marthe.

—Bueno, ¿ya te has decidido?

Desde hacía unas semanas, el Amante la apremiaba. Su regreso a Francia iba concretándose. Mona quería divorciarse, pero temía que no le concedieran la custodia de los niños. Marthe la animaba a defender la causa de incompatibilidad; el rumor de su aventura se había extendido tan deprisa que no había tiempo que perder. Era mejor oficializar la ruptura. Aun a riesgo de escandalizar a la buena sociedad caledoniana, había que llegar hasta el final. Siempre podría hacer constar los golpes, si le pegaba.

En el patio, Lucie jugaba a la rayuela con Madeleine, sin darse cuenta de que las demás la miraban mal. Cuando llegó a la casilla «cielo», su amiga la llamó.

—Acabamos de empezar —protestó Lucie.

Pero Madeleine le tiró del brazo sin decir palabra. Se sentaron a la sombra de la araucaria y se miraron. Se cocía algo.

—Lo siento mucho, Lucie… —La pelirroja se miraba los zapatos—. Tus padres van a divorciarse.

Silencio.

—Yo tampoco podía creerlo… Pero me lo ha dicho mi padre.

Sollozaba bajito. Lucie tardó en reaccionar.

—¿Qué es divorciarse? ¿En qué consiste?

Madeleine vacilaba.

—Bueno… Tus padres… se separan.

Su corazón se contrajo de golpe.

—¡Pero te prometo seguir siendo tu amiga!

De vuelta en casa, Lucie corrió a ver a su madre. A sus once años, y por primera vez, estaba enfadada con los adultos; era un enfado intenso, que acarreaba palabras y sentimientos hasta entonces desconocidos.

—¡Madeleine ha dicho que vais a divorciaros!

—¿Cómo…?

No la dejó continuar.

—Dime que es mentira. Es mentira, ¿verdad? ¡Estoy segura de que es mentira!

Su madre no se movía, pero la mirada se le ensombreció. Lucie comprendió y se derrumbó.

—Cariño…

Se separó de su madre con brusquedad. Mona se sintió ofendida.

—Ahora ya eres lo bastante mayor para entenderlo. Sí, quiero divorciarme. Sí, quiero separarme de tu padre. No es el héroe que crees.

—¡Pero si siempre me has dicho lo contrario!

Mona asintió con la cabeza.

—Tienes razón. Yo estaba ciega, eso es todo. Bueno, tiene cualidades, muchas, pero… —Se mordió el labio—. Si te quedas aquí con él, nunca tomarás las riendas de tu propia vida. A tu padre no le importa que estudies. Lo recuerdas, ¿verdad? No quiere que te conviertas en una intelectual. Yo sí. —Hizo una pausa y luego, como si todos los diques cedieran bruscamente, añadió—: ¡Yo soñaba con ser médico, Lucie! ¡Era mi sueño! Y ya ves. ¿Qué he hecho en la vida? Nada.

Lucie se quedó inmóvil. «Nada.» Una palabra terrible, destructora. Todo se mezclaba en su cabeza.

—¿Por qué, mamá?

—¡Pues por ti! Estaba en la universidad cuando me quedé embarazada. ¡Fue por ti por lo que André me prohibió seguir estudiando!

Lucie se tambaleó. Por su culpa, la vida de su madre se había echado a perder.

Évelyne siempre vivió con ese reproche. ¡Mona soñaba tanto con ser médico…! Me pregunto si no fue por eso también por lo que de niña escogió, irrevocablemente, el bando materno en la guerra que enfrentaba a sus padres. Tenía una deuda con su madre. El único medio de resarcirla era sacar buenas notas, y lo consiguió más allá de toda expectativa.

¡Hay que ver lo que las madres proyectan en sus hijas! Lo que les piden, a menudo en silencio. Ese pacto que firman las dos con la sangre que comparten.

Cuanto más avanzo en el libro, más descubro sobre las correspondencias con mi propia madre.

A ella le habría gustado estudiar. Su padre no le proporcionó los medios. Según él, una chica de la buena burguesía criolla, en los años sesenta, contrae matrimonio y tiene hijos. Se convierte en ama de casa. Un día, en el hogar familiar, sorprende a sus padres en plena discusión.

—Le gustaría ser puericultora —dice mi abuela.

—Pero ¿para qué? —contesta mi abuelo.

Es sincero, no lo entiende. Mi abuela se ciñe a la opinión domi-
nante. La niña no seguirá estudiando. ¿Por qué me sangra el corazón
cada vez que pienso en esa escena? Después de todo, la inteligencia
no tiene edad, tampoco diplomas. Ser curioso es mucho más que ser
empollón. Pero esa sensación de la posibilidad denegada me morti-
fica. En mi corta vida, siempre he podido intentar hacer lo que he
querido. Jamás me han dicho: «No. Eso no es para ti». No admito
que esa libertad, una libertad de reina, de privilegiada, no siempre
la hayan tenido las personas a las que quiero.

—¡Déjame! ¡Basta!

Los gritos procedían de la escalera. Lucie dejó el libro que tenía en las manos, inquieta.

—¡Estás loco!

La puerta de su dormitorio se cerró violentamente y su madre entró corriendo.

—¡Mira, Lucie! —Le mostraba el brazo: unos grandes hematomas teñían su piel de violeta—. Ahora me pega.

Detrás de la puerta, André la desmentía, furioso.

—¡No metas a Lucie en esto! ¡No te he pegado, te prohíbo que le hagas creer eso!

La niña sintió pánico. ¿Qué debía decir? ¿Cómo reaccionar? Su madre esbozó una extraña sonrisa y luego gritó:

—Vete. ¡Lucie no quiere verte!

Pero acto seguido, Mona abrió la puerta, la cogió de la mano y tiró de ella. Aturdida, Lucie se dejó arrastrar, consternada al ver a su padre postrado, al borde del llanto.

—No le he pegado —repetía con voz rota.

En el coche, Mona confesó que él había dicho la verdad. Se habían peleado, ella se había caído: esos moratones no se los había hecho André. Pero no había encontrado un medio mejor para obtener el divorcio.

—No quiero que os divorciéis —murmuró Lucie.

—Señora Desforêt, ¿en qué puedo ayudarla?

Le enseñó al médico el brazo tumefacto.

—Mi marido me pega.

El hombre la miró estupefacto.

—Señora, no puedo creer que…

—Pues ya lo ve.

La examinó, inspeccionó los hematomas y tomó notas.

—¿Me dará el certificado? —preguntó ella.

El médico alzó la mano.

—Un certificado no se da así como así, lo siento. Pero dentro de dos días, le prometo que volveré a ponerme en contacto con usted.

Mona le dio las gracias, aliviada, y regresó a la Villa de los Pájaros.

¿Cómo había podido creer que sería tan fácil? Claro que él contaba con apoyos. Claro que se lo impediría. El médico, fiel a su promesa, la llamó dos días después. No le daría el certificado. El hombre no negaba la presencia de los hematomas, sino su origen: también habría podido golpearse al caer. Atacar al señor Desforêt no era para él ningún plato de gusto, se negaba a actuar como árbitro en una guerra que no le incumbía.

—¡Caray con el certificado! ¡Hay que ver qué malo es ese médico que no quiere dártelo!

André soltó una risa malévola. Como jefe del servicio económico, era él quien podía conceder, o no, las divisas extranjeras a los habitantes. Y justo el médico había pensado comprarse un rutilante Ford que solo podía adquirir en Australia, con dólares contantes y sonantes... París bien vale una misa, y el Ford un pequeño pacto entre amigos. Mona acababa de perder una batalla.

Querido papá:

Ya no sé qué hacer. André se ha vuelto violento, irascible. No puedo más. Quiero volver a Francia con Pierre y Lucie. Sin él. Al menos por un tiempo. Si me quedo, será una desesperación. Espero que lo comprendas. No es una solución fácil.

Me siento sola. Te necesito, y a mamá también. Créeme que me cuesta mucho pediros este favor. Pero ya está hecho. ¿Aceptarás que me instale en Niza con los niños?

Lucie es la mejor en todas las asignaturas. También hay que decir que aquí el nivel no es muy alto, pero lee mucho y lo entiende todo. Tienes una nieta maravillosa. En cuanto a Pierre, ha crecido mucho, dice frases de adulto calcadas de las de su hermana. ¡Y es guapísimo! ¡Qué ganas tengo de que lo veas!

Te lo suplico, papá, ayúdame.

Muchos besos a mamá.

Tu hija, que te quiere,

MONA

Los días siguientes al episodio del médico fueron parecidos a los que se pasan en el ojo de un ciclón. Una calma tensa, irreal, que alimenta la futura catástrofe. André parecía normal, casi jovial, al punto de proponer un domingo que salieran todos de pesca en el pequeño velero frente a la barrera de coral. A Mona no le quedó más remedio que acceder.

El cielo estaba cubierto y el mar tranquilo.

—¿Dónde están mis gusanos?

Pierre le tendió los cebos y su padre lanzó la caña. Lucie lo miraba con admiración.

—Ay…, ¡noto que ha picado!

Sacó un primer mújol, que se debatió enérgicamente.

—¡Aquí está! —gritó victorioso, arrancando el anzuelo.

—¡Otro, papá! —se entusiasmó Lucie—, ¡allí!

Otro mújol acababa de saltar del agua. Se reían, volvían a lanzar la caña, también sacaban salmonetes y emperadores trompudos de ojos desesperados. La nevera iba llenándose. Mona los observaba sonriendo. Su familia.

¡Todo habría podido ser tan fácil!

En el coche de vuelta, André exclamó:

—Tengo una idea. —Dobló a la derecha—. Daremos un rodeo y así pasamos por la escuela.

Al llegar a la puerta, llamó al timbre y sacó la nevera del maletero. Mona iba a bajar también, pero él la detuvo.

—No, no, cariño. Espérame con los niños.

¿Cuántos días hacía que no la llamaba «cariño»? Mona se arrellanó en el asiento, aturdida por el aire marino y la serenidad recobrada.

André salió al cabo de un cuarto de hora, con la nevera vacía.

—¡La hermana Marie de Gonzague está encantada con nuestra pesca milagrosa! Se lo ha quedado todo, los pescados grandes y los pequeños…

Mona no dijo nada. Lucie se echó al cuello de su padre, ¡era tan generoso!

Mientras en agosto los niños en Francia jugaban en la playa, ebrios de vacaciones y de helados de cucurucho, en Numea las clases continuaban. Al día siguiente de la excursión marina, Lucie llegó a la escuela como todas las mañanas, con los calcetines bien subidos y la falda planchada. Como todas las mañanas, corrió hacia la hermana Marie de Gonzague para besarla. Pero ese día, la directora extendió el brazo a fin de mantenerla a distancia. Lucie se detuvo.

—En fila, señoritas.

—¿Qué pasa? —susurró Madeleine mientras tomaba la mano de Lucie.

Lucie tuvo un mal presentimiento. En fila de a dos, las alumnas entraron en clase. Como de costumbre, Madeleine y Lucie se sentaron juntas.

—Señorita Desforêt.

La voz de la profesora la sobresaltó.

—Deje sus cosas y suba al estrado, por favor.

Lucie contuvo la respiración. ¿Le hablaba de usted? La monja Marie nunca la había tratado de usted. Se acercó tímidamente.

—¿Se ha aprendido la poesía?

Lucie asintió.

—Adelante, la escucho.

> Dulce María, Madre de Dios,
>
> tu corazón es un refugio,
>
> que tus ojos se posen en nosotros
>
> y que se aleje de nosotros el diluvio,
>
> Madre de los hombres y del cielo,
>
> Dulce María, Madre de Dios.

Al terminar el poema sonrió abiertamente a la monja.

—Bien.

Iba a volver a su sitio cuando la maestra le indicó por señas que se quedara en el estrado.

—¿Qué ha comprendido usted de este poema?

Boquiabierta, Lucie era incapaz de contestar.

—Se lo preguntaré de otra manera. ¿De qué habla el poema?

—De la Virgen María —respondió haciendo un esfuerzo.

—¿Cómo nos la presenta?

—Como un refugio.

—¿Y qué más?

—Como una madre dulce y buena.

La directora asintió con la cabeza.

—Exactamente. Según usted, señorita Desforêt, ¿una madre puede ser mala?

—¡No, claro que no!

—Estoy completamente de acuerdo. Entonces ¿cómo explicar que la suya lo sea?

Un silencio de muerte se cernió sobre la clase. Lucie sintió que se tambaleaba. La profesora avanzó por el estrado, se puso frente a la clase y dio una palmada.

—Escuchadme todas. Vuestra compañera está pasando por un momento terrible. ¡Su madre, la esposa del señor Desforêt, el jefe del servicio económico, ha pedido el divorcio!

Las niñas gritaron horrorizadas. Lucie, noqueada, apretó los dientes. Madeleine estaba petrificada.

—Divorciarse es un pecado mortal. Si la señora Desforêt persiste, irá derecha al infierno. —La monja se volvió hacia Lucie—: ¿Es eso lo que quieres? ¿Que tu madre vaya al infierno?

Que ahora la tuteara la desconcertó y estalló en sollozos. No, ella no quería eso.

—Entonces ponte a rezar.

Y le ordenó que se arrodillara delante de toda la clase y recitase un padrenuestro y un avemaría, y que luego repitiera cinco veces: «Señor, haz que mi madre renuncie al divorcio». Lucie se levantó temblando. Le dolían las rodillas, le dolía el mundo entero. Mientras volvía a su sitio, la directora añadió:

—Si quieres a tu madre, no dejarás que se divorcie.

Era como un horno, inmenso, excavado en la tierra. Las llamas, más altas que olas, salían en cúmulos. Un océano de fuego y rocas.

«¡Mamá!», gritaba Lucie. El rojo lo anegaba todo, no podía avanzar. «Mamá...» De pronto, un puente se alzó delante de ella. Sin dudarlo, corrió por él para buscar a su madre. Pero al fondo del cráter, en medio de la lava, solo había una niña. Ella.

Al día siguiente, Lucie no intentó besar a la hermana Marie de Gonzague. Se puso en la fila, siempre al lado de Madeleine, que se atrevió a darle la mano como si nada. Lucie no había dicho ni una palabra en casa, su corazón estaba demasiado apenado, su cabeza demasiado llena de la pesadilla nocturna.

—Señorita Desforêt.

El corazón se le aceleró. Como no se movía, la monja repitió su nombre. Lucie subió al estrado y el suplicio volvió a empezar. De rodillas sobre la tarima, imploró al Señor, rezó, pidió perdón por su madre, por su madre culpable.

—La Virgen te bendecirá si logras salvarla antes del 15 de agosto —insistía la directora.

Ante las burlas de las alumnas, los silencios cargados de sobreentendidos, las risas malévolas, todo el peso de la humillación, acabó por ceder. Volvió a casa decidida a convencer a su madre.

Mona ya intuía que había un problema. Lucie estaba demacrada; no tenía hambre y sí ojeras color malva, el color de la tristeza. La perspectiva del divorcio tenía a su hija abatida, era evidente. Ella era la causante de todo el mal. Una mala madre. Pero aquella tarde, cuando su hija volvió de la escuela, vio otra cosa en sus ojos. Una especie de determinación. De valor.

—Mamá. No debes divorciarte.

Lucie estaba firme como un soldado. Era la primera vez que hablaba así. «Debes, no debes.» El lenguaje de su padre.

—No debes divorciarte, irás al infierno. Y yo no quiero que vayas al infierno.

Con sus hermosos ojos claros, Lucie la miraba fijamente. Mona se derrumbó. Las lágrimas fluyeron como nunca. Estrechó a Lucie contra su pecho y la cubrió de besos.

—Hijita, hija mía…

La pequeña se enjugó los ojos.

—La hermana Marie de Gonzague ha insistido. El infierno, si no renuncias.

—¿La hermana Marie de Gonzague?

La niña se lo contó todo. La semana horrible, los rezos delante de toda la clase, las risas, la vergüenza. Mona estalló.

—¿Cómo se atreve a…?

No terminó la frase. Así que era eso: el velero, los pescados, la nevera, el rodeo inopinado para pasar por la escuela. Una náusea terrible le atenazó el estómago. Respiró hondo y se volvió hacia su hija.

—Cariño, ve a jugar con Pierrot y Constance. Tengo que hablar con tu padre. Pero no te preocupes. No iré al infierno.

Lucie se dirigió hacia los dormitorios; Mona, por su parte, se precipitó al despacho de su marido.

No estaba cerrado con llave, y abrió la puerta de golpe.

—¿Conque era eso?

André estaba de espaldas. A pesar del grito, no se movió.

—¿Eso, el qué? —preguntó con voz monótona.

Ella se le puso delante hecha una furia.

—El rodeo que dimos el otro día para pasar por la escuela. Tu pesca milagrosa… ¡Conque era eso!

André esbozó una sonrisa, sin alzar la mirada. Mona le arrancó de la mano el documento que André estaba leyendo. Él la desafió con su parsimonia:

—¿Por qué lo dices? ¿Es que querías organizar una gran barbacoa con los pescados? Venga, Mona, si a ti esas cosas no te gustan.

—Lo que no me gusta son tus tejemanejes. ¿Cuánto le has dado, eh? ¿Mil, dos mil francos? ¿Cien mil francos? ¿Lo suficiente para quedarte con toda la escuela?

—Lo suficiente para quedarme con mi mujer.

Turbada, Mona se dejó caer en el sillón.

Al pie del semáforo, en compañía de Constance y de su hermano, Lucie pensaba en Timea. El mero nombre de la prisión de Nou le producía escalofríos. El pobre hombre jamás la perdonaría. Ni siquiera cuando saliera de la cárcel. ¿Y Rosalie? ¿Qué había sido de ella? ¿Y Tibaï? Quizá se había convertido en una revolucionaria del Viet Minh. Sentada en la hierba, Lucie reflexionaba. En cuanto había oído desde hacía meses, en cuanto había visto. En las extravagancias de los adultos. Intuía que algo se abría paso en su interior. Una luz, pero tan dolorosa que no quería verla más de cerca. Besó los mofletes rollizos de su hermano, que le tendió una margarita como si fuese un ramo de rosas. Por primera vez, se fijó en que tenía los ojos de un azul muy poco frecuente, sorprendentemente parecido al suyo.

—¿Su madre renuncia al divorcio, señorita Desforêt?

Lucie se encogió de hombros. La hermana Marie de Gonzague la miró malévolamente.

—De rodillas.

El parquet seguía igual de duro, pero aquel día fue distinto a los demás. Al final del padrenuestro, Lucie alzó los ojos.

—No lo entiendo —dijo—. Si divorciarse es un pecado, no ir a misa también, ¿no?

Desconcertada, la monja asintió con timidez.

—¡Mi padre no va a misa desde hace tres años! ¿También irá al infierno?

Sobre la clase se cernió un denso silencio.

—Hay pecados que pueden repararse —farfulló la monja—. Si tu padre pide perdón, será aceptado en el purgatorio.

Lucie se echó a reír. Una risa nerviosa, agotada. Se imaginaba a su padre vagando por los pasillos blancos del limbo, castigado pero salvado de las llamas.

—El divorcio es el peor de los pecados —prosiguió la monja—. ¡Tu madre irá al infierno, directa a él!

Le volvieron las imágenes de la pesadilla. El calor terrible, las oleadas de fuego, la soledad. ¿De veras Dios era bueno, autorizando semejantes suplicios? ¿Por qué había creado el infierno? ¿No era más fuerte que el diablo, para imponerle sus leyes? La lógica no se sostenía. De nuevo, entrevió esa luz dolorosa que la había asaltado el día antes al pie del semáforo. Cuando la hermana le pidió que siguiera rezando, Lucie se puso en pie, se limpió el polvo de las rodillas y fue a sentarse junto a Madeleine.

—¡Lucie!

No reaccionó.

—Señorita Desforêt, me veré obligada a castigarla —repitió la monja, pero en un tono menos seguro.

Lucie la miraba bondadosa, y las ojeras color malva dibujaban dos sonrisas tristes bajo sus ojos. No se mostraba grosera ni arrogante. Simplemente, las amenazas ya no le surtían efecto. Turbada, la profesora no insistió y sin más pasó directamente a la lección de matemáticas.

Lucie esperó al recreo para hablar con Madeleine en un aparte. La idea había tardado en cobrar forma, pero ahora sabía lo que quería. A sus once años, había tomado una decisión. Madeleine la miraba, curiosa por conocer el secreto que iba a serle confiado. Lucie le cogió las manos y declaró sonriendo:

—Basta con decir que Dios no existe.

Todo lo que desde la infancia había constituido su refugio, Jesús, las santas y la Virgen, lo dejaría a un lado. Su madre no se salvaría; pero ya no estaría sola. Lucie la acompañaría al infierno. Eso era lo más importante. Su cara infantil y cansada irradiaba una luz suave. Madeleine le suplicó que renunciase a su proyecto. ¡Era una locura!

—¿No tienes miedo? —murmuró.

—Sí. Pero no he encontrado otra solución.

Encima de sus cabezas, el cielo tenía el color de las tristezas infinitas.

Creo que esa frase infantil, «Basta con decir que Dios no existe», fue la que hizo que me gustara Évelyne incluso antes de conocerla. Tiene once años, debería decir solo tiene once años, y ya domina la existencia. La escena es verdadera. La corrupción de André, que compra a la directora de la escuela, y no solamente con pescados. La humillación pública. La hiel derramada sobre Mona, amenazada con el infierno. La culpabilidad inmensa y el revólver en la sien: si no persuades a tu madre para que renuncie a divorciarse, la condenas.

—¡Mala pécora! —masculla Évelyne.

Ella quería mucho a la hermana Marie de Gonzague. No podía esperar semejante castigo, ¿y castigo por qué? Una niña zarandeada, dividida. Sometida, sin saberlo, al mercadeo paterno. Cuando se acerca la hora del Juicio, la echan a ella en la balanza de la ordalía.

—Renunciar a Dios fue lo más difícil que he tenido que hacer en mi vida.

Me lo recordó varias veces, y la creo. No es tan fácil abandonar la Esperanza. Sin Dios, la muerte no es nada más que la muerte. Solo la nada. El largo infinito de la oscuridad.

Había llegado el día en que el Amante debía partir. Volvía a la metrópoli.

—Te esperaré allí. —La besó—. Reúnete pronto conmigo. Y libre…

Una sonrisa. Habían pasado la última noche caledoniana juntos, en una burbuja de melancolía. El club de Magenta quedaría en manos de Thierry, su colaborador. Jeanne regresaba a Francia con él. Mona suspiró. El proceso del divorcio sería largo; si André no cedía, incluso podía eternizarse. Él tenía a la justicia de su parte.

—Entonces convéncelo.

Ella se acurrucó en sus brazos.

—Piensa en todo lo que los niños podrán hacer en París. Las mejores escuelas. Los mejores médicos.

Lo sabía. Antes de ir a París, aterrizaría en Niza. Su padre aún no le había contestado, pero no podía imaginar ni por un segundo que le dijera que no.

—¿Qué te retiene aquí? —continuaba el Amante—. Nada. ¡Nadie!

Eso era falso. Marthe, un poco.

—Le pagaré el viaje y vendrá a vernos —decía él.

Mona esbozaba una sonrisa pálida de fantasma.

El cielo era del color de la luna cuando subió al coche, cargado con baúles y maletas. No podía retrasarse: había quedado para una última conversación con el gobernador.

—¿Me escribirás? —le preguntó ella con voz sofocada.

—Todos los días.

Pegó sus labios a los de ella y tuvo que esforzarse para separarse. El coche desapareció en el recodo de la carretera.

¿El amor era eso? Un dolor lacerante en todo el cuerpo. Mona se sintió dividida; experimentaba miles de sentimientos, y la tristeza no era el más desagradable. Con paso cansado se encaminó a su Renault Frégate. En la colina de los Pájaros, la esperaba la vida real.

André no le preguntó dónde había pasado la noche. Cuando ella llegó, estaba vistiéndose y se fue enseguida. Ella volvió a acostarse, procurando no tocar el lado de la cama que aún conservaba el calor de su marido.

Al mediodía, el cartero llamó el timbre. Inmediatamente reconoció el sobre.

Mona:

Eres la única que sabe lo que es bueno para ti. Actúa según tu conciencia y sabiendo que tenéis las puertas abiertas, tú y los niños. Habrá *socca* y unas botellas de vino rosado. Avísanos de tu llegada, para que vayamos a buscarte.

El retiro nizardo es una sinecura, ya lo verás, exceptuando los caprichos de tu madre. El otro día salió a pasear por el barrio, pero se perdió. La buscamos durante dos horas. Nunca adivinarías dónde la encontramos. En una rotonda a la salida de la ciudad. Le pregunté qué hacía allí. «Estoy contemplando el paisaje.» Como ves, no nos aburrimos.

Besitos a los niños. Y un beso muy grande para ti,

Y.

Debajo, dos líneas añadidas a toda prisa, en una caligrafía de color azul ilegible:

Tu padre exagera, como siempre. Pero es verdad que la rotonda es muy bonita. Te esperamos. Besitos.

¿Qué verdad puede generar la ficción? Al escribir estas líneas, tengo la sensación de estar haciendo un puzle. Poseo un determinado número de piezas, que Évelyne me dio con su manuscrito, sus mensajes y sus palabras. Otras proceden del contexto, con sus decorados, sus hombres y a menudo sus pesadillas. Soy consciente de que hay huecos. Me faltan muchas piezas. Los miembros de su familia, sus amigos, tal vez sus alumnos, que son numerosos, me proporcionarían otros elementos, otros puntos de vista. Pero entonces sería un testimonio. Una biografía. Y Évelyne había elegido la ficción, el paraíso de lo imaginario, que quizá sea una traición, pero sin duda es la libertad. El respeto a los hechos es una ilusión; un murciélago atrapado en una habitación cerrada. La ficción arroja una determinada luz a una determinada historia, se libera del espacio, como si fueran notas musicales.

Pero siempre está el miedo a herir, a meter la pata. A no ser capaz de contar, no quién era Évelyne Pisier, sino lo que mi inteligencia y mi corazón han hecho de ella a través de esta novela. Cuando estoy en casa, respondo a ese miedo con un pánico que a veces, cosa inquietante, me hace reír y llorar al mismo tiempo. Sí, tengo miedo, miedo a que me juzguen, al desprecio, a que me malinterpreten. Miedo sobre todo a que el libro no sea exactamente el que ella habría soñado. Eso no me impide continuar. Voy a cumplir mi promesa.

Cabalgaba desde hacía una hora, el cielo derramaba sus aguas tempestuosas. La lluvia le azotaba la cara, le pegaba la blusa al pecho y los mechones húmedos a la frente; Mona quería más, necesitaba lavarse la histeria familiar de los últimos días, la escena del día anterior.

—Renuncio a Dios —había anunciado Lucie.

La cara de su padre se había iluminado.

—¡Entonces también eres maurrasiana!

No lo había entendido. Si Lucie renunciaba a Dios, también renunciaba a la Iglesia, a la misa, renunciaba a todo.

—Papá, ¿cómo puedes pretender ser católico sin creer en Dios? ¡Sería como ser francés y odiar a tu país!

Él le levantó la mano.

—¡No, André! —se indignó Mona.

La mano bajó.

—¡Siempre me has mentido! —continuó Lucie—. ¡La Iglesia te importa un pito! ¡De lo contrario, habrías venido a misa!

—Lucie, ahora no puedo explicarte con detalle el pensamiento de Maurras. Pero si lo que quieres es una azotaina, estoy dispuesto.

—No la toques —dijo Mona levantándose.

Lucie ya no escuchaba. Se plantó delante de su padre, debajo de su nariz.

—¡Jamás has ido a confesarte! ¡Eso no tiene nada que ver con Maurras! ¡Eso es porque nunca reconoces tus errores!

Extrañamente, esa observación apaciguó a André.

—Es verdad. No me gusta la idea de la confesión. Los confesores se creen psicoanalistas. ¿Y sabes quién inventó el psicoanálisis? Un judío, claro.

—¿Qué más da que Freud fuera judío? —terció Mona—. El problema es que su ciencia se basa en el descubrimiento del inconsciente. No hay nada menos científico. Yo sé que ni tengo inconsciente ni el inconsciente existe. ¡No es más que un pretexto cobarde para disculpar las propias faltas!

Todo eso se lo había enseñado Marthe. El existencialismo era un humanismo, pero también una escuela. Al contrario de lo esperado, su marido bajó la cabeza. Estaba de acuerdo. Ella sintió el calor de su mirada, su boca se volvió más roja; ella lo sabía: lo que más le gustaba a él era constatar que sus ideas eran compartidas, le resultaba… excitante, y aquella escena, pensó Mona, se parecía a otras muchas.

—Tu madre es muy inteligente, Lucie.

Le tendió la mano, ella le tendió la suya y le dejó que se la besara.

—Señorita —susurró—, es usted más encantadora que un maniquí. Pero ¿pueden los hombres confiar en usted?

La alusión la hizo sonreír, la emoción también, y de pronto se encontró ante el enamorado de sus diecisiete años. Como en el pasado, no tuvo más que un deseo: lanzarse entre sus brazos, desnudarse, desnudarlo, guiar sus caricias. Se olvidó de Lucie y lo siguió al dormitorio.

Mientras hacían el amor, tiraron el loro de cristal. Hubo un ruido cristalino de riachuelo, ding, y mil esquirlas de colores constelaron el suelo. El pájaro ya no existía. Tras un silencio, Mona murmuró:

—Se acabó.

—Se acabó —repitió André.

Se miraron. El tiempo se detuvo. Luego añadió suspirando:

—Entonces, el divorcio.

Sobre su yegua, Mona trataba de olvidar. Su primer enemigo, y lo sabía, era ella misma. Era su cuerpo. Aunque no quisiera, siempre volvía a André, siempre cedía a sus sonrisas, a su mirada, a sus recuerdos comunes. Su piel contra la suya. Sus noches de amor. Pero la lluvia no lavaba nada. Devolvió a Duna al establo y tomó el camino hacia Numea. Debía hablar con Marthe.

Las rejas de la biblioteca estaban cerradas. Mona miró el reloj, eran las once. Nada justificaba que estuviera cerrado. Gritó el nombre de su amiga. En vano. El coche de Marthe no estaba en el aparcamiento. ¿La había avisado de que ese día no estaría? No lo recordaba. Preguntó a un comerciante unos metros más allá. No, no había visto nada. Súbitamente preocupada, Mona se sentó al volante y arrancó.

La casa de la Rue des Acacias parecía dormida; los postigos cerrados, la puerta cerrada. ¿Un día de fiesta imprevisto? Llamó. Nada. Otra vez.

—¡Marthe!

Desconcertada, trató de mirar el jardín por encima de la cerca. En el ramaje de uno de los arbustos, agostado por el sol, había un hueco. Mona aplicó un ojo y al principio no vio nada. Cambió el ángulo. Frente a ella, vio una cabeza. Cortada. La de Lenin. Tenía los ojos en blanco y la lengua parecía una alfombra rosa en el suelo. Al lado, el cuerpo del perro seguía en posición de esfinge, con las patas delanteras cruzadas, como esperando a su ama. Mona estaba a punto de desmayarse cuando vio detrás una silueta tendida de espaldas. Tardó unos segundos en comprender.

Acudieron los vecinos, llegó la policía y enseguida echaron abajo la puerta. Los de la ambulancia corrieron al jardín. Demasiado tarde.
    Pidieron a Mona que identificara el cuerpo.

    Marthe tenía tierra en la cara.
    —La encontramos tendida boca abajo —explicó el policía.
    Su hermoso cabello plateado dibujaba una aureola sobre el verde del césped. Una mosca se posó encima.
    —Voy a hacerle unas preguntas. ¿De acuerdo?
    Mona asentía con la cabeza, incapaz de articular sonido.
    —¿Reconoce usted el cuerpo de la señora Marthe Carreau?
    —Sí.
    —¿Bibliotecaria en Numea?
    —Sí.
    —¿Amiga suya?
    Sus ojos se anegaron en lágrimas.
    —Sí.
    —¿Casada, con hijos?
    —No.
    —¿Solamente el perro?
    —Sí.
    —¿Era agresivo?
    ¡Oh, no! Mona hizo un esfuerzo:

—Se llamaba Lenin.

El poli esbozó una mueca.

—¿Sabe si tenía enemigos? ¿Enemistades, digamos?

Muchas. Era comunista. Los policías anotaron la dirección y el número de teléfono de Mona.

—La mantendremos al corriente.

La investigación fue rápida; la autopsia no dejaba dudas. Marthe había sufrido un paro cardíaco, probablemente al descubrir al perro decapitado. Por lo demás, tenía una buena dosis de whisky en el hígado. El canicidio lo había cometido un tipo del barrio, ultracatólico y paranoico, que se había autoinculpado estentóreamente.

—¡He matado a la bestia! —vociferaba.

Hacía tiempo que le había echado el ojo al labrador; Marthe gritaba bastante su nombre. Algunos vecinos afirmaron haber oído unos ladridos terribles aquella mañana, pero no habían durado mucho. Uno de ellos incluso se había cruzado con el loco, que mascullaba: «Voy a matar a Lenin». No podía imaginar que el hombre estuviera hablando de un perro, ni que llevase un hacha en la bolsa. El tipo había saltado la cerca. Al matar al perro, había matado a la mujer. Pronto estaría en el manicomio. Caso archivado. Y Marthe, en un pequeño ataúd bajo tierra.

Los últimos días en Numea sumieron a Lucie en una tristeza infinita. En cuanto se falló el divorcio, su madre exhibió orgullosa el documento.

—¡Lo conseguimos, cariño!

Y la abrazó. Lucie no comprendía ese plural, pero fingió alegrarse. Su padre fanfarroneaba.

—¡Ay, Mona, si supieras! Nunca me he sentido tan bien como ahora. Mi secretaria y yo… lo hacemos todos los días, ¿sabes? ¡Y no negaré que es tórrido!

Y su madre se reía.

—¡Me alegro! ¡Me alegro! Eso quiere decir que tú y yo ya no nos queremos.

Lucie lloraba a escondidas.

«Tórrido.»

Esa palabra significaba cosas desconocidas y zumbaba dentro de su cabeza como un insecto inquietante. Su padre hacía como si nada.

—Qué tranquilo estaré cuando os hayáis ido… ¡Ah, qué bien estaré!

Lucie estaba escandalizada. ¿O sea, que ya no los quería, a ella y a su hermano? Bueno. Había sabido renunciar a Dios; sabría renunciar a su padre. Soltar el lastre de ese doble amor sería una liberación, dolorosa pero definitiva. ¡Su padre podía subirse a su barco y zambullirse entre los tiburones! ¡Sí, que se lo comieran, a ese héroe al que tanto había amado!

Entretanto, Mona hacía los preparativos. Durante la travesía, los acompañaría una institutriz. Para jugar y darles clase. Constance no estaba interesada en un viaje tan largo, encontrarían a una *caldoche* que quisiera regresar a Francia. Todos estaban de acuerdo en no decirle nada a Pierre respecto al divorcio; era demasiado pequeño.

—Vamos de vuelta a Francia a ver al abuelo y la abuela. Papá se quedará un poco en Numea por el trabajo, pero volveréis a veros más adelante, ¿de acuerdo?

Los últimos días de septiembre pintaban el cielo de un azul inmaculado. En el puerto, *Le Résurgent* estaba a punto de zarpar. André se había empeñado en acompañarlos.

—Pierre no entendería que no lo hiciera.

Ella intuía que solo era un pretexto. Rodeada de sus hijos, Mona se sentía el corazón lastrado de piedras. De nuevo en un transatlántico, pero esta vez André se quedaría en tierra… Se recordó a sí misma en Hanói, cuando la liberaron del campo. Sus lágrimas cuando por fin encontró a su marido, tan flaco, tan débil, él, cuyo recuerdo le había permitido aguantar todos aquellos meses.

—Les dejo un rato en familia —anunció la institutriz.

Un mozo canaco la siguió con los tres pesados baúles. Mona repitió para sus adentros: «En familia». La expresión la desgarró. André se había puesto su mejor traje, el gris perla, que resaltaba sus ojos y con el que tanto le había gustado en otra época. Su vida habría podido ser diferente. ¿Qué habían hecho mal? Lucie apretaba la mano de su hermanito. No llorar, permanecer erguida.

—Espero que tengáis buen viaje… —murmuró André, con la voz rota.

Intercambiaron una mirada. No hacían falta palabras. Puede seguir amándose a aquellos a quienes ya no se ama. La tripulación llamó a los pasajeros. Había llegado la hora. Lucie fue la primera en subir a bordo. Besó a su padre, rígida, incapaz de hablar. Él quiso abrazarla un poco más, pero ella se escabulló y le dejó a Pierre.

—¿Vendrás a vernos pronto, papá?

André dijo que sí con la cabeza. La manita de Pierre volvió a coger la de su hermana y subieron a la pasarela. Mona dio un paso. Puso una mano en el hombro de su marido. Él le rodeó la cintura. «Más encantadora que un maniquí…», había dicho una noche de noviembre. Esta vez, solo hablaba el silencio. Ella deslizó un beso en su mejilla, aspirando por última vez el perfume de ámbar y estropicio.

Apenas se hubo instalado en el camarote, organizando con la institutriz el horario de los niños, repartido entre lecciones, juegos y conversación, como había querido André, escribió una carta al Amante. París, le decía, ya le enviaba por medio del aire sus caricias. Deseaba una sola cosa: reunirse con él, amarlo, abrazarlo. En cada escala, echaba al correo una carta para él. Una vez despachada la correspondencia, pensaba en André. En su vida en Indochina. Sus alegrías. Había tardado muchísimo en comprender que ella no era más que un objeto, una eterna menor de edad. En el fondo, era eso lo que le reprochaba a André: no haber sido capaz de evolucionar y aceptar que ella cambiase. Haber antepuesto sus principios. Haber preferido a Maurras a ella. Pero era el padre de sus hijos, y ese era un lazo indeleble. Entonces le escribía. «André», «Querido André», «Mi André». Le daba noticias de los niños. «Lucie no hace ni una falta en el dictado. La institutriz está muy contenta. En cuanto a Pierre, ya se sabe el alfabeto.» De ella, Mona decía poco. «El mar está agitado. No me mareo mucho.» Cada vez que cerraba los sobres, no sabía qué pensar. Uno salía hacia Francia; el otro volvía a Caledonia. Y ella estaba allí, a medio camino entre los dos.

En el barco leyó mucho, era el único medio de seguir en contacto con Marthe. Quería quedarse con lo más hermoso, lo más embriagador de su amiga. Olvidar el espectáculo de horror de la Rue des Acacias. Volvía regularmente al libro de tapa beige con el borde rojo y negro. El ejemplar conservaría para siempre la signatura de la biblioteca y la mancha de grasa en la página 125. «La disputa durará mientras los hombres y las mujeres no se reconozcan como semejantes, es decir, mientras se perpetúe la feminidad como tal.» Mona lamentaba que Marthe ya no pudiera explicarle este tipo de frases. Intuía que guardaba relación con la idea de que las mujeres eran hombres como los demás, pero no entendía exactamente cómo ni por qué. Daba igual. Marthe le había dado fuerza para mil años.

Le Résurgent llegó a Marsella el 21 de octubre de 1953, justo el día del cumpleaños de Lucie, que celebró sus doce años a bordo. Mona llevaba a su hijo de una mano y a su hija de la otra. Desde la cubierta superior, vio las figuras de sus padres agitándose en el muelle y haciéndoles señas.

—Niños, ¿los veis?

—¡Abuelo! ¡Abuela! —gritó Lucie.

Pierrot la imitó enseguida. Guillemette se apresuró al pie de la pasarela y los abrazó muy fuerte. Había adelgazado. Su piel arrugada estaba salpicada de manchas marrones, pero su sonrisa lo iluminaba todo. En cuanto a Yvon, con el pelo un poco más blanco, reía feliz, contento de ver a sus nietos tan crecidos. La institutriz se despidió; volvía a su casa, a Brest, donde cuidaría a su anciana madre. Mona le dio las gracias por su solicitud durante el mes que había durado la travesía. Pierre sollozó al ver alejarse a la mujer. Como una pena le acarreó otra, empezó a chillar:

—¡Papá, papá!

Guillemette lo acarició.

—No pienses más en tu...

Su hija la interrumpió. Pierre no sabía nada del divorcio, le susurró; había que dejar que creyese que André regresaría.

La familia se subió al Peugeot y Guillemette se pegó a Lucie.

—Ya verás, ahora vamos a Niza, a nuestra bonita casa de la colina.

—Estoy harta de las colinas. Nos traen mala suerte —refunfuñó Lucie.

Su madre la miró de reojo, Pierre lloriqueó. Yvon intentó cambiar de tema. Cuando apareció la masía color siena, Mona se sintió renacer. Ahora de verdad empezaba todo.

Mi madre está preocupada por mí. Ya no duermo, o duermo mal; en cualquier caso poco. Como cualquier cosa. En cuanto salgo del trabajo, solo tengo una obsesión: terminar el libro. Eso da como resultado unos menús que en época normal no hubiera soportado: Redbull-camembert; café corto más café largo; brócoli. Casi empiezo a comprender a los escritores aferrados a la botella. Aguantar o aturdirse es casi lo mismo. Alcanzar ese segundo estado más allá de la fatiga, cuando el manuscrito se estira delante de ti como una cinta sin fin.

Guillemette a veces sufría ausencias. Su mirada se velaba y de pronto no le llegaba nada. Pero en general seguía siendo la mujer vivaracha y alegre que volvía encantadora la vida cotidiana. Cuando supo que Lucie había estudiado italiano en la escuela, le pidió que fuera su profesora particular. La abuela y la nieta se encontraban en la cocina ante un pastel, y Lucie le hacía repetir frases, memorizar conjugaciones. Guillemette era aplicada, pero enseguida se le olvidaba lo aprendido. Una mañana la encontraron en la cocina calzada con unos descansos.

—Pero, mamá, ¿qué haces?

—Ya lo ves, cariño, estoy preparándome.

O comentaba en voz alta las revistas femeninas:

—Marlene Dietrich ya no es lo que era.

Mona se sentaba a su lado, miraba las caras de las actrices. Las divas no pasaban de los cincuenta. Sus cuerpos se volvían flácidos, por supuesto tenían arrugas, qué cintura tan ancha, estaban fatal. Y Guillemette continuaba, implacable:

—Audrey Hepburn… Antes me gustaba mucho, qué mona era. Pero mírala ahora. No, la verdad es que no es nada moderna.

Tiraba las revistas a la papelera. Mona las recogía a escondidas.

Un día, en plena sesión de italiano con su abuela, Lucie oyó que Mona e Yvon discutían vivamente.

—Os he acogido con mucho gusto, y lo sabes. ¡Pero el divorcio, no! Ha sido una pésima idea.

—Papá, no tenía elección.

—Siempre se tiene elección.

—Es verdad. Yo he elegido ser libre.

El tono iba subiendo.

—No hablo del amor. Pero ¿y socialmente? ¿Económicamente? ¿Cómo te las arreglarás sola?

—Como hacen todos los hombres. Trabajando.

Desde su vuelta, Mona iba con frecuencia a París. Dejaba a los niños con sus padres y se escapaba para verse con el Amante.

El primer día, sin embargo, nada salió según lo previsto. El Gaullista seguía igual de elegante y flemático, pero tal vez debido a la luz del norte, al otoño, a las calles llenas de gente, a la ausencia de las playas de arena gris, su belleza ya no era la misma. Le pareció menos alto, menos solar. Su sonrisa no era tan resplandeciente. Mientras la besaba, ella rio, pero por incomodidad, no por ternura. En la habitación del hotel, pidió que les pusieran champán a enfriar. Dos copas rodeaban la botella en la mesa. Luces tamizadas. Él le ofrecía todos los tópicos de los reencuentros. Mona se sentía decepcionada. ¿Lo había amado únicamente porque le daba la posibilidad de herir a André? ¿De desafiarlo? ¿Lo había amado únicamente por un decorado de playas y caballos, de bosques y cielo cadente? En aquella habitación con el papel pintado ajado solo faltaba la rosa roja.

—Toma, amor mío…

Se sacó de detrás de la espalda una rosa roja. Ella estalló en sollozos. Él no lo entendió.

Sin embargo, ¡París, París y su zumbido de colmena, sus aceras con escaparates parpadeantes, sus escuelas, la Sorbona con sus adoquines desiguales, París y sus grandes hombres, el Flore, Sartre y Beauvoir, los intelectuales, los médicos, toda esa constelación de cuerpos e inteligencias vivas, esculpidas en la grandeza del siglo!

Por eso volvía. Una semana al mes, más o menos. Si regresaba a los brazos del Amante era por París, es decir, por un sueño.

Un día, el Gaullista le comunicó su nuevo destino. ¡Lo nombraban gobernador en Dakar! Se iría al cabo de cuatro meses. En Senegal había disturbios, pero era un país donde se vivía bien.

—Si quieres, puedes venir con los niños.

Ella se le echó al cuello. Él la tumbó en la cama. ¡África! Entre sus brazos, Mona por fin se abandonó. Después del amor, mientras compartían un cigarrillo soñando con el futuro, observó cada trozo de su piel, sus labios, sus ojos tranquilos. Por fin volvía a ser él. Apoyó la cabeza contra su pecho y le dijo:

—Eres guapo.

Durante cuatro meses, vivió esperando el viaje. En Senegal había leones, antílopes, jirafas. Mona alimentaba los sueños de Lucie, le transmitía su impaciencia.

—¿Y Pierrot? —preguntó su hija.

—No le digamos nada. Se lo diremos en el último momento.

Y los días iban pasando, febriles y excitantes.

EL SACRIFICIO

Tras cincuenta y cinco días de combate, la fortaleza de Dien Bien Phu acaba de caer.

El valor derrochado en ese trozo de tierra ensangrentado en lo más profundo de la jungla, el valor del general de Castries y de sus tropas, los prodigios de los aviadores y los paracaidistas, la serie ininterrumpida de sus sacrificios, el impulso de ese voluntariado fraternal y desesperado, todo lo que sabemos de las luchas sin cuartel libradas por esos hombres libres contra el fanatismo ha llenado de admiración al universo y nos provoca, en el momento en que escribo estas líneas, una emoción indecible.

El elogio no puede expresarse con palabras. Toda elocuencia sería improcedente.

Lo que los mártires exigen de nosotros esta noche es un examen de conciencia.

Recordemos el epitafio dedicado por Kipling a las víctimas de la Primera Guerra Mundial: «Hemos muerto porque nuestros padres nos habían mentido».

Los combatientes de Dien Bien Phu murieron porque nos mentimos a nosotros mismos.

Mona dejó *Le Figaro* del 8 de mayo de 1954. La víspera, Indochina había muerto, y esta vez de verdad. El artículo de Brisson hacía hincapié en la responsabilidad de los comunistas, «los amigos del señor Thorez y del señor Duclos», que habían cedido al chantaje del Viet Minh y lanzado aquella guerra innombrable. Mona no pudo controlar sus temblores. Se imaginaba el estado en que se encontraba André. La Rue Catinat, el Círculo Deportivo, el hotel Continental... Acabados. La vida que habían conocido allí ya no sería más que un puñado de cenizas. Su amor también, un montón de cenizas. Se encerró en su dormitorio a llorar. Por su mente desfilaron pensamientos contradictorios. Había odiado Indochina, había adorado Indochina. Más exactamente, había amado lo que Indochina había hecho por ellos: una familia. Por supuesto, no olvidaba nada. Los gritos, la violencia que lo anegaba todo, los accesos de rabia. Las traiciones. André no había sabido retenerla, a pesar de que lo deseaba. Lo que el Amante, «el Gaullista», le daba era exactamente lo que André no podía decidirse a ofrecerle: la libertad. Las mujeres no eran subhombres. ¡No eran niños, ni menores! Mona ya no quería que le dijeran lo que debía hacer o pensar. Aun así, ¡Dien Bien Phu! Aun así, ¡la derrota! Tiró el periódico con un gesto ridículo; la herida tardaría en cerrarse.

Todas las mañanas, desde hacía algunos meses, Lucie cruzaba por debajo del frontón del gran edificio amarillo donde se proclamaba: «Libertad, Igualdad, Fraternidad».

El primer día en el instituto se había sentado al lado de una chica morena, muy guapa, con la cual simpatizó y que le prestó sus apuntes para que recuperase septiembre, el mes en que no había asistido a clase. Judith.

—¿Eres judía? —le preguntó Lucie mientras charlaban durante el recreo.

—Sí. ¿Tú también?

Lucie estuvo a punto de atragantarse y se echó a reír.

—No, no, eso no… ¡Si fuera judía, mi padre me habría matado!

Judith soltó una carcajada.

—¡Qué graciosa eres!

Judith tenía fascinados a todos los alumnos de la clase. Por su belleza, su nombre y su historia. Su padre era el único que había vuelto de los campos de exterminio; su madre, sus hermanas, sus abuelos habían perdido la vida en Auschwitz. Ella se había salvado gracias a una pareja de campesinos que la habían hecho pasar por hija suya.

Judith tenía en los ojos esa herida fría que atrae. Lucie fascinaba por otras razones. Los compañeros sabían que venía de las colonias. Asia, Nueva Caledonia... Rubia y exótica. Sabían sobre todo que sus padres estaban divorciados, que ya no veía a su padre. Las dos chicas juntas exhalaban un perfume de desdicha irresistible.

Hacía ya varios meses que se conocían cuando Judith le preguntó por su vida pasada. ¿No sentía nostalgia? De Numea, la laguna, los caballos...

—Sí, echo de menos a Madeleine. Era mi única amiga. Pero como su padre era amigo del mío, le prohibió que siguiera escribiéndome. No sé qué habrá sido de ella.

—¿Cómo fue lo del divorcio?

—Muy mal. Se chillaban todo el tiempo, se hacían daño, y al cabo de un minuto se besaban. Y al rato volvían a pelearse. Como si mi hermano y yo no existiéramos.

Hizo una pausa. El sol anunciaba la primavera. Las gaviotas se peleaban por un trozo de pescado.

—Allí renuncié a Dios.

Judith abrió mucho los ojos.

—Sí, en aquella época yo era creyente. Y mucho. Pero eso acabó. Ahora ya no creo en nada. Dios no existe, solamente existen hombres.

—No hay Dios, pero no siempre hay hombres.

Con los ojos anegados en lágrimas, Judith sacó una foto de la cartera. Lucie vio a un hombre semidesnudo, de una delgadez incalificable. Los huesos le atravesaban la piel, el ombligo era como un agujero minúsculo; sin embargo sonreía, pero era la sonrisa de un cadáver.

—Es mi padre. —Detrás de él, se adivinaban una especie de barracas, y otras formas, otros cadáveres vivientes—. Sacaron la foto después de liberar el campo.

Lucie no podía apartar la vista del horror. Se reprochaba haberse quejado: ¿qué era un divorcio al lado de aquello?

—Quisiera quemarla —continuó Judith—. Pero no puedo.

—¿Por qué quemarla?

—Porque cada vez que miro a mi padre hoy, aunque haya aumentado de peso, veo esta imagen. La muerte tomó posesión de él y es esa cara de muerto la que se superpone sin cesar a la otra.

—¡Mamá! —Lucie se hallaba fuera de sí—. ¡Judith me ha enseñado la foto de su padre! ¿Cómo pudo papá aceptar algo así? —Sacó su cuaderno de historia y lo abrió por la página correspondiente—. Desde el principio de la guerra, se persiguió a los judíos. Papá mandaba aplicar las leyes antijudías en Indochina. ¡Él también es el Holocausto! La deportación de la familia de Judith y su padre destruido también tienen que ver con él…

Estaba hecha un mar de lágrimas. Mona, azorada, intentaba razonar.

—Son cosas del pasado. Tu padre hizo lo que en aquella época creía justo.

Lucie le dio la espalda.

—¡Déjalo ya! ¡Se está convirtiendo en una obsesión!

Lucie ya no la escuchaba. Debía revisar todo lo que su padre le había inculcado. Antes de abandonar la habitación, le espetó a su madre:

—Auschwitz, Birkenau, Dachau… ¡Siento vergüenza!

El imperio paterno se derrumbó en pocos días. Lucie pasó toda una jornada en la biblioteca. A cada verdad de André se oponía una realidad repugnante, ilustrada por fotos, dibujos, testimonios y libros. La distinción de las razas, frente a la esclavitud y el sufrimiento de infinidad de pueblos masacrados. La justificación de Hiroshima, frente a los gritos de los civiles abrasados por la bomba. El imperio colonial, frente a la Exposición Universal de 1931 en París y los ciento once canacos presentados como caníbales ávidos de carne infantil. Y todo el mundo, en la calle, en los periódicos, hablaba de Dien Bien Phu. Lucie reflexionaba, recababa la opinión materna. Su padre no se cansaba de repetir que Indochina era francesa, pero si tanto le importaba la idea de nación, ¡habría debido comprender que también los vietnamitas defendían su país! Mona no sabía qué responder. En el fondo, la política no le interesaba; reaccionaba a lo que le dictaban su corazón y su descubrimiento de la libertad.

—Tu padre ha sido un gran hombre. Luchó valientemente... Era muy respetado...

—¿Estoy soñando, o me parece que lo defiendes?

—No es que lo defienda. Lo que no quiero es que su hija hable mal de él.

—Pues mira, ¡ya tengo ganas de que tu amante se nos lleve a todos a África! ¡Prefiero a De Gaulle a Pétain!

Era un jueves. El día preferido de Guillemette, el día en que los niños no tenían clase. Para almorzar, había mandado preparar una *chiffonade* de jamón con melón, una tarta de tomate, sardinas asadas con patatas salteadas y, de postre, un pastel de arroz. A Lucie le habría gustado ayudar a preparar la comida, pero su madre no la había dejado.

—Hija, hay dos cosas que te prohíbo que hagas. La cama y cocinar. Las mujeres siempre han sido relegadas a las tareas domésticas. ¿Con qué derecho? Prefiero que estudies.

Lucie reía.

—Por cortar un tomate a láminas no fracasaré en los estudios.

—Ni hablar. La cocina, la casa, las labores: todo eso, ni tocarlo.

Cuando iban a sentarse a la mesa, sonó el timbre. Yvon se levantó para abrir pero, con gran sorpresa de todos, Mona se precipitó para impedirlo y abrió ella misma. No tuvieron tiempo de ver al invitado porque ella se le echó al cuello para besarlo. Lucie suspiró. Por fin el Amante se había decidido, ya era hora. Pero cuando entró en el salón, Lucie creyó que iba a desmayarse. Sus mejillas enrojecieron, se le aceleró el corazón. No era el Amante. Era su padre.

Pierre corrió a sus brazos. Lucie no se movió. No era posible. El mundo entero se hundía bajo sus pies. Yvon se limitó a comentar:

—Aquí lo tenemos de nuevo.

Guillemette parecía ausente, fascinada por los pliegues rosas y transparentes del jamón. Mona hizo pasar a André cogiéndolo de la mano. Su frente acusaba algunas arrugas, pero seguía teniendo ese porte viril, esa elegancia que imponía.

—¿No me saludas, Lucie?

Ella se dejó besar sin perder la calma. ¿Qué hacía allí? ¿Cómo había podido su madre reconciliarse con él sin decirle nada, sin prepararla? ¿Y el Amante, y África? Sus ojos se cruzaron con los ojos grises, del mismo gris que el pijama del padre de Judith.

De nuevo el amor. Transgresor y culpable. Mona se lo reprochaba; no había tenido el valor de avisar a Lucie, sabía que su hija le echaría en cara no ser consecuente con sus ideas. También Marthe habría puesto el grito en el cielo. Era una tontería, un error, sin duda, pero echaba de menos a André. Contra eso no podía luchar. El amor era su motor y su prisión.

Se metían en el dormitorio dos, tres, cuatro veces al día. Mona redescubría su piel, su perfume y su carne. Él recuperaba las caricias que la enloquecían. Parecían dos gatos dando vueltas el uno alrededor del otro. A ella le encantaba que la desnudara, despacio al principio, luego muy deprisa, al borde de la asfixia. Yvon los observaba sin decir nada, Guillemette cantaba: «El amor es un ramo de violetas...». Lucie estaba enfurruñada y Pierre, feliz de ver a sus padres juntos como antes, no sospechaba nada del divorcio.

Una noche, Mona entró en la habitación de su hija. Ya era tarde, al menos las once. Lucie dormitaba, no dormía del todo porque había estado leyendo. En la mesilla de noche, *Corydon*.

—Cariño, ¡tengo que enseñarte algo!

Lucie encendió la lamparita y reparó en el anillo que adornaba el dedo de su madre.

—¡Me ha pedido en matrimonio! —susurró.

Lucie se incorporó.

—Bueno, en «rematrimonio»…

La risita de Mona chocó contra el silencio sepulcral.

—Volvemos a casarnos el sábado que viene… ¡En París!

¿Qué? Su madre exhibía una sonrisa radiante.

—Te lo suplico otra vez. No le digas nada a tu hermano. No entendería que volviéramos a casarnos porque no sabe que nos hemos divorciado.

Lucie veía sombras bailando ante sus ojos. Su madre estaba hablándole de la ceremonia:

—Iremos al ayuntamiento del distrito dieciséis, vendrá el menor número de gente posible, y luego almorzaremos los cuatro en los Campos Elíseos.

Indignada, Lucie no lo entendía. Su madre ya no soportaba a André, lo había acusado falsamente de haberle pegado, ¿y ahora volvía a casarse con él? La invadió la rabia.

—¿Y después? ¿Volvemos a Numea? ¿Es eso? —preguntó horrorizada.

—Pues sí… Primero pasaremos unos meses en Versalles. Tu padre ha encontrado una casa allí y tiene que resolver unos asuntos con Robert Buron.

Aquel nombre no le decía nada.

—Sí, mujer, ya sabes. ¡El ministro de la Francia de Ultramar!

Lucie bajó la cabeza. Sabía que a su madre tampoco le sonaba de nada ese nombre y que solo la vuelta de André la había obligado a saber quién era. Se lo dijo. Como también le dijo lo disgustada que estaba. Mona había luchado para obtener el divorcio. Y ahora cedía otra vez.

—Se ha esforzado, ¿sabes? Le parece que me sientan muy bien los pantalones, está orgulloso de que sepa conducir.

—¡Es antisemita, hipócrita y mentiroso! —repuso Lucie, casi gritando.

Mona le tapó la boca con la mano.

—¡Cállate! ¡Te oirán todos! —Luego suavizó el tono—: No lo justifico, Lucie. Ha cometido errores, es cierto. Pero no era por maldad. Él creía que estaba bien lo que hacía. Que lo hacía por Francia, por nosotros.

—Hitler también creía que lo hacía por Alemania.

Su madre se levantó, ofendida.

—Si te lo tomas así... —Cerró la puerta, pero volvió a abrirla enseguida—. Lo que no has entendido es que sigo enamorada de él. Ya te darás cuenta cuando se te pase el enfado. El amor nos lleva a hacer cosas muy raras. —Entonces la puerta se cerró de verdad.

Este episodio de la segunda boda no estaba desarrollado en la primera versión del manuscrito. Pero me pareció fascinante. Évelyne no sabía realmente por qué habían vuelto a casarse sus padres. Me habló de una especie de pacto, según el cual André acudiría para llevarse a su hermano cuando este tuviera siete años; una vez más, la edad de la razón. Pero no me dio detalles; creo que la propia Évelyne no disponía de ellos. Estaba enfadadísima.

El argumento novelesco es el amor. En cierto modo, el más pertinente. Mona había obtenido el divorcio. Nada la obligaba a acostarse de nuevo con André, salvo el deseo.

Esta segunda boda, de consecuencias terribles, es en mi opinión un elemento que permite retratar mejor al personaje de Mona. Ilustra la gran importancia del deseo en su vida, a riesgo de ponerse en peligro, de comportarse de forma suicida.

Versalles, monolito de grandeza, iglesias y aburrimiento. Todo era plano y estaba bien ordenado; al menos en París había gente por la calle, cafés ruidosos, mujeres con pantalones. En Versalles, en los años cincuenta, hay viejas y jóvenes que parecen viejas, comedoras de hostias, señores bajitos con corbata, expatriados cansados que recurren a Francia y a Dios. Su madre no lo decía, pero también se aburría como una ostra, aunque montaba a caballo y se había apuntado a la hípica local. En el instituto, Lucie no tenía amigos, ni los buscaba. ¿Para qué? Al cabo de tres meses volvería a Numea. Mientras tanto, escribía a Judith unas cartas que no enviaba. Desde que le había anunciado el regreso de su padre y su partida para Versalles, Judith había puesto fin a su amistad. La sombra negra de Vichy era demasiado dolorosa. Lucie le guardaba rencor a André también por eso, por haberla privado de esa amiga cuya existencia él ni siquiera conocía. Lucie se había despedido de Judith con el corazón encogido. La vida las había reunido durante el tiempo de un intercambio, de una rebelión; ahora, cada una debía trazar su camino.

La sensación de soledad era extrema. Como el pegamento segregado por la araña, cuya tela se te enrosca al cuello. Un día en que se sentía especialmente mal, Lucie entró a su pesar en una iglesia y preguntó si podía confesarse. No era que hubiese vuelto a creer en Dios, Dios era un invento de los hombres que decidían que existiera o no, y Lucie no le concedía ya esa oportunidad, pero necesitaba hablar y consejo. Un hombre bajito de unos cincuenta años la recibió amablemente. La penumbra del confesionario la envolvió.

—¿Qué debo hacer? ¿Impedirles que regresen a esa isla de desgracias? ¿Obligarles a separarse de nuevo para que mi madre vuelva con el hombre al que ha abandonado y que quería llevarnos a África?

El cura abría mucho los ojos con cada nuevo detalle, con cada acontecimiento que Lucie iba relatando. Respiraba hondo, soltaba algunas exclamaciones de sorpresa. Cuando hubo terminado, el cura exhaló un largo suspiro.

—Hija mía —y aquel «hija mía» conmovió a Lucie hasta un punto que no habría sabido explicar—. No voy a hablarle de Dios, de religión ni de penitencia. De lo que me percato, y me inquieta, es que usted tiene trece años y le piden que se comporte como una adulta. Los pecados de sus padres no son los suyos. Las acciones de sus padres no son las suyas. Usted debe pensar en usted. En su porvenir. En lo que quiere hacer, en lo que quiere ser. Deje de vivir la vida de ellos y viva la suya.

Estas palabras la emocionaron tanto que al salir tuvo un gesto impropio pero muy sincero: acercó sus labios a la mejilla rosada del cura y le dio un beso infantil.

—Gracias.

Sin dejar de sonreír, el hombre hizo un leve gesto que tanto podía significar «de nada» como «ánimo», y regresó, apacible, a su sacristía.

Estaba preparada. Volver a ver la Villa de los Pájaros, las playas de Anse Vata o la bahía de los Limones. El cementerio de Numea, donde descansaba Marthe. El club de hípica de Magenta, pero sin el Amante, que ya debía de estar en Dakar, lejos de ella para siempre, y sin Dune, que había sido vendida a unos australianos ricos. Volver a ver la isla pero encontrar allí otra cosa: malos recuerdos, imágenes desagradables. Arrepentimiento. Fue aún peor. Apenas regresaron a la isla, André volvió a mostrarse cruel, duro. La paseaba como a un animal doméstico que se hubiera fugado unas semanas y que hubiese vuelto al redil a reclamar su pienso. La forzaba a acudir a los clubes, a los restaurantes de lujo, a los lugares del poder donde se divertían sus colegas. Sobre todo, que nadie ignorase que había vuelto. La traidora había regresado. La exhibía.

Mona quería empezar de cero, construir con André una historia nueva, en la cual ella dejase de ser el eterno apéndice. Lucie no volvió al colegio de monjas, sino a un centro público. Estaba seria, ya no reía como antes. También tuvo que cambiar de idioma, en el instituto de Numea no enseñaban italiano, se pasó al español; el profesor fue claro: sus compañeros ya tenían las bases, Lucie debería estudiar mucho si quería ponerse a su nivel. Para ayudarla a concentrarse, Mona le regaló su primer paquete de cigarrillos.

—Todo el mundo lo dice. El tabaco es excelente para la memoria y la inteligencia. Toma.

Lucie encendió su primer pitillo. Un humo espeso, aromático, le invadió la garganta, la boca y la nariz. Se ahogó un poco, pero dio otra calada, y poco a poco el gesto fue gustándole. La última fue la mejor y le entraron ganas de encenderse otro. Al cabo de un mes, fumaba casi un paquete diario y hablaba español igual, si no mejor, que sus compañeros.

Era alto y de cabello dorado. Una sonrisa amplia, unos ojos muy claros y un hoyuelo en el mentón. Lo había apodado Redford. El instituto público tenía esa ventaja: chicos y chicas estaban mezclados. Nada más empezar el cuarto curso, se fijó en él, en el nuevo. Hacía cinco meses que ella había cumplido quince años, notaba que algunos la encontraban atractiva, pero no sabía muy bien por qué. Redford no podía interesarse por ella. Sin embargo, era maravillosa. Solar, con la tez ligeramente bronceada, los ojos de un azul raro, su pelo rubio arena y el cuerpo bonito, menudo y enérgico. Cuando fue a recogerla una tarde, su madre le dijo:

—¡Qué mono ese chico! ¿Salís juntos?

A Lucie le dio un vuelco el corazón.

—Se te come con los ojos… No sé, no sé. ¡Ten cuidado! No os acostéis, ¿eh? ¡No hasta que termines el bachillerato! —Mona, por su propia experiencia, seguía temiendo que su hija se quedase embarazada demasiado pronto—. Sé prudente.

—Mamá, no hay ningún peligro. Jamás me ha dirigido la palabra.

—Y yo te digo que está colado por ti.

En clase, sus miradas se cruzaban cada vez con más frecuencia. Todas las mañanas Lucie se esmeraba al vestirse, se cepillaba bien el pelo. André no se daba cuenta de nada. Ahora que había alardeado a la vista de todos de su orgullo y de su mala esposa, que había vuelto al redil, parecía casi ausente. Mona le había confesado a Lucie que su padre tenía una amante, tal vez varias.

—No importa. Yo también me buscaré un amante. Así estaremos en paz.

—¿Ya no os queréis? —preguntó Lucie.

—No lo sé —respondió su madre con una tristeza cansada.

Redford la abordó un día en el patio. Empezaron a sudarle las manos. Todos los demás los miraban.

—Hola.

—Hola.

Ambos azorados, se pusieron a hablar de tonterías. Luego Redford le propuso dar un paseo por la Place des Cocotiers.

—De acuerdo. —Y como Lucie no sabía qué decir, añadió—: Mis abuelos antes vivían allí.

Este comentario anodino rompió el hielo. Él le preguntó por su familia, habló de sus propios viajes, contó que sus padres habían sido diplomáticos en Brasil. No esperaron a llegar a la plaza. En la esquina de un callejón, él la empujó suavemente contra la pared y acercó sus labios a los de ella. Lucie temblaba, pero no tenía miedo. Reaccionó adelantando los suyos y se dejó envolver por el sabor de la carne ajena. Ya nada importaba. Su corazón latía con fuerza, y el beso continuaba. Le gustó. Inmediatamente supo, como si lo hubiese sabido siempre, que sería igual que su madre. Una enamorada del amor.

Descubrió el deseo, la llamada del cuerpo. Redford sabía dónde poner las manos, la lengua, las miradas, para que ella cediera. No podía mantenerlo mucho tiempo a raya. Tampoco lo quería. Un día en que paseaba a caballo por la playa de Magenta, igual que su madre años antes, lanzó su montura al galope y se separó del grupo. El animal parecía contento de correr y de sentir la brida al cuello. La carrera era cada vez más rápida y Lucie acompañaba los movimientos del caballo con su cuerpo. De repente, sin entender qué le pasaba, sintió un gran calor, algo extraño le presionó el vientre y de su boca escapó un grito. El caballo continuaba la galopada. Lucie no controlaba nada. Fue su primer orgasmo. Tardó unos segundos en recobrar la conciencia. Cogió las riendas y frenó al animal. Cuando el resto del grupo se reunió con ella, reía a carcajadas.

—¿Qué te pasa?

Rio más fuerte. Nunca supieron por qué.

La primera vez con Redford no salió muy bien. Todo fue tan rápido que a ella no le dio tiempo de sentir gran cosa. Le había pedido que sobre todo tuviera cuidado, y él no fue capaz. Se enfadó tanto con él, y más aún consigo misma, que lo dejó plantado. Redford no lo entendía. A ella le dio exactamente lo mismo. Ahora, lo único que podía hacer era cruzar los dedos hasta la siguiente menstruación. Por suerte, la tuvo en la fecha prevista. No fue el caso de su madre. Una mañana Mona la llevó aparte, y con los ojos brillantes le anunció muy contenta que estaba embarazada. Lucie la miró consternada. ¿De veras era tan buena noticia teniendo en cuenta la situación?

—Todavía no se lo he dicho a tu padre. Será mi regalo de reconciliación.

—¿Tu regalo?

—Sí, mi regalo para sellar nuestro reencuentro.

Lucie creyó enloquecer.

—¿No me decías que cada uno tenía su amante?

¿El niño era efectivamente de André?

—Todo eso es agua pasada. Ahora nos queremos de verdad.

Lucie resopló, respiró, se acordó de las palabras del buen cura de Versalles. «Deje de vivir la vida de ellos, viva la suya.» Se forzó a sonreír.

—Si tú estás contenta, mamá, yo también lo estoy.

Mona la abrazó.

—¡Lucie, cariño! ¡Qué suerte tenerte! Te quiero muchísimo. —Soltó una risita—. ¡Esta vez, me gustaría que fuera una niña!

La respuesta de André fue hiriente. No aceptó el «regalo». Mona creyó que le arrancaban el corazón cuando soltó una risa sarcástica negando con la cabeza.

—¿Qué pasa?

—Ni regalo ni niño. —Clavó sus ojos de acero en los de Mona—. Hay que fijar una fecha para el aborto.

Ella se quedó petrificada. ¿Él, el defensor de los valores eternos de la familia, la obligaba a abortar? ¿Él, que no había parado de reclamarle hijos, la obligaba a abortar? Se negó.

—Es mi bebé. Lo quiero y lo tendré.

Él rio malévolo.

—¡Mira a la feminista! Te creía más moderna, más… ¿Cómo lo llamas tú? ¿Progresista?

Ella estalló en sollozos.

—¡Por favor, André! ¡Eso no tiene nada que ver! Una cosa es que si una mujer desea abortar, pueda. ¡Pero es que yo no quiero!

—Haz lo que quieras. Yo a ese niño no lo reconoceré. Y si lo tienes seré yo quien pida el divorcio. De mí no recibirás ni un céntimo. A ver cómo te las arreglas para criar a tres hijos sola.

Era una pesadilla. Mona no lo imaginaba capaz de algo así. No. De veras que no. Escribirle después de Dien Bien Phu había sido un error; Mona se sentía culpable. Y estaba pagándolo caro. Él, por su parte, había conseguido vengarse. El divorcio era la muerte social. André no había digerido jamás aquella humillación pública. Ahora que la tenía en sus manos, ya no le interesaba. Ella se enjugó las lágrimas. Abortaría.

En Francia, el aborto seguía siendo un delito castigado por la ley, y encontrar un médico cómplice en la isla era demasiado peligroso. No solo para Mona, sino también para André, pues si lo denunciaban podía perder su estatus. Se tomó la decisión de encontrar en secreto un médico en Australia. André seguía encargándose de las divisas internacionales. Reuniría los dólares necesarios para el viaje y la pequeña operación.

Cuando Mona le dio la noticia, Lucie ahogó un grito. ¡Era demasiado peligroso!

—Mamá, tengo miedo por ti… No quiero que lo hagas…

Por desgracia, no había otra posibilidad.

—Si no lo hago, tu vida se echará a perder. No puedo dejaros aquí, a tu hermano y a ti, con tu padre. —Le acarició el pelo—. Hija, hijita mía.

Lucie sentía una tristeza nueva, intensa, que no había más remedio que llamar desesperación. Al cabo de dos días, miraba cómo su madre despegaba de La Tontouta. Quizá no volvería. André ni siquiera esperó a que el avión hubiese desaparecido en el cielo para marcharse.

Durante seis días, sin noticia alguna, Lucie se aturdió para ahuyentar la angustia. Conoció a un chico, de al menos veinte años, que le pareció bien proporcionado. Se acostó con él. Conoció a otro, canaco, y se reunió con él al salir de clase en una cabaña. Ninguno hacía que su corazón se acelerara, pero seguía adelante porque así se vengaba de su padre, de la desgracia, de la vida. Fumaba, leía. Por las noches, se sumergía en unos libros que hablaban de los riesgos de abortar, pues extrañamente había algunos en la biblioteca Bernheim, donde su madre la había inscrito en cuanto volvieron a Numea. A veces también le leía cuentos a su hermanito, le enseñaba palabras, lo llevaba al jardín a ver las gallinas.

—¿Has intentado al menos telefonear al famoso doctor?

André negaba con la cabeza. No sabía el número.

—Pues bien que lo supiste para pedir cita.

—Lucie, tienes quince años. No pienso permitir que una mocosa de quince años me diga lo que debo hacer, ¿está claro?

Sola, se encerraba en su habitación y escribía a Judith unas cartas que terminaban en una caja de zapatos. En su diario íntimo, escribió: «Mamá, si no vuelves, lo mato».

Mona volvió. Pálida, agotada, envejecida. Lucie la abrazó.

—Cariño… Ay, esas agujas largas…

Los sollozos se hicieron más fuertes.

Por su parte, André solo formuló dos preguntas:

—¿Ya está? —Y después—: ¿Cómo es Sidney?

Lucie pensó muy concentrada: que mamá lo deje, para siempre.

La entrada en el instituto de bachillerato de Numea, en febrero de 1956, tuvo lugar en un ambiente tétrico. Lucie intuía que no se quedaría mucho en aquel centro. Sus padres ya no se entendían, ahora sí que no. El aborto había acelerado el mecanismo. Lucie decidió acelerar el proceso. Además de la equitación y el tenis, practicaba la esgrima. Cuando se enteró de que su profesor, que a sus cuarenta años le echaba abiertamente los tejos, estaba casado con una tal Nicole, a la que su padre veía a escondidas pero sin ocultarlo realmente los miércoles y los viernes por la tarde, a la misma hora en que Lucie iba a clases de esgrima, acabó por abordar el tema de manera directa. André se subió por las paredes; no porque lo hubieran desenmascarado, sino porque se enteró de que el lechuguino quería ligarse a su hija. Mona se encogió de hombros. Ella misma mantenía una relación con un vecino, y sabía que Lucie lo sabía.

—¿Qué les pasa a papá y mamá? —preguntaba Pierre.

Lucie, que quería tranquilizarlo, le decía que no se metiera en las historias de las personas mayores. La realidad era que todo se iba a pique, era un triste vodevil, lleno de portazos, donde todo el mundo engañaba a todo el mundo, pero sin convicción, ya nadie sabía el papel que debía interpretar. Entonces, de común acuerdo esta vez,

Mona y André decidieron divorciarse. Esta vez sería la definitiva. Pierre lloró, Lucie no, Mona no sintió ninguna punzada en el corazón al despedirse de alguien a quien tanto había amado. Se había acabado. Había llegado hasta el final y ya no se arrepentía de nada. Justo antes de embarcar para Marsella, fue al cementerio. En la tumba de Marthe, una losa sobria, sin flores, depositó su ejemplar de *El segundo sexo*.

TERCERA PARTE

Febrero, un sol frío sobre los muelles del Sena. Una semana después del entierro, Olivier me entrega unas alforjas con numerosos documentos: la memoria USB de Évelyne, que contiene todos sus ficheros, artículos de periódicos, una versión anterior de su manuscrito impresa y encuadernada, y sobre todo una carpeta en que ha escrito con rotulador: CUBA. Dentro hay numerosos artículos de periódicos recortados con esmero, especialmente hay una portada de *Libération* que me hace sonreír: se ve un retrato de François Hollande disfrazado al estilo Che Guevara —en la famosa foto de Alberto Korda—, debajo del cual se lee: «Cuba. La isla de la reunión». Voy mirando la carpeta, despacio, contenida por una especie de pudor. Aquí están. Las cartas. No pensaba hallarlas aquí, o a lo mejor no pensaba en otra cosa. Están escritas a máquina y tienen más de cincuenta años, papel amarillento, caracteres flotantes, olor a lejano. El encabezado reza:

Dr. René Vallejo Ortiz
CIRUGÍA Y GINECOLOGÍA
Calle Este, n.º 8
Nuevo Vedado
Tel.: 30-5182
LA HABANA

Se me acelera el corazón. El señor Vallejo, médico personal del *Líder Máximo*, era el intermediario y el mensajero. La tapadera. Las cartas empiezan todas por «*Mi amor*» o «*Mi cielo*».* Son de Fidel Castro. Tengo la impresión de empujar una puerta y entrar en un secreto más grande que yo; la Historia en la punta de los dedos, en la punta de los ojos. Les echo una ojeada: por supuesto, hablan de revolución, es decir, de amor y de política. ¿Acaso podía ser de otro modo? Las leeré detenidamente más tarde, ahora todavía no me siento con fuerzas.

Hay más cartas, más artículos, como pedazos de tiempo arrancados al mito, y fotos, grandes positivados en blanco y negro. Reconozco una que Évelyne me mostró el día en que nos conocimos. A la izquierda de la imagen, Castro aparece con un polo de manga larga. Con la boca abierta, está argumentando, exhortando, tal vez condenando, mira hacia la derecha, fuera de campo. Tengo la impresión de que no mira a nadie, es una mirada para sí mismo, interior, que flota en un mundo inaccesible a los demás. A la derecha, por contraste, una joven rubia lo observa embelesada. Es una mirada que mira de verdad. Se nota; está fascinada por el discurso. Unos veinte años, con semblante serio, Évelyne tiene la intensidad de la esperanza.

Otras fotos me hacen sonreír. Fidel pescando, Fidel en traje de baño, Fidel y sus amigos en un picnic... Ahí de nuevo se distingue claramente a la *señorita* Pisier, falsos aires de Gavroche y mirada fija en el «héroe». Son fotos increíbles. Pero la última llega al corazón.

* Todo lo que aparece en cursiva en la parte dedicada a Cuba está escrito en español en el original. *(N. de la T.)*

Escena de interior. Unos jóvenes en torno a una mesa, pero solo se la ve a ella. En un primer plano a la derecha, de perfil, la cara es solar, de una belleza absoluta. Todo está en la actitud, esa mano en que se apoya el mentón, la mirada concentrada y el iris incandescente, y esa tensión, la seriedad que emana de ella. Lleva una gorra militar adornada con perlitas de princesa. Un tocado intemporal. Me detengo delante de esa foto y lo sé. Será la portada del libro.

Roland Barthes, en *La cámara lúcida*, una especie de estudio íntimo sobre la fotografía, explica lo crueles que le resultan las imágenes de su madre ya fallecida. Por mucho que escrute las fotos, la mujer inmortalizada jamás es la que lo mecía, lo consolaba, lo rodeaba de amor…, hasta el día en que se topa con un retrato materno infantil. La niña en blanco y negro es un milagro; es su madre plenamente recobrada. El semiólogo escribe: «Ante las fotos corrientes de mi madre siento una decepción triste, cuando la única foto que me ha deslumbrado con su verdad es precisamente una foto perdida, lejana, que no se le parece, la foto de una niña que yo no conocí».

«Mi» Évelyne tenía setenta y cinco años. No conocí a la joven de veinte que resplandece en la portada. Pero es ella en la eternidad, en su belleza, su mirada de agua y luz, esa inquietud silenciosa que la hace tan viva.

Las noches no terminaban nunca. Niza, 1956. La buena vida. Cuando daba la medianoche, Lucie cogía el casco, besaba a su madre en la mejilla, se montaba en la motocicleta y salía a reunirse con la banda. Mona había fijado las reglas: no se salía *antes* de las doce. Hasta esa hora, el tiempo se dedicaba exclusivamente al estudio; el examen para obtener el título de bachiller lo exigía. Todo lo demás, guateques, discotecas y hula hoop, era asunto de su hija, siempre que llegase puntual al día siguiente a clase. Mona sabía que la juzgaban; ¡menuda forma de educar a una señorita! Cuando Lucie llegaba, las burguesas gritaban asustadas: «¡Esconded a vuestros chicos!». Mona no habría podido soñar con un cumplido más hermoso. El motor de la motocicleta petardeó y se llevó a su hija al calor de la noche.

Encendió un cigarrillo y se acercó a la máquina de escribir. La última lección había versado sobre el *speed writing*, un método de escritura abreviada que estaba generalizándose en las oficinas. De las quince mujeres apuntadas al curso Pigier de taquimecanografía, ella no era la más joven, pero sí la más asidua. Dentro de uno o dos meses, podría entrar a trabajar como secretaria. Desde su segundo divorcio, trabajar la obsesionaba. Marthe se lo había dicho y repetido: una mujer que trabaja es una mujer libre. Y además se lo había prometido a su padre. Este último le había regalado una Hermès H7 Ambassador, un modelo gris acero, compacto, con el cual se entrenaba todas las noches. A Guillemette le parecía muy pesado:

—¿Para qué cansarnos cuando ya lo hacen los hombres por nosotras?

—¡Porque la sociedad cambia! —se impacientaba Lucie. Las mujeres de los años cincuenta aspiraban a algo más que a ser floreros—. Yo también trabajaré, abuela.

Guillemette bostezaba adoptando poses de duquesa:

—¡Estáis locas, hijitas!

A Mona le gustaba el martilleo de las varillas metálicas sobre la cinta, esa percusión de tinta y madera que acaricia el papel. Cuando Pierre, que ahora tenía seis años, se dormía, ella encendía la lámpara del escritorio y disfrutaba de ese rato de silencio. La noche le pertenecía. Reanudó el ejercicio. Escribir sin mirar nunca el teclado, solo la hoja que tenía delante. Sus dedos se equivocaban de tecla. Vuelta a empezar, una y otra vez. Hasta lograr la perfección.

Buddy, el que estaba loco por los cómics; Flouze, que no tenía un duro; Macha, la falsa rusa; Bibi, la pelirroja auténtica; Jo, su enamorado platónico de físico atlético, y ella, ahora bautizada como Louks. En la playa, con la nevera colocada sobre la arena, las chicas se cambiaban rápidamente y, en traje de baño, se pasaban el aro por la cabeza hasta la cintura. Empezaban a mover las caderas, al principio despacio y después cada vez más deprisa. Aceleraban, aceleraban, bajo la mirada de los chicos, que eran los árbitros. La que daba vueltas al aro durante más tiempo ganaba, y si por casualidad una lograba subírselo hasta las axilas, todos aplaudían entusiasmados. Luego se bañaban, jugaban al voleibol, se imaginaban la vida de las parejas de ancianos que sentados allí al lado de ellos hacían crucigramas.

Jo llevaba unos polos de color que resaltaban su piel bronceada. Descalzo en la playa, se remangaba los vaqueros con un aire falsamente desaliñado. Un mechón le caía sobre los ojos, lo llamaba «el corte Alain Delon». Lucie le pasaba la mano por el hombro, le rozaba la cara con su largo cabello rubio. Cada vez que tenía una cita con él, se metía en el cuarto de baño y le robaba un poco de Shalimar a su madre. Mona jamás le habría impedido que se pusiera el perfume, pero pedirlo era sabotear todo el encanto de la operación de arrogarse, a los dieciséis años, un poco de feminidad clandestina.

La vida pasaba, las noches brillaban con una pureza que jamás volverían a tener. Había cervezas, patatas fritas y risas, hula hoop hasta no poder más. La adolescencia se alimentaba de sol y arena; les ofrecía lo mejor. El amor. La amistad. La despreocupación de las noches bañadas por la luna. Hasta que Lucie se quedó embarazada.

De la consulta salía un calor irrespirable. Los postigos estaban cerrados, las ventanas estaban cerradas, la puerta estaba cerrada. Con expresión severa, el médico le hacía preguntas.

—¿Amenorrea de cuánto?

Lucie abrió unos ojos como platos.

—¿Cuánto hace que no tiene la regla?

Tragó saliva.

—Dos meses.

Le pidió que se desnudase y se sentase en el sillón. Despacio, temblándole las manos, se quitó la falda.

—¿Las bragas también?

Sabía muy bien que sí, pero… El médico le echó una mirada indiferente y ni siquiera contestó. Ella se bajó las bragas. Ya puestos, también se abrió la blusa.

—No, arriba no hace falta —dijo el médico, impaciente.

Volvió a abrocharse la blusa, con las lágrimas asomándole a los ojos, y se sentó.

—Los pies en los estribos. Póngase bien al borde de la butaca.

—El médico se puso unos guantes y empezó a palparla—. Ya veo.

Bueno, lo haremos ahora. —Se ausentó un segundo y reapareció con una toalla de un blanco inmaculado—. En la boca.

—¿Qué?

—Lo haremos sin anestesia, por eso la toalla: métasela en la boca. Muérdala fuerte, no quiero oírla gritar, si no lo paro todo y ya se apañará. —Luego, como si la odiase enormemente—: ¿Se da cuenta del riesgo al que me expongo por culpa de chicas como usted?

Lucie se metió la toalla entre los dientes. Solo vio el reflejo metálico de unas agujas largas, y ya no existió nada más que el dolor, ahogado en la tela mojada de saliva y lágrimas.

Mona la esperaba en el rellano, con un nudo en el estómago. Sabía exactamente por lo que estaba pasando su hija al otro lado de la pared. No podía hacer nada por ella, lo que la ponía enferma. La historia se repetía. De Sidney, ese gran faro que miraba al mundo moderno, solo guardaba la imagen de una larga clínica gris que olía a lejía. El médico que la recibió estaba relajado, practicaba seis abortos diarios. «Good job and good for the business…» La intervención no había durado mucho; aturdida por las pastillas contra el dolor y los ansiolíticos, le había quedado, como una marca con hierro candente en el flanco de un animal, la sensación de humillación.

La puerta chirrió y el médico le indicó por señas que entrara. Lucie, a la vez pálida y roja, estaba sentada en una silla, postrada.

—Vigile sobre todo la fiebre. Panadol y compresas con hielo.

Luego le tendió una hoja de papel con el importe de la operación. Mona contuvo un grito de indignación. Cómo se aprovechaba, el muy cerdo. Sacó el dinero que había ahorrado y se marchó lo más deprisa que pudo. Su hija tiritaba. Mona la abrazó fuerte y no se volvió para darle las gracias al doctor.

Lucie estuvo tres días con fiebre. En la academia Pigier Mona dio la excusa de un ataque de hígado. Cuando su hija dormía, repasaba el sistema de *speed writing* o tecleaba en su Hermès Ambassador. Pero lo dejaba todo en cuanto Lucie despertaba, le cambiaba las compresas de hielo. Pierre preguntó qué le pasaba a su hermana mayor.

—Está muy cansada, tesoro. Una gripe muy fuerte. Debe descansar.

Al cuarto día, la fiebre empezó a remitir. Progresivamente, volvía la salud. El regreso al instituto no tardaría. La víspera, Mona le puso delante un plato de morcilla.

—Tiene mucho hierro, come.

—No es tan bueno como la hierba, ya sabes… —dijo Lucie, esbozando una débil sonrisa.

Fue como un golpe en pleno pecho. Mona creyó que había oído mal, pero la mirada de su hija no se prestaba a equívocos. No lo había olvidado.

El patio del instituto aún flotaba en la luz del amanecer cuando la banda ya se había reunido, con Jo a la cabeza. Ella no quería verlo.

—¡Eh, Louks! ¿Qué te ha pasado? Empezábamos a estar preocupados…

La rodeó con sus brazos, dispuesto a besarla. Con un leve movimiento de hombros, ella se apartó. El chico la miró sorprendido.

—¿Qué pasa?

Ella se alejó.

—¡Lucie! Pero ¿qué he hecho?

Ella no contestó, apretó el paso camino de la clase.

—¡Por favor, dímelo! ¿Te he hecho algo? —gritó él siguiéndola.

Respecto a su aborto, Évelyne me dijo una sola cosa: «No estaba orgullosa». Cuando me atreví a pronunciar delante de ella la palabra «carnicería», asintió varias veces, y luego cambiamos de conversación; la vergüenza sigue siendo un dolor. Lo que la boca no decía, sus ojos lo gritaban: «Jamás hay que olvidar la historia violenta del vientre de las mujeres». ¡Cómo la comprendo!

En 1943 o 1944, mi abuela paterna pasó por las manos de una curandera que practicaba abortos. Mi abuela era una mujer coqueta, de origen italiano o español, nunca lo supe con exactitud, cuyo nombre parecía curiosamente predestinado: Eugénie, etimológicamente la «bien nacida».

Agotada por sus dos primeros hijos, los embarazos repetidos, los abortos espontáneos, la Ocupación y las cartillas de racionamiento, Eugénie deseaba descansar. Ver cómo sus entrañas se hinchaban por tercera vez, cómo su sangre se hacía carne y su piel se marchitaba era superior a sus fuerzas. Soñaba con una hija, una niña adorable, pero más adelante, cuando su cuerpo estuviera listo. Su cuerpo no la escuchó y volvió a quedarse embarazada. No podía más y decidió abortar. Ignoro si mi abuelo estaba al corriente. Lo que puedo decir es que aquel día la curandera se fijó y antes de echar el feto a la basura dijo: «Habría sido una niña». Al cabo de diez meses, mi padre vino al mundo.

Eugénie me cuenta todo esto en su salón. Es la primera vez que habla de ello. La primera vez también, sin duda, que alguien la fuerza a hablar. Si he ido a verla ese día es porque necesito comprender por qué, de sus cinco hijos varones, fue a mi padre a quien decidió abandonar.

Desde el aborto clandestino de Lucie, Mona recibía en una pequeña oficina de la Rue Lascaris a jóvenes perdidas, «embarazadas a su pesar», como le gustaba decir: chicas despreocupadas que no habían medido bien los riesgos; o muchachas violadas, amordazadas por la vergüenza. Ella las escuchaba, las orientaba, las ponía en contacto con médicos. La Maternidad Feliz, ese era el nombre de la asociación, había sido fundada un año antes, el 8 de marzo de 1956, y se había propuesto como objetivo «luchar contra los abortos clandestinos, procurar el equilibrio psicológico de la pareja, mejorar la salud de las madres y los niños». Mona pasaba por allí dos o tres veces por semana, incluidos los sábados. El resto del tiempo lo repartía entre la academia Pigier, sus hijos y sus amantes, tan numerosos como efímeros.

Muchas de aquellas mujeres jóvenes carecían de recursos. Provenían de ambientes modestos: obreras, estudiantes que no podía contárselo a sus padres, humildes oficinistas. Las ricas abortaban en el extranjero en clínicas bien equipadas. En Francia, las leyes alzaban una especie de muralla. Por eso Mona seguía con atención los discursos de la cofundadora de la asociación, Marie-Andrée Weill-Hallé, médico de formación. Cabello corto y rizado, lentes redondos de concha, un día acudió a dar una conferencia a la oficina de Niza.

—No te la pierdas, Lucie.

Unas treinta mujeres ocupaban la sala. Ningún hombre. Durante una hora, en un silencio de iglesia, la doctora Weill-Hallé expuso sus ideas, insistiendo en los riesgos de los abortos practicados deprisa y corriendo en condiciones deplorables de higiene. ¡No podía tolerarse más! Mona no necesitó mirar a su hija; en ambas, las mismas imágenes, la misma tristeza parecida a la llovizna que golpeaba contra la ventana.

—La serenidad de una pareja depende del equilibrio entre el deseo del hombre y el de la mujer. Una mujer embarazada en contra de su voluntad culpará a su marido. Odiará su propio cuerpo y acabará odiando el del hombre. Entonces todo se va al garete.

Al final de la conferencia, Mona se acercó a Marie-Andrée Weill-Hallé y se presentó.

—Admiro sinceramente su lucha. Y tengo razones para hacerlo. —Puso una mano en el hombro de su hija con aire cómplice y declaró—: Yo misma…

La mujer asintió con la cabeza, esperando que continuase.

—Pero creo que hay que ir más allá.

—Ah, ¿sí? ¿Qué quiere decir?

Mona hizo una pausa.

—Pues que usted defiende a las madres. No a las mujeres.

La médico lanzó un «¡Oh!» de sorpresa, más intrigada que ofendida.

—El nombre de Maternidad Feliz lo dice todo, ¿no cree? Perdóneme, pero todavía es una visión muy pequeñoburguesa de la sociedad. Lo que sería bonito es que las mujeres pudieran decidir antes de estar embarazadas lo que quieren hacer con su cuerpo.

—La anticoncepción ya es una línea de trabajo muy importante dentro de la asociación, ¿sabe? —respondió la científica. Hizo un vago gesto de disculpa y desapareció, arrastrada por otro grupo de mujeres.

Enfadada, Mona arrancó una página del cuaderno que siempre llevaba en el bolso y sacó un bolígrafo. Lucie descubrió en la puerta de entrada estas tres palabras: ¡RADICALICEMOS EL MOVIMIENTO!

Sumidos en la bruma del invierno, los seguros Soleil tenían sus oficinas en la Rue Cronstadt, detrás de la Promenade des Anglais y no lejos del Negresco. Diez centímetros más alta debido al moño que llevaba, Mona empujó la puerta con aire falsamente despreocupado y anunció en tono afable:

—Soy Mona Magalas. Tengo cita con el señor Cioto para la entrevista.

La recepcionista se lo confirmó con desgana y le indicó la fila de sillas que había enfrente. Hojeando algunas revistas mientras esperaba, Mona se inspeccionó disimuladamente las uñas para comprobar que estaban perfectas. Sonó el teléfono.

—El señor Cioto la recibirá.

La mujer la acompañó al fondo del pasillo sin sonreír lo más mínimo.

—Muy amable, muchas gracias —dijo Mona.

El director de la empresa de seguros Soleil era un hombre de unos cincuenta años, de barriga prominente y cabello ralo.

—Pase, por favor.

Mona se sentó en un banco de escay, impresionada, procurando mantenerse muy erguida y articular bien. La tarea principal allí era procesar el correo. Mecanografiar cartas, preparar sobres, pegar sellos.

—Me parece muy bien.

—Bueno, pues la contrato. Un mes a prueba y si todo va bien…, ¡para toda la vida! —Soltó una risita—. Hasta mañana, a las ocho.

Ella le estrechó la mano. La entrevista había durado menos de un cuarto de hora. Salió. La recepcionista con perfil de comadreja apenas le dijo adiós.

Al día siguiente, se levantó al amanecer y se puso una blusa naranja debajo del traje de chaqueta negro. Tras dejar a Pierre en la guardería, salió hacia la Rue Cronstadt y llegó al trabajo en un estado de excitación de colegiala que vuelve después del verano. Saludó a la recepcionista, arrinconada detrás del mostrador y tan poco afable como siempre, y se dirigió a su despacho, contiguo al del jefe. Encima de la mesa había un teléfono, una máquina de escribir, unos bolígrafos y un bloc. Detrás de ella, unas resmas de papel y sobres. Una carpeta con sellos. Oyó un ruido al otro lado de la puerta, que se abrió bruscamente.

—Buenos días, Mona. Le explico. Todas las mañanas, tomo un café largo en mi despacho. Con un terrón de azúcar. La máquina está aquí —dijo señalando un armario en el cual efectivamente había una cafetera—. También puede hacerse uno para usted. Mientras lo prepara, le traigo el correo.

Aturdida por el torrente de palabras del jefe, encendió la cafetera, puso el filtro, dosificó el café y le dio al botón. Todo lo que le prohibía hacer a su hija.

—Aquí tiene. Hay que doblar las cartas y preparar los sobres. Barbara le dará las direcciones.

Ella se volvió. El correo formaba una pila de al menos treinta centímetros. Sirvió el café en una taza, lo depositó sobre el enorme escritorio, se dio cuenta de que se había olvidado del azúcar, se lo llevó precipitadamente y volvió a cerrar la puerta.

—Barbara, ¿puedo pedirle las direcciones, por favor?

Sin decir palabra, la recepcionista le tendió el listín.

—¿No tiene una libreta de direcciones? ¿Solo con el nombre de los clientes?

Los labios de la mujer se abrieron en una sonrisa ambiciosa. Mona se marchó con el listín. Estuvo toda la mañana pasando las páginas para encontrar los datos de cada destinatario. A mediodía, el jefe asomó la cabeza.

—¿Aún no ha terminado? Pues lo que le he dado era el correo de la mañana. ¡Hay otro tanto por la tarde! Va usted muy retrasada.

Sintió que se ruborizaba.

—Lo siento mucho, señor. Cuando vuelva usted de almorzar, estará terminado.

—Eso espero. —Salió.

Ella se pasó la hora del descanso lamiendo y pegando los sobres, al punto de que la lengua se le puso amarga y pastosa. A la una de la tarde, el correo de la mañana estaba listo para salir. El jefe no se dio cuenta, dejó sobre la mesa otra pila, se detuvo un segundo a mirar el reloj y soltó una exclamación sin mirarla. Ella estaba allí, delante de él; no existía.

—No digas que he sido secretaria —me pidió mi madre cuando le expliqué cómo iba la novela.

La secretaria es una imagen. Lleva un cuello a la Claudine o un vestido recto tipo Courrèges, en invierno una chaqueta tweed, imitación de Chanel; va bien peinada, maquillada, impecable, pero nunca vulgar. Sus taconcitos resuenan en el suelo con un ruido encantador. Su pudor natural es un frescor del que se disfruta. Porque es joven, naturalmente. No más de cuarenta años. No tiene estudios superiores, pero es lista. Sabe recibir. Tiene lo que algunos llaman buenas maneras, y educación. Riega las plantas, remueve el café, ¿un terrón o dos? Mecanografía las cartas urgentes y corre a llevarlas al servicio correspondiente. Reserva los billetes, organiza los viajes. «Una mesa para dos a nombre del señor Tal o Cual. Sí, a la una. Gracias.» Su arma de guerra es el teléfono, cuyo cable de plástico siempre termina enrollado de cualquier manera. Y sobre todo, pase lo que pase, sonríe.

Francia acababa de virar hacia la Quinta República. Con el título de bachiller en el bolsillo y animada por las tesis feministas, Lucie se matriculó en la facultad de Derecho de Niza y se acercó a la fracción izquierdista de los estudiantes, enormemente comunista. La nueva Constitución era el tema principal de los debates. Lucie, como todos los demás, estaba en contra del artículo 16 impuesto por De Gaulle, que concedía al presidente «poderes excepcionales» en caso de amenaza… Había que permanecer alerta, no ceder a los cantos de sirena del general. No estaba con el pueblo. «Y sobre todo no está con los pueblos oprimidos», masculló Lucie, asqueada por la lentitud de la descolonización. Al cumplir los diecisiete, su madre le había regalado la obra de Frantz Fanon, *Piel negra, máscaras blancas*, que se había convertido en su libro de cabecera. Lo había leído de un tirón, exaltada: Fanon le hablaba del racismo de su padre, de la arrogancia blanca y del largo camino que los colonizados, prisioneros de su propia debilidad, tenían por delante. Lucie había subrayado varios párrafos enteros, palabra tótem, que leía en voz alta a sus camaradas: «El tullido de la guerra del Pacífico le dice a su hermano: "Confórmate con tu color como yo con mi muñón; los dos somos víctimas de un accidente". Sin embargo, con todo mi ser, yo rechazo esa amputación.

Siento que poseo un alma tan vasta como el mundo, un alma tan profunda como el más caudaloso de los ríos, mi pecho tiene un poder de expansión infinito». Todos aplaudían. Se organizaban regularmente reuniones políticas en los pasillos de la facultad, o bien en los cafés aledaños. En unas camisetas blancas, que se ponían sobre las camisas, los estudiantes escribían eslóganes con rotulador: «¡Proletarios de todos los países, uníos!», «¡Defensa de las libertades democráticas!», «¡Contra la explotación del hombre por el hombre!». Jean, Samuel, Caryl, Giacomo, Patricia, Aline, Fanny y Raphaël, toda la cuadrilla, exaltaba los valores revolucionarios y organizaba manifestaciones a favor del mundo obrero. Lucie apreciaba sobre todo a Raphaël, el más reservado del grupo, uno de los mejores estudiantes de su promoción, que se encargaba de redactar las octavillas que después los demás distribuían. De estatura mediana, cabello castaño, tenía la piel lisa como un canto rodado pulido por la corriente, casi transparente de tan blanca. Contrariamente a Jean, Samuel, Caryl o Giacomo, unos muchachotes esculpidos en la roca, Raphaël parecía vivir sin gravedad. Sus amigos lo apodaban «Lanzarote del Lago», por su cortesía perfecta. Medía cada palabra que pronunciaba, no necesitaba gritar para hacerse oír; era el alma luminosa del grupo.

Un día de invierno, mientras compartían un bocadillo en el jardín de la universidad, Lucie y Raphaël vieron que un chico se acercaba a su tenderete. De hecho, aquel tenderete era un simple taburete de bar donde se amontonaban unas octavillas marcadas con la hoz y el martillo.

—¡El sistema soviético ha permitido la alfabetización de los pueblos! —gritaba un poco más lejos Giacomo.

El estudiante, que tenía los ojos azul báltico y un mechón claro, cogió un folleto.

—¡Da de comer a los obreros! —abundaba Caryl más allá.

La octavilla acabó hecha una bola en su mano.

—¿Lo has visto? —exclamó Lucie.

Lanzarote del Lago permaneció callado, sin apartar la vista de la escena. Jean, a quien el gesto de rabia no se le había escapado, dio un paso hacia el chico rubio.

—¡Salud, camarada! ¿Nuestras ideas no te gustan? —dijo señalando la octavilla arrugada.

—Digamos que vuestras ideas no tienen en cuenta la realidad soviética.

Lucie dejó el bocadillo. Caryl y Giacomo interrumpieron sus proclamas y se acercaron al chico rubio.

—Dice que nuestras ideas no tienen en cuenta la realidad soviética.

En la cara de Jean afloró una sonrisa malévola.

—¡Es la verdad! Y yo algo sé de eso, soy lituano.

—¿Y de qué te quejas? —le preguntó Samuel acercándose al corrillo.

—¿Que de qué me quejo? ¡Más de doscientos mil deportados en mi país! ¡Solo por oponerse a la colectivización de sus tierras!

Giacomo frunció el ceño.

—¡Mi familia y yo hemos tenido que huir de nuestro país, abandonar nuestra casa, nuestros recuerdos y nuestros muertos en el cementerio de Vilnius! ¡Esta es la libertad soviética!

Lucie y Raphaël se levantaron al mismo tiempo. Un rumor sordo empezaba a alzarse en torno al joven. Caryl escupió.

—¿Y qué eres tú? ¿Un facha? ¿Un jodido facha?

El chico rubio se volvió y solo vio cuellos fuertes, mandíbulas apretadas.

—No soy ningún facha.

Jean le dio un primer golpe con el hombro.

—Más te vale, porque a nosotros los fachas no nos gustan.

El aire se cargó de tensión. Lucie buscó la mano de Raphaël.

—¡Que yo no soy ningún facha!

Con un golpe en la espalda, lo hicieron tambalearse y rieron burlones.

—¿Tú crees que no es un facha?

—¡Oh, sí!

El círculo fue estrechándose.

—Dejadme… Solo he dicho lo que pensaba. —Pero su voz ya llegaba sofocada. Hubo un silencio—. No soy ningún facha —murmuró el chico por última vez.

Después Lucie no vio nada más. Sus camaradas se le echaron encima y empezaron a pegarle.

—¡Basta!

Tiró a Jean de la chaqueta, suplicó a Caryl; no había nada que hacer, pegaban y pegaban, y aquel pobre cuerpo se retorcía en el suelo.

—¡Raphaël! —llamó Lucie.

Pero Raphaël no se movía, petrificado, pálido como un muerto. Presa del pánico, ella corrió a buscar ayuda. En vano. Aquellos ajustes de cuentas implicaban que cada cual se las arreglara.

Cuando volvió, los «camaradas» habían desaparecido. En el suelo, el joven tenía la cara ensangrentada, que Raphaël le enjugaba suavemente con un pañuelo. La nariz ya no era más que una papilla blanca y roja.

—Perdona, Lucie… No he podido…

Lanzarote lloraba. Había tanto susto y tanta vergüenza en sus ojos que ella lo perdonó al instante. El lituano gemía de dolor. Lucie le limpió los labios tumefactos, le mojó la nuca, los párpados y la frente. Todo se mezclaba en su cabeza. Hasta el tiempo se había hecho trizas.

—Gracias —susurraba el herido.

La muchacha se inclinó sobre él, deslizó una mano debajo de su axila y, con la ayuda de Raphaël, lo acompañó a la enfermería.

Yo pertenezco a una generación no comprometida. Nunca he sido de ningún partido. Nunca he militado. La única vez que me manifesté —y no fue por manifestarme sino por sentirme menos sola— fue el sábado 11 de febrero de 2015, después de los atentados de *Charlie Hebdo* y del Hypercacher. Sin embargo, estoy al día de política y tengo mis ideas. Pero el gesto que te lleva a elegir un bando y a reivindicar un color me es totalmente ajeno.

En los años sesenta y setenta, la política estaba por todas partes, modelaba la vida, el día a día, la decoración de las casas y los apartamentos. Évelyne dio clases particulares al hijo de un ex primer ministro de derechas en una habitación tapizada de retratos de Fidel Castro y del Che. Eso no le impedirá, años más tarde, felicitar a su exmarido, que había sido dirigente de la Unión de Estudiantes Comunistas, por su nombramiento como ministro de Asuntos Exteriores de Nicolas Sarkozy. «Esperaba que lo insultara, creo. Cuando le aplaudí no daba crédito.» O sea, que todo pasa.

La libertad y los sistemas no hacían buenas migas. A partir de la agresión de Tomas, que se había convertido en uno de sus mejores amigos, Lucie se distanció del comunismo. En la nariz del joven lituano, una cicatriz malva recordaría para siempre la locura de los hombres, como un grabado del mal en la carne. Ella, que antes estaba convencida de que la revolución debía hacerse o, mejor dicho, solo podía hacerse mediante la violencia, como propugnaba Frantz Fanon, ahora empezaba a dudar. ¡La pelea había sido tan desigual! La violencia, ¿en serio? El comunismo, ¿en serio? ¿Cómo podía la Unión Soviética pretender estar del lado del pueblo, de los oprimidos, y extender su imperio a los países vecinos, privándolos de toda soberanía? Tomas no encontraba palabras lo bastante duras para calificar la política estalinista que Jruschchov continuaba aplicando. El imperialismo, cualquiera que fuese su nombre o su bandera, era colonialismo. ¡Libertad! Y nada más precioso que la independencia.

Junto con Raphaël, a quien desde la triste escena la militancia cada vez le costaba más esfuerzos, Lucie y Tomas se afanaban por encontrar en las tiendas de segunda mano chaquetas caqui, gorras revolucionarias y chichas con regusto a Argelia. Organizaban veladas a favor del «derecho de autodeterminación de los pueblos» durante las cuales entonaban canciones de Ferrat, Ferré y Mouloudji. «*S'il faut donner son sang*, / *Allez donner le vôtre*, / *Vous êtes bon apôtre*, / *Monsieur le président*» («Si hay que dar su sangre, / vaya usted a dar la suya, / está usted hecho un buen apóstol, / señor presidente»). Cada vez que se oía «Le Déserteur», el público aplaudía a rabiar, destilando un perfume negro de prohibición: el disco estaba censurado en Francia desde 1955. Por suerte, en Suiza podía comprarse, dijo Raphaël. Lucie y Tomas se miraron. Una sonrisa les bastó.

Niza-Ginebra, siete horas de carretera.

—¿Has cogido los bocadillos?

Tomas adelantó a un coche y la tranquilizó:

—Sí, no te preocupes, lo tenemos todo.

Con él, Lucie descubría la amistad con los chicos, el amor sin sexo, la complicidad intelectual. Eso era nuevo para ella, que coleccionaba amores de una noche; era una ebriedad apacible, un torrente alegre y límpido.

Las colinas doradas de la Provenza fueron cediendo ante un paisaje más frío, más mineral. La carretera dibujaba unos zigzags infernales. Hacia las dos de la tarde, el 4CV se detuvo en el puesto fronterizo de Bardonnex. Se acercaron unos policías de uniforme. Lucie y Tomas explicaron que solo iban a pasar el fin de semana, querían visitar Ginebra, ver el lago. Les pidieron los papeles. Tomas despertaba su curiosidad. Por más que tuviera nacionalidad francesa, se veía a la legua que había huido de la Unión Soviética y a los suizos eso no les hacía ninguna gracia. Al cabo de dos horas de negociaciones, llamadas telefónicas y conversaciones suspicaces, el policía los dejó pasar, como a su pesar.

Ginebra era un anfiteatro burgués alrededor del lago. Una ballena invisible lanzaba agua de su surtidor a unos cien metros de distancia. No era ni bonito ni feo. Sobre el lago, el cielo gris se volvía blanco, casi transparente. Los dos amigos sacaron los guantes y gorros y empezaron a buscar las tiendas de discos de la ciudad. Les indicaron tres. En la primera, encontraron unos veinte ejemplares de «Le Déserteur»; el propietario era un bretón expatriado que seguía de cerca los acontecimientos. En la segunda, ni un solo álbum de los rebeldes, obviamente por una cuestión de principios. En la tercera, donde una adolescente apática sacaba punta a unos lápices sin preocuparse de los clientes, pudieron comprar siete. Escondieron el botín en el fondo de la bolsa, a su vez disimulada dentro del maletero, y pusieron rumbo a los bosques suizos. Encontraron un rincón tranquilo, alejado de la carretera. Tomas sacó los bocadillos.

—Atún con mayonesa.

Mordieron el pan gomoso y masticaron en silencio. El aire de la noche era gélido.

—Si quieres mi opinión, nos quedaremos helados.

—Si quieres mi opinión, ya lo estamos.

Se sonrieron. Tomas sacó las dos viejas mantas rasposas y le ofreció una a Lucie, que se hizo un ovillo con ella en la parte trasera del coche. Él se instaló delante y bajó el asiento al máximo; se pasó la mano por la cicatriz, como para comprobar que no había desaparecido. Las estrellas ginebrinas no los despertaron.

—Si también estás en contra de la destrucción de Argelia, toma.

Distribuían los vinilos en secreto por los pasillos de la universidad, escogiendo a los destinatarios: estudiantes de los primeros cursos y sobre todo opuestos a la extrema derecha. Vian, Mouloudji:

eran nombres que hacían soñar. Lucie le había regalado un disco a su madre, que se lo ponía a todos y cada uno de sus amantes.

—¡Liberación de Argelia! ¡Libertad de los pueblos! Toma.

Tenían la impresión de estar jugándose el tipo, se convertían un poco en resistentes.

—Apréndetelo de memoria para la manifestación del sábado.

En la universidad resonaban sus combates. La esperanza era un asunto serio.

Y oían la canción una y otra vez en sus veladas de poetas perdidos.

—Cuarto izquierda. Es aquí.

Mona y su hija se hallaban al pie de un edificio anodino en un barrio lejos del centro. Subieron. Llamaron brevemente dos veces.

Se quitaron los abrigos al entrar en el salón lleno de humo. En el centro de la habitación, Lucie reparó en un sofá cubierto con una sábana blanca. Enfrente había unas diez sillas. Mujeres de todas las edades ya estaban conversando. Una rubia de unos cuarenta años las recibió, besó a su madre y se volvió hacia ella.

—Encantada de conocerte. Mona me ha hablado mucho de ti. Vamos a empezar enseguida. ¿Queréis tomar algo?

Su acento nizardo machacaba las consonantes. Tenía la mandíbula fuerte y los ojos grandes.

—¿Puedes explicarme qué hacemos aquí, mamá?

—Espera. Ya lo verás.

La rubia les tendió dos vasos de zumo y se acercó al sofá.

—¡Amigas! —exclamó—. Bichette está al llegar. Pero, como veis, ¡tenemos todo lo necesario!

Agitó entre los dedos un cuenquito extraño, de un amarillo pálido tirando a beige, que le recordó a Lucie a la pasta procedente de la Italia del sur que vendían en Niza: las *orechiette*. Delante de ella, había un cubo de la basura y una caja de guantes quirúrgicos.

Llamaron a la puerta. Una mujer espectacular hizo su entrada: pelirroja, de labios muy maquillados, tacones de aguja barnizados. Su madre y las demás aplaudieron. Riendo, Bichette esbozó una reverencia y se quitó el chalequito que llevaba:

—¡Normalmente no tengo tanto público!

Los aplausos redoblaron. La rubia, que se llamaba Susanna, se apartó del sofá. Antes de que Lucie tuviera tiempo de comprender, la prostituta se levantó la falda, se soltó las medias, se quitó las bragas y se tendió sobre la sábana separando las piernas. Mientras descubría su sexo riendo, Susanna anunció triunfalmente:

—¡Hoy vamos a colocar el diafragma!

—Fíjate bien —susurró Mona, encantada—. Es un medio anticonceptivo eficaz.

Susanna tomó el capuchón flexible entre el pulgar y el índice enguantados y dio unas explicaciones técnicas que Lucie, pese a que se esforzó, no llegó a retener.

—Hay que colocar bien el diafragma contra el cuello del útero.

Y metió el objeto entre los muslos de Bichette. El público lanzó un grito, que fue sofocado por las risas de la prostituta, cuyos tacones daban pataditas al sofá. Mona encendió un cigarrillo. Lucie la imitó. Se sentía mal.

—¿Lo han entendido, señoras? ¡Pues venga!

Susanna sacó el diafragma húmedo y lo mostró extendiendo el brazo. Bichette, con las piernas separadas, se había medio incorporado apoyándose en los codos y observaba al público con una expresión traviesa.

—Liliane, empieza tú.

Una chica de unos veinte años protestó.

—¿Por qué yo?

—Porque quieres ser médico. ¿No quieres serlo?

La chica asintió.

—Pues venga.

En voz baja, Lucie le preguntó a su madre quién era Susanna.

—Una exginecóloga a quien le han prohibido ejercer. —Y en voz aún más baja, añadió—: Un aborto acabó mal... El marido de la paciente la denunció.

Lucie volvió la vista hacia el sofá. La cara de Liliane era imperturbable.

—No, no, no es aquí, más arriba. ¡Ahora sí! —la orientaba Bichette con voz jovial—: ¿Entendido, Liliane?

La mujer bajó la cabeza.

—¿Quién va ahora?

Durante una hora, todas se ejercitaron con la prostituta.

—¡A la primera, muy bien!

—No, no es así, noto que no.

Lucie encendió el quinto cigarrillo, nerviosa; claro que el ejercicio era útil, necesario incluso, pero ¿de verdad hacía falta imponerles eso? ¿Cómo podía Bichette soportar que...? Su madre tiró el guante al cubo de la basura.

—¡Ahora tú!

Lucie no podía moverse.

—¡Vamos, hija, no seas tonta!

—No te preocupes, guapa, a mí no me importa... —la animó Bichette.

Notaba que los ojos se le llenaban de lágrimas. Era imposible, no lo conseguiría.

—Creo que... me gustaría más la píldora... —balbuceó avergonzada.

Susanna se echó a reír.

—Muy bien, será el tema de nuestra próxima sesión. ¡Dónde y cómo conseguir la píldora!

Su madre estaba enfadada.

—Déjala —terció Susana—, tu hija solo tiene diecisiete años.

En noviembre de 1974, la madre de Évelyne asiste a todos los discursos de Simone Veil, que presenta en la Asamblea su proyecto de ley de derecho al aborto.

La situación actual es mala. Diría incluso que es deplorable y dramática. [...] Cuando los médicos en sus consultas infringen la ley y lo anuncian públicamente, cuando a los fiscales, antes de demandar, se los invita a informar en cada caso al Ministerio de Justicia, cuando hay servicios sociales de organismos públicos que suministran a las mujeres en apuros información que puede facilitarles la interrupción del embarazo, cuando para ese mismo fin se organizan abiertamente y hasta por chárter viajes al extranjero, entonces afirmo que estamos en una situación de desorden y anarquía que no puede continuar.

Busco el vídeo en internet. Simone Veil, magnífica con su blusa azul real, es de una elegancia extraordinaria. Habla con calma, dosifica los silencios, desarrolla los argumentos con claridad.

Hay más vídeos; el mismo discurso pronunciado en el Senado. La cámara hace un recorrido por la sala y de pronto se demora en un palco lleno de mujeres que han acudido a apoyar el proyecto.

Pulso «pausa», busco, escruto. Me gustaría mucho que surgiese ante mí el rostro de Mona, de la cual no queda ni una foto, ni una imagen, al menos en los cajones de Évelyne, que lo quemó todo cuando su madre se suicidó. Busco un fantasma; una cara que jamás he visto y de la cual lo ignoro todo, pero que sabría reconocer si la viera. Tal vez esté ahí. La cámara se acerca a una mujer distinguida, de blusa blanca y chaleco verde agua. Un collar de perlas en el cuello; perlas también en las orejas, redondas, imponentes. Gafas oscuras y cabello castaño peinado hacia atrás. Los brazos cruzados. Podría ser. Sí, podría. Pero la verdad es que busco y no veo nada.

Explosión de alegría en las calles, petardos, fuegos artificiales, «¡Feliz Año Nuevo! ¡Salud!», y champán para recibir el año 1959. Lucie bendecía ese primero de enero. Batista, el triste personaje puesto por los americanos como presidente de Cuba, acababa de conocer una derrota sangrienta y, como un perrito gruñón, se había apresurado a huir a la República Dominicana con el rabo entre las piernas. ¡Fidel Castro, Che Guevara y todos los rebeldes habían vencido! David contra Goliat, la victoria de una isla minúscula contra el imperialismo mortífero.

—¡Feliz Año Nuevo!

—*¡Y libertad!* — respondía Lucie, que ya solo soñaba con Cuba.

Tomas, Raphaël y ella decidieron celebrarlo el jueves siguiente en un bar anarquista. En cuanto entraron, Lucie se fijó en un grupo de chicos.

—Esos de ahí no están mal.

—¡Eres incorregible! —le dijo Tomas dándole un golpecito.

Uno de los chicos se volvió para hacer la comanda y sus miradas se cruzaron.

—¡Eh, Raphaël!

Lucie se dio cuenta de que su amigo se sonrojaba.

—Vamos a brindar con ellos —declaró Tomas, que no se había percatado de nada.

Raphaël permanecía callado, con una sonrisa fija. Tomas se inclinó sobre la mesa, agarró la copa de alguien y la elevó por encima de las cabezas asombradas gritando:

—¡Por la Revolución cubana!

—¿No me presentas? —dijo el chico alzando los ojos.

—Un amigo —se limitó a decir Raphaël.

—¡Los amigos de mis amigos son mis amigos! —replicó Lucie. Él movió la cabeza, azorado.

Al día siguiente por la tarde, Lucie se dejó caer en el sofá del salón, con una granadina en la mano, esperando a su madre, que volvía de una semana de vacaciones con su amante de turno. Era uno de sus rituales: encontrarse los viernes antes de cenar para charlar y contarse la vida. Mona estaba encantada con su viaje; habían alquilado un chalet a orillas del mar en la costa italiana para Fin de Año.

—Y además, lo que está ocurriendo en Cuba es realmente… ¡El año empieza bien!

Lucie se mostró de acuerdo. La isla enviaba un mensaje de esperanza al resto del mundo; ahora la libertad tenía un rostro, y seductor.

—Me gustaría muchísimo ir, mamá… ¡Ver La Habana, Sierra Maestra, Santiago! —Metió la mano en el cuenco lleno de cacahuetes e hizo una pausa—. En cuanto a Raphaël… Tengo que decirte una cosa. —El cacahuete crujió entre sus dientes—. Resulta que es homosexual.

Ya llevaban tres sangrías; la cabeza da vueltas y la mirada se pierde. El grupo de chicos había abandonado el bar hacía rato, para gran desolación de Lucie.

—Es mono ese chico que nos has presentado...

Raphaël apuró la copa.

—Olvídalo. —Y luego, un poco borracho, añadió—: Es homosexual...

Tomas se atragantó. Lucie se quedó paralizada un segundo, se acordó de repente de las mejillas enrojecidas de su amigo un momento antes. Y lo comprendió.

—¿Te refieres a que es homosexual... como tú?

Raphaël bajó la cabeza y se sirvió lo que quedaba de la sangría. Homosexual, lo era desde la adolescencia, aunque había tardado en reconocerlo.

—Pero ¿por qué no nos has dicho nada en todo este tiempo? —preguntó Lucie.

La vergüenza, el miedo a ser rechazado. Tomas retrocedió imperceptiblemente.

—No te preocupes, no eres mi tipo.

Lucie le echó una mirada severa a su amigo lituano, que enseguida volvió a su sitio, arrepentido de un gesto del que ni siquiera había sido consciente. Ella abrazó a Raphaël.

—Te quiero como eres. —Y añadió—: ¡Sigues siendo mi Lanzarote!

Él le sonrió, y con una voz súbitamente más fuerte, impregnada de alcohol, dijo volviéndose hacia Tomas:

—Quería decirte... Aquella vez que te pegaron... Deseaba intervenir. De veras... Pero la violencia me paraliza. Cuanto más te pegaban, más tenía la impresión de que me gritaban: «Marica, marica...». Y más me avergonzaba. Lo siento, de veras.

Tomas se le acercó, le cogió la mano y la puso suavemente sobre su cicatriz.

—Olvídalo, amigo. El futuro no está detrás de nosotros.

Al contarle la escena a su madre, Lucie se sentía igual de emocionada que la víspera.

—Si te soy sincera, tenía algunas dudas. Ahora al menos está claro.

Mona se comió un cacahuete y con tono indiferente declaró:

—A mí esos tíos me dan asco.

Lucie abrió la boca, con el corazón en un puño.

—¿Qué quieres decir?

—No lo sé... Es sucio, ¿comprendes? Lo que hacen... Son enfermos.

No, su madre no había dicho semejante cosa. No era posible. Encendió un cigarrillo, dio una calada larga y trató de calmarse.

—Es su vida. Es tan válida como la nuestra.

Mona se echó a reír y enarcó las cejas.

—¡No, en serio! Un hombre con un hombre... ¡Por favor! Mira, me dan ganas de vomitar.

—Pero ¿te das cuenta de lo que dices? —estalló Lucie. Llevándose las manos a la cabeza, empezó a caminar arriba y abajo por la sala—. ¡Así piensan los viejos!

Mona no dejó pasar el insulto. Se levantó y se le acercó.

—No me hables en ese tono.

—¡Te hablo en ese tono porque no me permites hablarte en otro!

Agarró a Lucie por la chaqueta.

—¡Cállate! Tienes dieciocho años, ¡aún no eres nadie!

—¡Y tú eres igual que papá!

Sonó una bofetada.

Ambas se quedaron petrificadas, como si la escena se les hubiese ido de las manos. Luego, los ojos de Lucie se llenaron de lágrimas y abandonó la habitación con un portazo.

—Me gustaban el fútbol, las novelas de aventuras, la playa, los juegos. Como a cualquier chico. De adolescente, me enamoré, bueno vagamente, de una chica de la clase. Tenía un nombre curioso, Pomme. Sí, sus padres la llamaban Pomme. Y los tíos de la clase corrían detrás de ella gritando: «¡Deja que te muerda, Pomme!», lo que la hacía reír. No sé por qué, me eligió a mí. Me invitó a su casa; yo fui, pensaba sinceramente que estaba enamorado de ella, todos los demás chicos lo estaban. Su habitación estaba decorada con pósters de los Beatles y olía a vainilla. Nos sentamos en su cama individual. Pomme me miró. Era guapa, la verdad. Se echó sobre mí. Pero entonces… Sus labios blandos sobre los míos, su perfume dulce, su carne, todo, todo me dio asco. Fue terrible. No quería herir sus sentimientos, te lo aseguro, pero la rechacé violentamente y me limpié la boca. Era más fuerte que yo.

Lucie le tendió el mechero a Raphaël. Con sus dedos largos, el chico encendió un Gauloise sin filtro y se ajustó el abrigo. Delante de ellos, el mar estaba más calmado que un lago, un espejo negro que se extendía hacia el horizonte. Lucie estaba enfadada con su madre; la rabia, la incomprensión formaban una bola en su estómago, pesada como la piedra de los condenados. Raphaël volvió la cabeza hacia ella.

—Entonces ¿reaccionó mal?

Lucie suspiró.

—No es propio de ella, te lo aseguro. Nos peleamos como nunca. Lo que más la hería era hallar en su madre una actitud parecida a la de André.

—Mi padre se comportaba así con los vietnamitas, los canacos, los judíos. Que ella tenga la misma actitud hacia los homosexuales me pone enferma. Estoy segura de que cambiará de opinión, pero tardará.

Raphaël le sonrió.

—Su reacción no me sorprende.

Cuando se atrevió a confiarle su secreto, su propia madre se había echado a llorar antes de empujarlo con desprecio; su padre se había puesto coloradísimo y había chillado, ninguno de los dos aceptaba la idea, «nunca los ha habido en nuestra familia», decían; y luego la vergüenza, el asco, el miedo a lo que pensaran los demás.

—¿Cómo se solucionó?

—Me echaron —suspiró Raphaël—. Hace más de tres años que no los veo.

El día empezaba a declinar, derramando una sombra lechosa sobre la playa. Los dos amigos guardaron silencio. Niza era la ciudad más triste del mundo.

PLANNING FAMILIAR DE LA CIUDAD DE NIZA

Bajo un sol de justicia, la pancarta se extendía en rojo sobre el frontón del edificio. El año 1960 señalaba para Mona la creación oficial del Planning Familiar, fruto de la asociación La Maternidad Feliz, que gracias a Marie-Andrée Weill-Hallé, Évelyne Sullerot y numerosas mujeres comprometidas con ellas, había optado por fin por una línea más radical. Lucie ayudaba a atender en el puesto instalado delante de las oficinas. Susanna, siempre imponente, distribuía octavillas en la acera; Liliane, la joven que quería ser médico y a la que Lucie había conocido durante la sesión de colocación del diafragma, explicaba las misiones del Planning; Bichette tomaba el sol sentada en una silla de plástico. Otras muchas mujeres las rodeaban, ofreciendo a las transeúntes un vaso de agua o de refresco antes de entablar conversación. Algunas se detenían, admirativas, agradecidas, animando a las activistas. Otras soltaban insultos: «¡Zorras! ¡Cochinas!». Un hombre con sombrero de fieltro las insultó: «¡Sois unas perras!». Al oír estas palabras, Lucie empezó a ladrar, estirando el cuello hacia el cielo, y fue imitada enseguida por su madre y luego por todas las militantes, «Guau, guau», fue un concierto de perras, del tono más agudo al más grave, con los belfos recogidos y las pupilas dilatadas; Susanna fingió perseguirlo para morderlo. El hombre huyó tildándolas de enfermas, y todas se echaron a reír. Un teckel que pasaba por allí se paró a contemplarlas, asustado.

A lo largo del sábado, las mujeres se turnaron. Lucie se marchó a la hora de comer.

—¿Aún te quedas un rato? —le preguntó a su madre.

—Sí, hasta las cuatro.

—Bien, pues hasta luego entonces.

Hacia las tres y media, se aproximó un joven. Mona se fijó en él inmediatamente: alto, de piel muy blanca, cabello castaño.

—¡Vaya, por fin un hombre se interesa por la causa de las mujeres! —exclamó con una amplia sonrisa.

—Claro que sí. Vuestra lucha también es la nuestra. Lo creo firmemente.

Susanna acercó su silla.

—¡Si supiera el bien que nos hace oír eso!

Entablaron conversación. El joven, educadísimo, estaba a favor del derecho a los anticonceptivos y al aborto; las mujeres debían poder trabajar como los hombres, con un salario equivalente, disponer de una cuenta bancaria y no estar solas para criar a los niños.

—Hay que desarrollar el principio de las guarderías; de lo contrario, las madres siempre estarán relegadas en casa.

Mona lo miraba embelesada. Le ofreció un vaso de naranjada, que él aceptó educadamente. Sus ojos tenían el tono dorado de la miel.

Todavía estaban intercambiando sus ideas cuando llegó Lucie, encantadora con su vestido primaveral.

—Mire, esta es mi hija —anunció la madre dirigiéndose al joven.

Este le respondió con una sonrisa, que Mona no tuvo tiempo de interpretar, pues Lucie ya se inclinaba para darle un beso.

—Hola, Raphaël, ¿cómo estás? —Puso una mano en el hombro del chico—. Mamá, te presento a Raphaël. Ya sabes, el amigo del que tanto te he hablado.

En plena noche, Mona sintió que se asfixiaba y abrió de par en par la ventana. El olor de los pinos colmaba el aire, savia fresca y melosa que el viento traía. Respiró hondo. No podía dejar de pensar en la escena de la tarde anterior. Raphaël. Su hija le había tendido una trampa, pero con tanta habilidad que no había tenido más remedio que aplaudirla. Debía admitirlo, su amigo era atractivo, y brillante. Sus convicciones feministas le habían encantado. Piel blanca, mirada dorada. «Lanzarote del Lago», decía Lucie. Un nombre bonito, que le sentaba bien. Pero era homosexual. En el rectángulo de la ventana se recortaban las sombras de los árboles; Mona creyó ver pasar unos murciélagos, o tal vez fueran lechuzas, no estaba segura. Por todas partes el mismo silencio denso. Volvió a acostarse, contrariada, con la mente alterada, y cayó en un sueño poblado de pesadillas.

Al día siguiente, se quedó en la cama más de lo habitual, prolongó el desayuno, se demoró una hora en el baño, como arrastrando un peso que sabía que estaba relacionado con el episodio del día anterior. Era desagradable, una mezcla de culpabilidad y asco. Y también de admiración por su hija. Hacia las doce, ociosa, encendió la radio y sintonizó Paris Inter. Siempre que podía escuchaba el concurso «Cien mil francos diarios», se imaginaba lo que haría con ese dinero: un viaje, adquirir un coche nuevo, o más probablemente ahorrar para los estudios de sus hijos. «¿Cómo se llama la cría de la cebra?» Extendió las piernas en el sofá y se puso a participar. El potrillo. Las notas del xilofón se desgranaron lentamente. Ding, ding. «¿Potrillo?», preguntó el candidato. Era fácil, cualquiera habría podido responder. «Una pregunta de historia. ¿En qué año fue consagrado Carlomagno como emperador de Occidente?» ¡Ah, no, fechas no! Nunca había podido memorizarlas. «¿En el año 800?» «¡Otra respuesta correcta del señor Buc, bravo!» Se miró las uñas, las encontró un poco deslucidas, tendría que ir a la manicura. «Ahora cultura. ¿Quién es el autor de la siguiente cita: "Querer ser libre es querer que también los otros lo sean"?» Le dio un vuelco el corazón. «¡Simone de Beauvoir!», le gritó a la radio. El xilófono recuperó sus derechos, puntuando la respiración del candidato mudo. Ding, ding. Mona se levantó. «¡Beauvoir, vamos!» El presentador daba pistas, pero era inútil, el señor Buc no las captaba. Ding, ding. «¡Qué idiota! ¡Va a perder!» Ding. Demasiado tarde. Se dejó caer en el sofá, despechada. El jugador desafortunado se iba con un ejemplar del Larousse de nombres propios y con la felicitación del presentador. Simone de Beauvoir le había birlado sus cien mil francos. «Pobre Marthe, tendría que haberlo oído…» Se dirigió a la biblioteca, sacó un ejemplar del libro del que estaba extraída la famosa frase, *Para una moral de la ambigüedad.* Y de pronto, sintió que la sangre se le helaba. «Querer ser libre es querer que también los otros lo sean.» Cada uno es libre. Claro, cada uno es libre. Otros también tenían derecho a la libertad que las mujeres reclamaban. Recordó la belleza de Raphaël y tuvo la impresión de que le quitaban un peso del pecho. Al juzgarlo, ella estaba actuando en contra de su propia moral. Era absurdo, incoherente. Sin embargo, el malestar que provocaba en Mona la homosexualidad seguía ahí, pero ahora una sensación más fuerte se oponía a él: la aceptación. Se puso un vestido y salió a abrazar al sol.

Escribo, y la noche cubre París. Estamos a comienzos de la primavera; los cerezos están cargados de bolas de flores rosas y nacaradas, los árboles son de un verde tierno casi amarillo, pero a esta hora, ¿quién lo diría?, el negro lo engulle todo, como unas fauces maléficas. En mi sala de estar, que alguna vez ha estado más ordenada aunque nunca lo esté del todo, escribo pensando en Évelyne. Negro fuera, negro dentro; el negro es luz. La una y media de la madrugada. Abajo, delante de mi casa, unas personas gritan; una de ellas repite sin cesar: «¿Por qué lo has hecho? ¿Por qué lo has hecho?», y siento ganas de abrir las ventanas y gritar también: «Es verdad, oye tú, ¿por qué lo has hecho?». Mi cuerpo permanece clavado delante de la pantalla.

Sin embargo, cuando la calle recupera la calma, aunque no dura más de un segundo, si uno tiende la oreja sorprenderá, maravillado, que la capital bulle de grillos. Un chirrido musical y rítmico, casi imperceptible. Un viento tibio sopla sobre el asfalto. Un olor a madreselva se superpone al de los motores.

París, de noche, sería un jardín salvaje a orillas del Mediterráneo.

Le temblaban tanto las manos que se le derramó un poco de agua al llevarse el vaso a los labios. La piel normalmente pálida como la luna ahora parecía grisácea. Solo tenía una palabra en la boca: «Expulsado». Lucie y Tomas rodeaban al amigo, hecho un mar de lágrimas. Raphaël acababa de ser convocado por el tribunal administrativo de la facultad. La sanción había caído, terrible, como una cabeza cortada: sería expulsado del sistema universitario por homosexualidad. Lucie lloraba con él y Tomas apretaba los dientes. Cómo habían conseguido las autoridades con unas fotos de él y de su novio no lo sabía, pero eran pruebas fehacientes, incontestables.

—Hay que actuar… ¡Y romperle la cara al que lo haya hecho! —se indignó Tomas—. ¿También aquí tenéis delatores?

—Sobre todo aquí, querrás decir —replicó Lucie—. Los gestapistas reciclados… —Besó la mejilla triste de su amigo—. Debe poder recurrirse. Apelaremos en contra.

En el mismo momento, oyó la llave en la cerradura y entraron su madre y su hermano en el salón, cargados de paquetes.

—¿Por qué llora? —preguntó atónito Pierre, al verlos.

Raphaël se enjugó los ojos con la manga de la camisa.

—No estoy llorando.

Pierre no pareció convencido. Mona dejó todos los paquetes.

—¿Qué ha pasado?

A medida que Raphaël le explicaba la situación, su cara iba cambiando de color, se contraía.

—¡No vamos a permitir que te arruinen la vida! —exclamó—. ¡Iré a hablar con ellos!

Hubo un minuto en el que todo quedó en suspenso, un enfrentamiento reconvertido en ternura, y Lucie se echó al cuello de su madre para darle las gracias. Permanecieron abrazadas unos segundos.

—No quiero que le hagan daño a tu amigo…

Raphaël bajó los ojos, emocionado, un poco incómodo también por aquel amor entre madre e hija que se manifestaba así delante de él. Lucie acabó soltándose del abrazo y con orgullo, ladeando la cabeza hacia Mona, dijo:

—Esta es mi madre.

Al cabo de unos días, Tomas y unos compañeros de la facultad se reunieron en casa de Lucie para una fiesta sorpresa. Mona había vuelto dos horas antes con una buena noticia: el tribunal universitario desistía de la expulsión nacional. Raphaël no podría continuar estudiando en Niza, pero podría hacerlo en las demás universidades francesas, las de Marsella, Montpellier, París… Sí, París le parecía bien. Y tal vez un día sería abogado. Mientras, tendría que abandonar Niza, lo cual teñía el triunfo de una profunda amargura.

De momento, sin embargo, se trataba de celebrar la victoria. Lucie le había pedido a Raphaël que se llevase a Mona a la ciudad con la excusa de hacerle un regalo. Mientras tanto, ella había avisado a unos amigos, que acudieron enseguida con comida y bebidas.

Cuando Mona entró del brazo de su nuevo protegido, todos se levantaron y la aplaudieron desaforadamente. Raphaël echó más leña al fuego improvisando una danza del sol a su alrededor.

—¡Oh! ¡Qué sorpresa! ¡Estáis locos! Gracias...

—Tienes que contarnos cómo fue —la instó Tomas.

Risueña, Mona se sentó en la alfombra del salón y contó, contó como un contador de cuentos africano.

El careo había tenido lugar en un precioso anfiteatro de madera clara. Frente a ella, seis profesores, todos miembros del claustro de la facultad.

—Unos viejos carcamales embutidos en su terciopelo color caca de oca...

Con su collar de perlas y su traje de chaqueta color crema, nadie sospechaba lo que Mona iba a hacer.

—«Señores, ¿quién investigó lo que ustedes hacían en sus dormitorios antes de nombrarlos catedráticos de esta universidad?» Uno grande y flaco con gafas se quedó de piedra. Otro, de una insipidez de endivia, empezó a soltar hipidos. «No entiendo cuál es su objeción», replicó un tercero. —En la alfombra del salón, Mona imitaba al pedante, con sus manos largas y zarposas revoloteando en el vacío—. «¡Cómo!», les dije yo. «¿Me quieren hacer creer que los juzgaron solamente por sus conocimientos, su cultura, su capacidad pedagógica?»

Lucie le dio un codazo a Tomas; les dijo eso mismo, no te lo pierdas. Él levantó el pulgar en señal de respeto. Mona se puso de pie, hinchó el pecho y dijo:

—«Claro que los juzgaron por esas cualidades, y solo por ellas. Entonces, yo pregunto...». En ese momento —añadió volviéndose hacia su hija—, hice lo que tú me habías dicho, dejé un espacio en blanco…

Raphaël se partía de risa. Mona vociferó:

—«Sí, señores, les pregunto: ¿cómo pretenden juzgar a un joven talento si no es por las mismas cualidades que son la razón de su presencia aquí, en este santuario del saber?» —Para expulsar el aire tuvo que aguantarse las costillas de tanto como se reía—. Esta frase, si he de ser sincera, no era fácil… Creí que me iba a hacer un lío. ¡Ay, tendríais que haber visto sus caras!

Poco a poco las risas fueron apagándose y Mona volvió a sentarse en la alfombra.

—Después les espeté: «¡Ustedes quieren expulsar a Raphaël Sire porque es homosexual! ¡Pero su homosexualidad no les ha impedido, antes de saberlo, darle las mejores notas!», y bla, bla, bla.

Raphaël se hundió en el sofá y Lucie suspiró.

—¿Y lo admitieron? —quiso saber Tomas.

—No —respondió el interesado—. Mona tuvo que pelearlo más. Y luego se pusieron de acuerdo y pronunciaron el veredicto que todos conocéis. En el fondo, lo único que querían era quitárseme de encima.

Lucie apoyó la cabeza en el hombro de su amigo.

—Un día les demostrarás lo equivocados que estaban. —Sonrió—. Y cuánta razón tenía mi madre.

Escribir me parece en este momento la actividad más desalentadora del mundo. ¿Cómo puede una ver pasar las escenas tan claramente en su mente y no ser capaz de reproducirlas en una página? Es desesperante. Recuerdo la voz de Évelyne diciendo: «No consigo *romancer*». En mi lenguaje, *romancer* significa novelar, no convertir en romántico. Pero Évelyne era capaz de dejar plantada a una asamblea de universitarios eméritos para ver el último episodio de *Les feux de l'amour*; entonces «romántico», ¿por qué no?, si se trata de permanecer a la escucha de las emociones, y más exactamente aún, de las sensaciones. Siempre lo he dicho de mi trabajo de editora, y todavía me parece que se ajusta más a la realidad en el trabajo de escritora: la razón ocupa poco sitio. Es el animal que hay en ti el que sabe adónde ir. Pero el animal tiene que estar muy alerta, plantado sobre sus patas, con el pelaje suave, preparado para el ataque.

Octubre de 1962. Desde principios de mes, había grandes tensiones en Cuba. La foto de Ben Bella, a la cabeza del primer gobierno de la Argelia independiente, y la de Fidel Castro en la pista del aeropuerto de La Habana, subido a un descapotable, con un collar de flores al cuello, eran cosa del pasado. Desde que Kennedy había decretado el embargo de la isla, Jruschchov amenazaba con desplegar misiles y submarinos. Los americanos no habían reculado, pero su mensaje era claro: jamás tolerarían semejante peligro tan cerca de su país. Mona llegó a los seguros Soleil con *L'Humanité* bajo el brazo, lo había comprado especialmente para seguir el tema.

Como todos los días desde hacía seis años, saludó a la detestable Barbara, dejó sus cosas, añadió un terrón al café de su jefe y echó un vistazo a la pila del correo. Sus gestos mecánicos la aburrían, no había nada interesante en su trabajo salvo el reducido salario que cobraba puntualmente. Cioto iba a dejar un sobre con documentos encima del escritorio cuando reparó en *L'Humanité*.

—¡Señora Magalas! ¿De dónde ha salido esa basura? Supongo que no será usted quien compra eso…

Nunca había pensado que su jefe fuera de izquierdas, pero el comentario tenía un tono acre que le desagradó sobremanera.

—Sí, soy yo.

Cioto soltó unos hipidos. Su empleada... *L'Humanité*... Mona creyó que iba a darle un ataque cuando la cara de su jefe se puso morada como un higo.

—Señor Cioto, ¿se encuentra bien?

Barbara, que había oído los gritos, acudió.

—¡Oh! —Corrió hacia él con cara de *mater dolorosa*.

—¡Una roja! ¡Una maldita roja! —balbuceaba el hombre señalándola con el dedo.

Barbara gritó, horripilada. Mona se levantó. Quizá el mundo estuviera a punto de hundirse en el caos atómico, pero en los seguros Soleil encontrarse con una lectora de *L'Humanité* podía matarte. Se encontró ridícula con aquellos zapatitos de tacón, su trajecito de chaqueta y sus pendientes dorados. Su vida en Niza no era nada apasionante: un trabajo absurdo, unas jornadas demasiado largas, unos amantes a los que jamás veía más de dos veces seguidas. Recogió el bolso entre insultos y salió.

Al entrar en casa, encontró a Lucie entre los brazos de un chico en el sofá.

—¡Mamá!

—Perdón, perdón... Seguid a lo vuestro, como si yo no estuviera.

Antes de que su hija hubiese podido replicar, cerró la puerta de su dormitorio. Sacó un bloc de su secreter, metió una hoja en su Hermès Ambassador y redactó su carta de dimisión. Al poner el punto final, se sintió aliviada, liberada. Fue presa de una excitación de chiquilla. Adiós, Niza. Estaba decidido. Se mudarían a París. Hacía años que soñaba con ello y había llegado el momento. Sabría salir adelante, encontrar un nuevo empleo. ¡Y a paseo los seguros Soleil!

Mentir para hacer realidad su sueño. Eso pensaba Lucie, que acababa de inscribirse con Tomas en la sede de la Unión de Estudiantes Comunistas, en la Place Paul Painlevé. En cuanto llegó a París en 1963 y se matriculó en la Sorbona, siguió militando a favor de las liberaciones nacionales. Al enterarse de que la UEC estaba proyectando un viaje a Cuba para el verano de 1964, llamó a su amigo. Tomas no podía perdérselo; no importaban las condiciones: ir a Cuba suponía muchísimo para ellos. Él no dudó. Dejó Niza y se alegró de reunirse con Lucie.

—La UEC mantiene cierta distancia con el Partido Comunista francés… No les entusiasma el estalinismo. Son partidarios de Tito, en Yugoslavia…

Lucie justificaba lo mejor que podía su cambio de bando. La UEC apoyaba a algunos dirigentes de los no alineados; no era gente totalmente indeseable.

Al frente de la asociación había dos o tres chicos sumamente elocuentes, uno de los cuales se llamaba Victor. De cabello claro, mirada azul, era estudiante de medicina. Explicó los objetivos de la estancia durante la reunión de presentación: descubrir la isla, claro está, inspirarse en el modelo revolucionario, conseguir una entrevista con Fidel Castro para el periódico que editaban, *Clarté*, y ayudar en su trabajo en el campo a los cortadores de caña.

Contenta por ellos, aunque también algo preocupada, Mona les compró unas camisas «antimosquitos» y gafas de sol.

—Aplícate crema en la cicatriz, Tomas. De lo contrario te quedará marca —dijo poniéndole en las manos un tubo nuevo.

Pierre, que ahora tenía catorce años, pidió que le compraran una gorra como la del Che. Raphaël, que desde que era parisino se había alejado de la política, no había querido unirse al grupo.

—Lanzarote en Cuba… —ironizó—. No, lo siento, eso se acabó. Pero tomad eso, puede serviros.

Lucie vio que se trataba de una cajita de pastillas.

—Si dudáis acerca de la calidad del agua, le echáis una pastilla desinfectante y tranquilos.

—No te preocupes —le respondió ella—, ¡somos aventureros!

Tomas y Lucie estaban listos. Podían partir en cualquier momento, en cuanto el gobierno francés permitiese al avión cubano aterrizar en Orly. Pero las autoridades lo bloqueaban. La UEC encontró una solución: alquilaron dos autocares para ir a Holanda, donde el avión tenía permiso para aterrizar, y desde allí embarcaron enseguida.

Una bocanada caliente y húmeda. Unos cocoteros inmensos. Apenas bajaron del avión, la pancarta gigante: «*Bienvenidos al primer territorio libre de América*». Lucie disfrutó del momento. El aeropuerto de La Habana se correspondía exactamente con lo que esperaba de Cuba: un lugar salvaje, excitante. El grupo aguardó en una sala de tránsito porque una avioneta debía llevarlos inmediatamente a Santiago. Al día siguiente, el 26 de julio de 1964, el comandante en jefe pronunciaría un gran discurso en recuerdo del ataque al cuartel Moncada, donde se inició la Revolución cubana. Lucie temblaba solo con pensar que vería a Fidel Castro, y pronunciando un discurso que sería el eco del famoso que pronunciara en 1953 ante el tribunal de Batista: «Condenadme, no importa, la historia me absolverá».

En la sala de tránsito, se acercaron unos músicos con sus guitarras. Las voces cálidas se mezclaron para cantar: «*Cuba... Qué linda es Cuba... Quien la defiende, la quiere más...*». Luego llegó la hora de embarcar rumbo a Santiago, donde los esperaban unos milicianos.

Los repartieron en seis grupos de diez y los acogieron en casas especialmente preparadas: literas en las habitaciones, los salones transformados en comedores. Les sirvieron una comida a base de brochetas de pollo, plátano y arroz blanco. Después de cenar, cantaron un poco más y se acostaron; todos querían estar en forma para el día siguiente.

Hacia las siete de la mañana, cuando un sol sin nubes iluminaba la isla, Lucie despertó. En el comedor, estaban algunos de sus compañeros que ya se habían levantado. Se comió una tostada de pie con un tazón de café y luego hizo cola para el cuarto de baño, con sus cosas de aseo en la mano. Había una sola ducha y la regla era clara: no más de cinco minutos por persona. Le tocó el turno. Se quitó el pijama y abrió el grifo: ya no quedaba agua.

—Vamos —murmuró sacudiendo la ducha.

Nada.

—¡Date prisa! —gritó alguien al otro lado de la puerta.

Un goteo raquítico le respondió. Lucie recogió el hilillo de agua en las palmas de las manos y se frotó enérgicamente. ¡Ya se enjabonaría otro día!

—¡Habíamos quedado en cinco minutos! —se impacientaba la voz de fuera.

Lucie salió de la «ducha», se friccionó con agua de colonia, que por suerte había metido en el neceser, y se puso el vestido amarillo de algodón.

—¡Has estado diez minutos! —se quejó Victor dándole unos golpecitos al reloj.

Ella no le contestó y corrió a la habitación descalza.

—Salimos a las ocho.

Lucie estaba cerrando la puerta cuando lo oyó gritar:

—¡No me lo puedo creer! ¡Ha gastado toda el agua!

En la habitación que compartía con tres chicas, Nina, Audrey y Brigitte, Lucie se cepilló el largo cabello rubio y se lo recogió en una cola de caballo, sacó un espejito del bolso y con un lápiz se maquilló un poco los ojos. Por efecto del calor, la cera negra se había derretido un poco, dando a su mirada un toque oriental.

—¿Me lo prestas? —le preguntó Nina.

—¡No faltaría más, camarada!

Le tendió el lápiz de ojos. Brigitte ofreció su aceite solar. Audrey su pintalabios. Las tres rieron. Concurso de bocas frescas y pieles satinadas; unas francesitas de vacaciones, preparándose para un guateque.

En la calle les esperaban dos autocares alquilados por el régimen. Lucie era presa de la excitación: al final del viaje en autobús, estarían Fidel Castro, el pueblo, la libertad. A su alrededor, un polvo grasiento se elevaba de la tierra, deslizándose por su ropa y bajo la suela de sus sandalias. En la parte delantera del vehículo, con la hoja en la mano, Victor pasaba lista. Cuando le tocó subir, él la miró con insistencia sin decir palabra. Divertida, Lucie fue a sentarse al fondo junto a Tomas, emocionada como una niña. El autocar arrancó.

La plaza de la Revolución ya estaba llena de gente. Una masa compacta, vibrante, ocupaba todo el espacio. Algunos incluso se habían subido a los cocoteros para ver mejor el estrado. Lucie bajó del autocar con Tomas. Niños, ancianos, mujeres jóvenes y abuelas, cortadores de caña con sombreros de palma, hombres con chaqueta y en traje de faena, adolescentes de sonrisa amplia y blanca, lactantes: el pueblo en su conjunto se había congregado en Santiago. Todo eran gritos alegres, cantos, bailes improvisados, un fervor impresionante. Se oyeron trompetas y percusiones. Y una voz clara destacó. «*¡Chiquita mía!*» Enseguida la música aumentó de volumen. Nina se volvió hacia Lucie, empezó a contonearse y a mover rítmicamente los hombros, agitando el aire con los brazos —era su forma de bailar—, mientras seguía al grupo. Lucie la imitó riendo. «*Chiquita, chiquita…*» Tomás se desgañitó: «*¡Viva Cuba!*» y también alzó los brazos. Juntos se abrieron camino entre aquella marea humana, guiados por las autoridades, que los llevaron a la tribuna oficial de madera.

Algunas figuras de verde oliva ya se habían sentado en los bancos. Aún no eran las diez, y Fidel no hablaría hasta primera hora de la tarde, pero las oleadas revolucionarias rompían sin interrupción y el gentío aumentaba.

—¡Tomas!

Lucie agarró a su amigo por la manga. Sus ojos brillaban. En el estrado, de pie el uno al lado de la otra, estaban Raúl Castro y su mujer, Vilma. A su alrededor ondeaban las banderas cubanas. Vilma llevaba una boina ladeada y sonreía al pueblo. Raúl, tan joven aún, le hablaba al oído.

—¡Cómo la quiere! —murmuró Lucie.

La pareja agitó la mano, recogiendo los vivas de los cubanos, y luego se largó. Un desfile incesante animaba el escenario. Unos guerrilleros de los cuales Lucie no conocía ni el nombre ni la cara subían y bajaban, ocupaban la tribuna, cogían el micro uno o dos minutos y luego se volvían de espaldas. El sol pegaba fuerte.

Nina se había envuelto la cabeza con un fular para protegerse de aquel horno. Lucie, que se había dejado la gorra, se sentía desfallecer. El pelo le ardía.

—¡Qué sed tengo!

También Tomas estaba deshidratado. Se alzó de puntillas, divisó un poco más lejos a los responsables de la UEC en plena discusión con unos hombres en traje de faena.

—¡Victor! —gritó.

Pero era tal el estruendo que su jefe no lo oyó. Gritó más fuerte. En vano. Lucie y Nina se unieron a él y esta vez Victor se volvió. Hizo un gesto como si dijera: «¿Y ahora qué queréis?». Tomas le indicó por señas que tenían sed y luego abrió las manos en un gesto interrogativo. Victor hizo una mueca de fastidio e interrumpió al revolucionario cubano. Desapareció un minuto y luego volvió con una caja de botellas de agua. Distribuyó unas cuantas a los otros jefes de sección y se abrió paso hasta ellos con las botellas restantes.

—No estamos en una colonia de vacaciones —declaró en tono seco—. Habríais podido pensarlo antes.

Sus ojos brillaban, pero Lucie notó que se trataba no tanto de enfado como de orgullo: sin él, nada funcionaba, y estaba dispuesto a que se notase. Le tendió la primera botella a Nina, la segunda a Tomas.

—Compartidla y ahorrad, porque no hay más.

—¿Y tú? —le preguntó Lucie, a la que claramente había obviado. Él se encogió de hombros.

—Como hasta ahora. Puedo prescindir. —Y volvió con los dignatarios cubanos, no sin dirigirle una sonrisa burlona.

La espera al sol los sumió en una especie de atontamiento. Frente a ellos, la multitud, que parecía acostumbrada, iba acomodándose. Algunos mordisqueaban panecillos rellenos, otros continuaban cantando y bailando. Los más jóvenes sesteaban en brazos de sus padres. Lucie se protegía buscando la sombra de Tomas; la piel ya estaba poniéndosele roja. Los párpados se le cargaban de sopor. De pronto, un clamor la sacó de su amodorramiento. El pueblo se había puesto en pie, los gritos y los aplausos agitaron el aire. Lucie se volvió y apretó la mano de Tomas. Lágrimas de emoción le empañaron los ojos. Sobre ellos, en el estrado de madera, se erguía el Che. Inmenso, enardecedor. Igual que en las imágenes que ella coleccionaba desde la época de Niza: el puro en la boca, la gorra en la cabeza, el porte misterioso, guapo como Jesús. Raúl y Vilma lo seguían.

—¡Che Guevara! ¡Che Guevara! —chillaba la multitud.

Lucie juntó las palmas y se tapó la boca, temblando. El Che se acercó al escenario y soltó un enorme «*¡Hasta la victoria siempre!*», que todo el pueblo coreó. El calor desnudaba los cuerpos, las mujeres se habían subido las faldas y descubierto los hombros, los hombres se quitaban las camisas. Era una ola gigante, un movimiento poderoso que emergía desde el fondo de la masa e iba acercándose, acercándose. «*¡Adelante! ¡Adelante!*» El Che miraba a la gente serio. Cerró los ojos y alzó el puño izquierdo.

—Va a llegar Fidel —exclamó Nina.

El pueblo rugió: «¡Fidel! ¡Fidel! ¡Fidel!» Pero Fidel aún no se hizo visible. A Lucie la empujaron, la pisaron, ella tan minúscula, *pequeñísima*. Tenía muchísimo miedo de perderse la entrada del héroe.

—Tomas, no veo nada.

Su amigo hacía cuanto podía para resistir la marea humana.

—Espera, me parece que es él…, no…, aún no…

Luego tomó impulso, agarró a Lucie y se la subió a los hombros. Ella lanzó un grito de júbilo. Estallaron protestas detrás de ellos, pero fingieron no oírlas. «¡Fidel! ¡Fidel!», seguía gritando el pueblo mientras el Che Guevara y Raúl conversaban muy serios. De pronto, se desbordó una ola, hubo un espasmo general, violento, sagrado. Él estaba allí. Dios estaba allí, con su barba, su uniforme de guerrillero, su estatura imponente. Saludó a sus lugartenientes con un *abrazo* viril y franco, y avanzó hacia Cuba. «¡Fidel!» El país entero lo aclamó. Lucie temblaba. Ante sus ojos estaba el héroe de la revolución, su héroe. Total y magnético. No podía creerlo. «¡Fidel! ¡Fidel!» Victor, un poco más lejos, con el cuerpo tendido hacia Dios, aplaudía a rabiar. «¡Fidel! ¡Fidel! ¡Fidel!» El Líder Máximo levantó los brazos en dirección al pueblo, al instante se hizo el silencio, como por arte de magia. En el aire saturado de amor, estallaron cornetas y tambores y sonó el himno nacional: «*Al combate, corred, bayameses, / que la Patria os contempla orgullosa. / No temáis una muerte gloriosa / que morir por la Patria es vivir*». Bajo los vítores de la multitud, el héroe se acercó al micro del pupitre de madera. A Lucie le sudaban las manos. Cuando la voz estalló, fue como un puñetazo en el vientre.

Al principio fue el Verbo, y Fidel era el Verbo. Lucie no podía apartar los ojos de él. Durante horas, el Comandante fue desgranando su discurso, inagotable; el pueblo debía luchar contra la amenaza que el mundo le imponía, había que oponerse al tiburón imperialista, a la codicia de los grandes, a la ignominia colonialista. La voz de Castro, bastante clara, casi aguda, estaba puntuada por silencios, aceleraciones bruscas, pausas irónicas. Regularmente, la multitud repetía con él los eslóganes revolucionarios, «*Patria o muerte*», «*El pueblo, unido, jamás será vencido*», y los sesenta estudiantes franceses también gritaban, puño en alto, al compás, enfebrecidos. Era la comunión de toda una multitud, el éxtasis de un pueblo que quería creer. Tomas acabó por bajar a Lucie de sus hombros. La abrazó muy fuerte. En Santiago, la realidad se había dejado inventar por el sueño.

Al día siguiente, los estudiantes visitaron la ciudad, el Castillo del Morro, la Casa de la Trova y, por la tarde, una fábrica de puros. En todas partes, los recibieron cariñosamente unos cubanos encantados de que hubieran cruzado el océano para escuchar el discurso del Jefe. Lucie había pasado una noche agitada; el calor, el sol acumulado y sobre todo la emoción le habían impedido dormir. Cuando con el crepúsculo los llevaban a un restaurante cerca de donde dormían, estuvo a punto de ir a acostarse sin cenar.

—Ah, no, tú te vienes con nosotros —le ordenó Nina.

El restaurante era un local muy sencillo, de paredes pintadas de azul, decoradas con retratos del Che y de Fidel. Unas mesas grandes se alineaban paralelas. Apenas se habían sentado cuando dos milicianos entraron en la sala preguntando por los responsables. Victor se adelantó. Los hombres le dijeron algo al oído y se fueron enseguida.

Pusieron ante cada uno un plato con arroz y carne de cerdo en salsa, acompañada de frijoles rojos. Lucie no tenía hambre, pero en atención a sus anfitriones dio las gracias y empezó a comer. En ese mismo momento, de pronto se apagaron las luces. Un murmullo se elevó.

—¡Que no se mueva nadie! ¡Todo va bien, que no cunda el pánico! —gritó Victor en tono vacilante.

Lucie vio que fuera se detenían tres coches. Las puertas se cerraron de golpe.

—Tengo miedo… —murmuró Nina.

Un estruendo de porcelana rota resonó en la oscuridad. Lucie dio un respingo.

—Es mi plato —susurró Tomas, pues acababa de tirarlo.

En ese mismo instante, la luz volvió y unos cuantos hombres barbudos, armados, entraron en tromba. Sus caras patibularias no inspiraban confianza.

—Tengo miedo —repitió Nina, casi en un murmullo.

Un miliciano cerró la puerta con llave y se irguió delante de ella formando barrera. Lucie buscaba a Victor con la mirada, pero este estaba petrificado. Cuando el grupo armado por fin se abrió, la estupefacción fue total. Vestido con su eterno uniforme verde oliva, el rostro relajado, allí estaba Fidel Castro en persona. Los estudiantes lanzaron un grito que tanto expresaba admiración como alivio. Lucie tenía un nudo en la garganta.

El héroe los saludó, contento, dijo, de encontrarse con unos estudiantes franceses y poder hablar con ellos de la Revolución. No perdió ni un segundo:

—¿Quién quiere hacer una pregunta?

Petrificados, todos permanecieron mudos.

—*¿Qué pensáis de las cerillas cubanas?* —los ayudó.

Silencio. Hasta que una vocecita tímida se elevó desde el fondo de la sala.

—Depende de las cajas… —balbuceó Lucie—. Y dentro de las cajas incluso de cada cerilla…

El Jefe se plantó ante ella.

—Tienes razón. Muy bien. Pero debes saber que en Cuba no podemos importar cerillas. Como tampoco carne, leche, motores o gasolina. Así que desarrollamos nuestros propios productos. Los mejoramos. Y un día —su voz se hizo más fuerte—, como la Revolución, ¡los exportaremos!

Estallaron los aplausos y ella, enfebrecida y maravillada, cruzó su mirada con la brillante mirada de Fidel.

Al día siguiente, la UEC fue invitada a un gran partido de *pelota*; Castro era el jugador principal. Tomas no daba crédito. El Líder Máximo no temía ni el ridículo ni los atentados. Victor ahuyentó las preocupaciones de un manotazo.

—Como puedes suponer, lo dejarán ganar. Y además está protegido por el país.

—Por el país, de acuerdo —dijo Lucie frunciendo el ceño—. Pero ¿y la CIA?

Estados Unidos seguía siendo el enemigo jurado de Cuba. De los americanos podía esperarse cualquier cosa.

En la arena, la multitud era tan compacta como en la plaza de la Revolución el 26 de julio. Gracias a su pequeña estatura, Lucie tuvo derecho a un sitio en primera fila, justo al lado de Victor, que le dio un golpecito en la visera de la gorra.

—¿Qué tal le va a la revolucionaria? —preguntó burlón.

—¡Déjame en paz!

En las tribunas, el pueblo gritaba: «¡*Caballo*! ¡*Caballo*!», y en medio de un clamor inmenso apareció Fidel. Llevaba un atuendo deportivo que resaltaba su silueta imponente. Calentó brevemente y luego empezó a golpear la pelota con el bate. Los hombres corrían como locos y luego se detenían de repente en una esquina del campo. Otros saltaban hacia arriba para atrapar la pelota con un guante enorme.

—No entiendo nada —suspiró Lucie.

—Es como el béisbol —dijo Victor inclinándose hacia ella.

—Gracias. Pero si te crees que eso me ayuda…

A pesar del calor, Fidel no parecía afectado. Golpeaba con fuerza y nunca fallaba en la carrera. El gentío se levantaba con cada punto que marcaba; pronto se dio por concluido el partido.

—Ya te dije que lo dejarían ganar… Pero de todas formas es el héroe.

La multitud estalló en una ovación que duró diez minutos. Durante este tiempo, el Comandante dio una rápida vuelta al ruedo antes de acercarse a la tribuna. Lucie se puso de puntillas y aplaudió a rabiar. Solo fue un segundo, pero hubiera puesto la mano en el fuego: Fidel le había sonreído.

Mientras Lucie se entusiasmaba en la arena de Santiago, Mona, chapoteando en el baño turco que era París en verano, recorría las papelerías y los estancos para presentar los últimos modelos de tarjetas navideñas realizadas por GraphicStudio, la empresa para la que trabajaba. Hacían de todo: Papá Noel y Nacimientos, tarjetones de cumpleaños y de pésame, de agradecimiento y de felicitación, para Pascua y para Año Nuevo. Empezaba el recorrido por la orilla derecha, la más opuesta a su domicilio, y después volvía por la izquierda, del distrito 7 al 5, y luego del 13 al 15, anotando los pedidos de los clientes, siendo más amable de lo normal para convencerlos de que comprasen unos cuantos más: «Ya verá que estos modelos se venden como rosquillas». Y luego enviaba toda esa información a la central de compras. Cobraba setecientos francos al mes, y así podía pagar el alquiler, las facturas, la comida… y poco más. Terminó la primera ronda a finales de julio, en el momento en que los parisinos se iban a la costa; todos coincidirían en un trocito de playa del Mediterráneo, en Bretaña o tal vez en Aquitania, y ella se quedaría allí, en una ciudad desierta con aires de cementerio.

Se quitó los zapatos nada más entrar en casa. Debido al calor, se le habían hinchado los pies y las ampollas le laceraban la piel. Se echó un poco de agua fresca en la cara y la nuca; en el espejo, vio a una mujer cansada, con los rasgos marcados, arrugas bajo los ojos y el maquillaje corrido. Cuarenta y un años. Pronto sería vieja. Y estaría sola. Pierre pasaba el verano en Niza para cuidar a Guillemette, cuya salud declinaba. Lucie descubría la libertad en Cuba. Ella estaba allí, en su piso del distrito 15, con sus tarjetitas de felicitación, sus pies estropeados, sus arrugas y su soledad.

André la habría encontrado fea. Su piel se distendía debajo de los brazos, el mentón se arrugaba, los ojos habían perdido su frescura. La invadió una sensación de inmensa injusticia. Ya no era el ama de casa perfecta vestida de seda verde del Círculo Deportivo de Saigón. Ya no era la mujer deseada de la playa de Anse Vata. De lejos, ¿qué imagen daba? La de una madre de familia elegante, con encanto burgués. ¿Y de cerca? La de una luchadora cansada, de cabello apagado. Ella sabía que valía más que eso, se conocía, no dudaba de sus fuerzas. Pero aquel día una melancolía indecible le oprimía el corazón.

Por más que supiera que era ley de vida, que el hecho de que los hijos alzasen el vuelo significaba que la educación había sido un éxito, la ausencia de Lucie, y sobre todo lo que esa ausencia hacía presagiar en el futuro, la abrumaba. Un día, ya no tendría a su hija para ella. Al perderla, perdería a una cómplice, una aliada, una confidente, y también un modelo, porque tanto pueden servirnos de inspiración los que nos siguen como los que nos preceden. Por supuesto, Pierre todavía se quedaría un poco más, pero era un chico, y pasaba mucho tiempo con su padre, que había vuelto a París a trabajar por disposición del ministerio. Mona contempló su reflejo. Se sintió inútil.

Creo que las madres mienten. Que no hay nada más triste que ese segundo en que el hijo se va para estudiar, para casarse, para vivir su vida. Las madres se felicitan, claro, han cumplido una parte del contrato, el hijo es autónomo y puede enfrentarse a la existencia, pero ¿qué queda? ¿La soledad, la nostalgia? No son regalos que digamos. Las mujeres son egoístas, y los hijos aún más. Cada uno le quita al otro algo que no le devolverá. Y siempre regresa, lacerante, la cuestión de un amor demasiado grande para vivir con él.

A las doce de la noche, en la avenida Gran Piedra. La «esperarían»… A medida que se acercaba la hora, Lucie iba poniéndose más nerviosa. Un miliciano le había entregado un mensaje por la mañana. A las doce de la noche, en la avenida Gran Piedra. Una obsesión la atenazaba. Y un nombre, que modelaba con todos sus sueños, con todos sus temores. ¿Qué «esperarían» de ella? ¿Acudirían siquiera? En cuanto terminó la cena del grupo, Lucie fingió tener sueño y abandonó la mesa, pasó por el baño a retocarse el peinado y se marchó discretamente. La noche aún era cálida, pero con su vestido largo de flores, Lucie sentía escalofríos. No acudiría nadie. Era una broma, seguramente una trampa. No habría debido aceptar. Unos faros hendieron la oscuridad. De nuevo tres coches. Un hombre le ordenó por señas que subiera al de en medio. Se abrió la puerta. Era él.

Lucie se sentó a su lado, temblando; él no la miraba; perfil marcial, mirada al frente. Cuando se dio cuenta de que sus pies reposaban sobre una montaña de metralletas, no se atrevió a moverse. El coche arrancó. Solo entonces Fidel se volvió hacia ella, la saludó sonriéndole y le cogió la mano.

—*¿Cómo te llamas, linda?*

—Lucie —murmuró ella.

—*Pues, Lucía, ¿qué te parece Cuba?*

Y la besó en la mano. Ella recurrió a todos sus recuerdos de español para describir el día que había pasado, las visitas, y alentar la conversación, a fin de retrasar el momento fatídico. Él no esperó a que hubiera terminado, acercó sus labios a los de ella. Su boca sabía a tabaco y a café, era caliente, suave a pesar de la barba que la rodeaba. Él se separó un poco para mirarla y acariciarle el pelo.

—Todo va demasiado deprisa —murmuró ella, perdida.

Él asintió con la cabeza.

—Todo va demasiado deprisa también para mí, ¿sabes?

La besó de nuevo, con mayor avidez. Ella no controló nada. Fidel la tenía en sus brazos. Era su héroe, el Dios vivo de toda una generación. Cerró los ojos y se abandonó a él. Una noche para la eternidad.

El programa del día siguiente, fijado desde París, entusiasmaba al grupo: trabajar en los campos de caña junto a la carretera de Bayamo. Lucie regresó de madrugada, todavía aturdida, y subió a la hora convenida a la *guagua*, el autobús. Nina le dio un codazo.

—¿Dónde has estado esta noche?

Ella no contestó. Tomas la miró sorprendido, pero no hizo comentarios. A las ocho y media, el autobús seguía parado delante de la casa donde dormían. Victor, al lado del chófer, acabó anunciando, incómodo, que el plan había cambiado.

—Se ha anulado lo de cortar caña. Salimos para La Habana.

En la *guagua* el descontento fue inmediato.

—¿Qué coño haces, Victor? —gritó una chica.

—¿No les has dicho que habíamos venido a ayudar a los campesinos? —terció otra.

Victor levantó una mano para calmarlos. Las órdenes venían de arriba. El Instituto de Turismo temía atentados, debían abandonar Santiago, eso era todo. Lucie no pudo disimular una sonrisa, que Tomas sorprendió.

—¿A ti te hace gracia?

Ella le guiñó un ojo.

Tras muchas horas de trayecto y numerosas etapas en pueblos donde les mostraban los centros de alfabetización pero también de reeducación para las prostitutas, cuyos burdeles habían cerrado, el grupo llegó por fin a La Habana. Siguieron a lo largo del Malecón, bañado por una luz anaranjada. Frente al mar, en la ciudad corroída por la sal se mezclaba una arquitectura de fin de siglo con los retratos contemporáneos de Fidel, del Che y de Camilo Cienfuegos. En las ventanas, la ropa tendida estaba expuesta al sol, al gasóleo y al yodo. Los edificios en ruinas tenían un encanto inexplicable. La *guagua* tomó por una calle perpendicular y después desembocó cerca de una plaza delante de un gran edificio blanco, cuya limpieza contrastaba con el resto de los edificios.

—¡Pero esto es gran lujo! —protestó Victor—. No estamos aquí para alojarnos en un tres estrellas, ¿no?

Tomas abundó en el mismo sentido y se volvió hacia el grupo de milicianos que los recibían:

—No queremos ese rascacielos para turistas. ¡Nosotros somos militantes, queremos dormir en dormitorios del pueblo!

Una vez más, Lucie no pudo contener una sonrisa. Se ruborizó.

En el hotel de lujo —donde el grupo no tuvo más remedio que dejar las maletas—, las habitaciones eran individuales. Cada uno debió volver a la suya después de cenar, era una orden general. Apenas Lucie hubo cerrado la puerta, todas las luces se apagaron de repente. Dos golpes en la puerta. Lucie abrió; en la penumbra, distinguió a tres milicianos. Le pidieron que dejase la puerta entornada. Al cabo de un minuto, entró Fidel, cerró y corrió el pestillo. No esperó ni un segundo; apenas la saludó y se echó sobre ella para desnudarla. Su cuerpo macizo respondía a una urgencia animal. Hicieron el amor sobre la cama, deprisa, intensamente, protegidos por los guerrilleros en el pasillo, y se desplomaron en las sábanas, como asombrados. Fidel sonrió y le acarició la mejilla, «Eres muy linda»; luego se vistió y desapareció. Fue tan breve como una escena soñada, igual de inquietante y asombroso.

El sol iluminaba la terraza del desayuno. Delante de ellos, una piscina inmensa invitaba a relajarse. Tomas le dio un beso y se sentó frente a Lucie, con un café en la mano.

—¿Has dormido bien?

Ella asintió con la cabeza y soltó una carcajada, que él no entendió. Tras saborear el café, los estudiantes salieron a descubrir La Habana. El antiguo palacio presidencial desde el que gobernaba Batista se había reconvertido en el Museo de la Revolución. Con su fachada de estilo barroco y su piedra blanca labrada, brillaba al sol como un espejo. Dentro, los estudiantes contemplaron las armas de los rebeldes, banderas, fotos, maquetas y sobre todo un yate de dieciocho metros de eslora que reconocieron inmediatamente: el *Granma*, el barco en que Fidel, el Che y ochenta guerrilleros habían salido de México con rumbo a Cuba en 1956. Luego se dirigieron hacia el mar para admirar el castillo de San Salvador de la Punta, después comieron en una bodega del Malecón, observando el trasiego petardeante de los Cadillacs de los años cincuenta, rosas, azules y amarillos. Durante tres días, Lucie y sus camaradas disfrutaron de la ciudad, pasearon, charlaron con sus habitantes, fueron a conciertos y a bailar, impregnándose del ambiente cálido, pegajoso y musical de la costa. Lucie esperaba a Fidel todas las noches, pero desde que llegaron a La Habana no había vuelto a llamar a su puerta. Así son los héroes, imprevisibles y reservados.

Una tarde estaba bañándose en la piscina del hotel cuando empezó a sonar un altavoz. Ante el estupor general, una voz masculina llamó: «*¡Señorita Lucía Dessforrett!*».

—Pero ¿qué quieren de ti? —exclamó Victor desde su tumbona.

Ella tranquilizó discretamente a Tomas, que también se mostraba preocupado, salió del agua y se precipitó al teléfono del vestíbulo. La esperaban a las doce de la noche en la puerta trasera del hotel.

A la hora convenida, vio tres coches, subió sin vacilar al de en medio y se echó en los brazos del Jefe, sin hacer caso de las metralletas que le pinchaban los pies. Se abrazaron y empezaban a besarse con ardor cuando un control los detuvo. Sorprendida, Lucie se separó rápidamente de Fidel, escrutando a los que habían dado la orden de parar.

—*¿Qué te pasa?*

—Yo te protejo.

Lucie había pronunciado estas palabras a toda velocidad, sin respirar. Por supuesto, los milicianos del control se inclinaron y dejaron pasar al Líder Máximo sin perder ni un segundo. Fidel, tras una pausa, estrechó de nuevo a Lucie contra su pecho. En sus ojos, ella descubrió una ternura inaudita.

—*Amada mía...*

Le ofrecía la dulzura que sus combates acallaban día tras día. Podía llegar a ser muy divertido, muy tranquilizador. Su piel era granulosa como el papel Canson. A ella le gustaba darle mordisquitos en la nuca y besitos, cantando «C'est la petite bête qui monte, qui monte…»; le enseñaba palabras francesas que lo hacían reír. Él le reservaba lo más luminoso, lo más sensible. Sus ojos negros se hacían envolventes. Y al final ella ya no sabía si se abandonaba a él por ser quien era o simplemente por amor. En cuanto se quitaba el cinturón y las armas, Lucie se olvidaba de Castro y solo veía a Fidel.

Évelyne, que está muy comprometida con la lucha por los derechos de los homosexuales, encuentra en Cuba una tierra de desafío. Empiezan a correr los rumores: el régimen castrista no tolera a los *maricones*, tan ajenos a los valores machistas y latinos. Para no verlos, los encierran en campos de concentración. Cuando Évelyne, ya en 1964, le pregunta a Fidel por el tema, él le confiesa sin inmutarse: los homosexuales no son bienvenidos en la isla, es un hecho. Contrariada, ella decide organizar la rebelión.

En el hermoso hotel donde el Comandante va a visitarla regularmente al ritmo de los cortes de electricidad minuciosamente programados, Évelyne invita una noche a una decena de artistas homosexuales muy conocidos. Es una terrible provocación, de la que los milicianos se apresuran a informar a Castro. Évelyne espera.

—¿No tuviste miedo? —le pregunté.

—Sí, claro que sí. Pero tampoco tanto.

Castro se presenta, le pregunta por esa cena. Ella asegura que ha querido dar a conocer a unos artistas.

—No los has invitado por su arte.

Ella sonríe y él la coge de la barbilla:

—*Eres muy impertinente.*

Luego la besa, encantado con esa francesita que se atreve a desafiarlo con tanta gracia. Manuel Piñeiro Losada, el jefe de la Seguridad, no se lo toma tan bien. Al día siguiente de la fiesta, se presenta enfurecido y la somete a un interrogatorio, por suerte para ella delante de Fidel. Como Évelyne está protegida, la cosa no llega a mayores. Sin embargo, Piñeiro la insta con dureza a trabajar de verdad por la Revolución y a ingresar inmediatamente en la guerrilla. Las imágenes de la Sierra Maestra desfilan por su cabeza, la jungla impenetrable, los animales invisibles, el calor. La invade el terror. Cuando se niega, Piñeiro se burla. ¿Y por qué no quiere? «Me dan miedo los mosquitos.» Fidel se echa a reír, y ella se muere de vergüenza.

Yvon murió de un infarto en el verano de 1964. Se fue mientras dormía, muy dulcemente. Lucie aún estaba en Cuba, Pierre en Niza, con su abuela. Mona consiguió que su jefe le diera tres días de permiso y viajó enseguida hacia el sur. Guillemette había llorado mucho en el entierro, pero no parecía comprender muy bien qué había pasado; su mente flotaba por encima del mundo terrenal.

El sol se filtraba por las persianas y Mona despertó de la siesta. El entierro de la víspera la había dejado en un estado de cansancio y tristeza infinitos. El reloj marcaba las tres, tuvo que hacer un esfuerzo para levantarse. Por lo general a esa hora su madre vegetaba delante de una telenovela tonta, pero no vio a nadie en el salón.

—¿Mamá?

Se asomó a la cocina. Nadie. Volvió a llamar, en vano. Guillemette no estaba en la habitación, ni en el lavadero, ni en el baño.

—Pierre, ¿estás ahí?

Lo encontró al fondo del jardín, leyendo en una hamaca.

—¿Has visto a la abuela?

Tampoco. Juntos recorrieron la casa. Hasta que Mona descubrió el portillo abierto.

En la calle, nadie supo darles razón. Las casas se protegían del sol estival con los postigos cerrados, solo se cruzaron con un gato, que salió huyendo.

—¡Abuela! —gritaba Pierre poniéndose las manos delante de la boca, a modo de altavoz.

Mona, por su parte, buscaba la cabecita blanca, la figura frágil, pero nada, no había nadie. La calle bajaba hacia la ciudad o subía hacia el monte. No lo dudaron, descendieron inmediatamente. Pasaron por delante de la panadería, preguntaron si habían visto a una señora bajita que parecía perdida. Lo sentían, pero no.

—¡Abuela! —seguía llamándola Pierre.

Cuanto más avanzaban, más angustiados se sentían. Caminaron una hora y por fin llegaron a Niza.

—Tú ve por ahí y yo iré por allá, ¿de acuerdo? Quedamos aquí dentro de una hora si no la hemos encontrado.

Mona siguió andando, los pies le ardían por las ampollas y por el roce de la piel sudada contra el plástico de la suela. Ya estaba a punto de llamar a la policía cuando tuvo una iluminación. Juntó sus recuerdos y se dirigió hacia el este, apretando el paso a pesar del cansancio. Las calles eran cada vez más feas, hormigón por todas partes, apestaba a salida de la ciudad, a la vía de circunvalación, a ese inframundo urbano sin alma ni color. Y la vio. Allí, encaramada en aquella rotonda asquerosa donde se anunciaba la próxima fiesta de la *socca*. Su madre miraba el paisaje con la mano haciendo visera con la mano.

La vida en la isla colmaba sus apetitos de sol, de libertad, de amor y de política; Lucie disfrutaba de cada momento. Un domingo, Fidel organizó una gran excursión marítima para pescar langostas.

—Invita a tu jefe, Victor, y a una parte del grupo.

Lucie no daba crédito. ¿Fidel Castro proponía un picnic? Tomaron la dirección de Varadero cantando. Victor, feliz por haber obtenido dos días antes la entrevista del Jefe para la revista *Clarté*, se alegraba de participar en aquella excursión privilegiada. Un barco escoltado por dos lanchas de la marina nacional los esperaba. Fidel, con el torso desnudo, en traje de baño, tomaba el sol, feliz. A su lado había un hombre de mirada risueña y con una barba exactamente igual que la de Castro.

—¿Conocéis a René Vallejo? Mi amigo y mi médico, ¡o al revés!

Este último respondió a la sonrisa de Lucie guiñándole un ojo, pues sabía quién era. Luego invitó a los estudiantes a subir al barco. Levaron el ancla, zarparon y navegaron hasta un punto concreto que el marinero conocía. Allí, algunos cubanos se zambulleron para capturar con la mano los belicosos crustáceos, que luego echaron en unas cajas, Cuando el calor se hizo sofocante, Lucie, Tomas y los otros estudiantes saltaron del barco para refrescarse en el azul cobalto del mar. Fidel le pidió a Lucie que se quedara cerca de él para hacerle de intérprete, cosa que no se le escapó a nadie. Pero todos estaban relajados, no había el menor protocolo: ¿Tú qué estudias? ¿Y tú? ¿Qué piensas de Cuba? René Vallejo explicaba lo mucho que había progresado la salud en Cuba desde la Revolución. Los niños estaban mejor atendidos, las vacunas eran gratuitas. ¿Era así en Francia? La mayoría de las veces era Fidel quien preguntaba, cuando no se enzarzaba en largas peroratas argumentadas, en particular sobre los errores de Stalin. Uno de los más graves, según él, había sido incluir la anexión de los países bálticos en el pacto gemano-soviético.

—Nadie tiene derecho a violar la soberanía nacional, ni siquiera la de los países pequeños.

Tomas tuvo un estallido de alegría y gratitud. Nina hizo preguntas sobre el imperialismo americano. Victor quiso retomar la crisis de los misiles y la relación con la Unión Soviética. De pronto el Comandante se interrumpió y miró a Lucie.

—La intérprete ha trabajado bien. Se merece un baño.

Tomas, que ahora ya estaba al corriente de la relación, le sonrió cómplice. Ruborizada, Lucie se zambulló con el héroe en el mar Caribe, ante la estupefacción general.

Fue un día maravilloso. Lucie nunca se había sentido tan bien. Al caer la tarde, sentados en la cubierta del barco, degustaron las langostas cuya cocción había vigilado personalmente el Comandante. El ambiente era relajado, jovial. Pero había que regresar. Al acercarse a la costa, Fidel les pidió que cantaran «La Marsellesa». Muchos protestaron: ¡mejor «La Internacional»! Fidel insistió: «La Marsellesa». Y él mismo entonó el himno francés, que se sabía de memoria.

Pasaron las semanas. Cuando llegó la hora de hacer las maletas, Fidel le propuso a Lucie que se quedara en La Habana. Al menos por un tiempo. Ella no lo dudó ni un segundo. En agosto acudiría otro grupo de la UEC; regresaría con ellos a Francia principios de septiembre. Pidió enviar un telegrama a su madre, lo que él aceptó enseguida.

MAMÁ. ESTANCIA INCREÍBLE. SOY FELIZ. ME QUEDO UN MES MÁS. ESPERO ESTÉS BIEN. BESOS A TI Y A PIERROT. LUCIE

Cuando lo envió experimentó una leve tristeza. Desde que había puesto el pie en Cuba, no había pensado en su madre más que muy de cuando en cuando, debía reconocerlo. Allí todo iba tan deprisa, había visto tantas cosas, vivido tantas vidas en pocos días... Con Francia no era fácil comunicarse, solo cabía esperar que todos estuvieran bien.

Sus amigos de la UEC abandonaban la isla al día siguiente. En su honor, se celebró una fiesta con baile en un gran salón de La Habana, por el que Fidel prometió pasar un momento. Tomas le había cogido el tranquillo y ahora bailaba como un cubano. Lucie, que no tenía tanta facilidad, se contentaba con moverse siguiendo el ritmo. Al dar una vuelta, Victor cogió su mano al vuelo y la atrajo hacia él. Ella se dejó, embriagada por el ambiente y las risas. Victor era guapo, sin duda, inteligente, también valiente, pero la aburría. Nadie podía rivalizar con Fidel en carisma. Bailó con él para divertirse, pero sin apartar la vista de la entrada. Al final de la velada, Fidel apareció de repente en la pista y le hizo una seña.

—¡Lucía!

Victor fingió no oír y con un giro de la muñeca le hizo dar una vuelta. Cuando Lucie recuperó el aliento, sorprendió un brillo malévolo en los ojos de Fidel. Quiso soltarse de Victor, pero este la tenía bien agarrada. Desafiante, incluso le rodeó la cintura y se acercó a ella. Fidel se limitó a alzar la barbilla. No esperaría ni un minuto más.

—¡Para ya, Victor!

Se deshizo de sus brazos y se acercó al uniforme verde oliva. Su pareja apretaba los puños, ofendido. Fidel se adentró entre la multitud sin mirarlo siquiera, y se perdieron en la noche cubana. Lucie no tuvo tiempo de desear a Tomas y a Nina un buen viaje de regreso a París.

Cuando se fueron sus amigos, se encontró sola y organizó su vida según el horario cubano. Recorría la ciudad por la mañana temprano, jugaba al dominó con los viejos en unas mesas de plástico pegajosas por el alcohol, bebía mojitos. Cuando un día quiso comprar fruta en el mercado, se dio cuenta de que ya no tenía dinero para seguir viviendo allí. ¿Qué podía hacer? No quería llamar a su madre. Decírselo a Fidel habría sido violentísimo… Volvió precipitadamente a su habitación de hotel y extendió sobre la cama todos los vestidos, zapatos, bolsos y cosméticos que no eran estrictamente necesarios. ¡La rebeca beige! El pintalabios… El agua de colonia la hizo titubear; cambió de opinión. Sería el único elemento de coquetería. Luego bajó a la calle. En un cuarto de hora, seis cubanas desfilaron por su habitación para comprar esas cosas que ya no encontraban en la isla desde el embargo; un poco de feminidad a cambio del dinero para prolongar su estancia, el pacto perfecto.

Avisado por los milicianos del hotel, el jefe de la Seguridad, Piñeiro, acudió presuroso y la amenazó con expulsarla por dedicarse
al «mercado negro». Ella intentó defenderse. Hacía un favor, nada
más, y se hacía un favor a sí misma. Era Fidel quien le había propuesto quedarse, pero sin dinero, ¿o no?... Piñeiro se tragó su enfado sin dejar de amenazarla y apuntándola con un dedo: sin la protección del Jefe, la habrían expulsado *manu militari*. Cuba no era
Francia. En la isla no se podía hacer cualquier cosa.

Ella le contó la escena a René Vallejo, con quien había simpati-
zado. Este suspiró. Piñeiro cumplía con su deber, pero... Pero ¿qué?

—No me gusta mucho. —Ella iba a preguntar algo, pero el hombre la cortó—: Cuidado, Fidel le tiene mucho aprecio.

En ese punto, la conversación se interrumpió.

Lucie pasó el mes siguiente explorando el país, saboreando el
zumo de caña recién exprimida, leyendo, soñando; el héroe nunca
andaba muy lejos. La noche de su partida, ya no tenía la menor
duda: estaba enamorada de Fidel. Él no comprendía por qué tenía
que regresar a Francia a toda costa. Eran importante los estudios, su
madre, su hermano; se lo explicó todo y él asintió. La última noche
la pasaron en su refugio del hotel, protegidos por un apagón más
largo aún que de costumbre.

Todas las escenas de Cuba son ciertas. Bueno, así las contaba Évelyne, y las pruebas que lo atestiguan son bastante numerosas: cartas de Fidel con Vallejo como tapadera, fotos, testimonio de Bernard Kouchner, que cualquiera puede leer en internet: «Fidel Castro y yo estábamos celosos el uno del otro. Una noche estaba yo bailando con Évelyne Pisier [...], él quiso llevársela, yo me opuse, ¡pero él se salió con la suya!». Esta vez sin la UEC, Évelyne regresará a Cuba al año siguiente, en el verano de 1965, y se encontrará con un Fidel más enamorado que nunca.

Cuando me hablaba de él, volvía a ser la joven de la portada del libro. Sus ojos se agrandaban. Se volvían brillantes. En el fondo, seguía sin creerse que él la hubiese elegido. Una elección divina. Ese era el sentido, por otra parte, del primer título de su manuscrito: *El dedo de Dios*. Entonces habíamos reproducido como epígrafe la frase de Sartre que reza: «Un elegido es un hombre a quien el dedo de Dios arrincona contra una pared», que se halla en *El diablo y Dios*. Pero rescatar a Dios del pasado cuando se ha renunciado a Él a los once años no nos parecía razonable. Y además, ¿Fidel no era más bien el dedo del diablo?

SOLIDARIDAD CON RÉGIS DEBRAY

Aquel septiembre de 1967, las octavillas de la UEC se imprimían por centenares. Lucie y Mona las distribuían a las puertas del Instituto de Estudios Políticos, en su barrio de la Croix-Nivert, cerca de los ministerios. En cuanto supo que los estudiantes se movilizaban para pedir la liberación del joven que se había ido a Bolivia como guerrillero con el Che y estaba preso desde hacía seis meses, su madre había decidido apoyarles. «¡Contra el Estado boliviano, que tortura y amordaza! ¡Contra el silencio cómplice del gobierno francés!» Tendían un bote hacia los transeúntes. «¡Unos francos por la libertad!», gritaba Lucie. Respondiendo a la petición insistente de su madre, para quien los estudios eran lo más importante, había renunciado a volver a Cuba tras el verano de 1965 y espaciado mucho su correspondencia con el Comandante. Pero lo que estaba ocurriendo era demasiado grave. Así que escribió a Fidel. En su carta, le habló de François Maspéro, el librero de La Joie de Lire y el editor que había encargado a Debray un estudio sobre la región. Maspéro acababa de regresar de Bolivia, donde había sido sometido a largos interrogatorios en presencia de un miembro de la CIA, y hacía cuanto podía para liberar al joven guerrillero, condenado a treinta años de cárcel. «Te lo ruego, sálvalo», le escribió ella a Fidel. Y añadió: «Te echo muchísimo de menos».

En el frenesí reinante, Lucie volvió a contactar con Victor. Se habían encontrado en los pasillos de la UEC.

—¡Vaya! ¡Mi revolucionaria favorita! —Se precipitó hacia ella muy sonriente—. ¿Qué tal estás?

Un beso. Ella se quedó fascinada por sus grandes ojos claros como si los viera por primera vez. Una boca bonita, un mentón poderoso. Cuando la invitó a tomar una copa, no se negó.

Victor había aprobado el concurso de médico residente y acababa de empezar a trabajar.

—Ha sido duro, me ha costado lo mío, pero estoy contento de haberlo sacado.

Se decían tantas cosas de las aulas de la facultad de Medicina…

—Es un ambiente especial, es cierto. Pero a mí lo que me interesa es lo humanitario.

Ella quiso saber más.

—Me gustaría ayudar a la gente en África, en Asia, allí donde la medicina es más precaria. Crear hospitales móviles, con especialistas de todo el mundo.

—¿Y cómo lo harás?

—Aún no lo sé. Habrá que crear una asociación, algo consistente. Estoy dándole vueltas.

A medida que la noche caía sobre la ciudad, Lucie disfrutaba más de la compañía de Victor. Su proyecto humanitario la emocionaba. Al final, resultaba más profundo de lo que parecía en Cuba, y también más seductor. Como si durante todo ese tiempo, eclipsado por la presencia de Fidel, no hubiese podido mostrarse como era.

Dado que se hacía tarde, la invitó a cenar. También aceptó. Rieron mientras se comían una pizza intercambiando sus opiniones sobre Cuba. El acercamiento cada vez más visible a la Unión Soviética los preocupaba a los dos. El comunismo tal vez no fuera la solución…

—¿Quieres postre? —le preguntó él cuando el camarero retiró los platos. Su sonrisa era encantadora, y el terreno, resbaladizo.

—De acuerdo.

Compartieron un helado de café, mostrándose falsamente desenvueltos. Hacia las once, él la acompañó al metro. El aire de septiembre soplaba con una suavidad ya cargada de otoño. Victor cerró su mano sobre la de ella y murmuró:

—¡Qué guapa eres!

Y la atrajo hacia sí. Cuando acercó los labios, ella volvió la cabeza en el último momento.

—¡Hasta pronto, quizá! —Y bajó la escalera del metro.

Octubre les trajo la desolación. Los bolivianos acababan de fusilar a Ernesto Che Guevara por orden de la CIA. Mona gritó, Lucie se derrumbó. No era posible. Los héroes no mueren… Habían asesinado a un símbolo. Pese a las malas comunicaciones, Lucie logró hablar con Tomas, que estaba en La Habana. Su amigo se había instalado allí un año antes para montar una granja de cerdos, su manera personal de contribuir a la Revolución. Los dos lloraron al teléfono, destrozados.

—Es como si hubiese perdido a mi hermano mayor…

Y le describió las calles con la gente que lloraba a moco tendido, el luto nacional, las banderas a media asta, los escaparates negros, la tristeza del pueblo.

—Por favor —le pidió Lucie—, escríbele de mi parte a quien tú ya sabes por medio de René.

Le dictó el mensaje. Tres palabras: «*Pienso en ti*».

Aquella misma tarde, volvió a ver a Victor en una sesión extraordinaria de la UEC. El retrato del Che estaba sobre la mesa. La noticia los había vuelto a todos más frágiles. El mismo Victor tenía los ojos humedecidos. Lucie se le acercó y sollozó en sus brazos. Esa noche no se resistió cuando él se inclinó para besarla.

Verano de 1964, verano de 1965, y luego el vacío. Los viajes se interrumpen. A pesar de su tristeza, Évelyne se pliega al deseo de su madre, que la ha convencido para que acabe la carrera y no vuelva más a Cuba. Fidel sigue enviándole cartas.

17 de abril de 1967
Año del Vietnam heroico

Mi cielo:

[…] Me parece bien lo de pasarte dos semanas en la clínica y creo que se te sentará bien, pues pienso que sobre todo podrás hacer un buen reposo mental y leer mucho […] No me gusta cómo dices «imaginar mi propio futuro de manera menos pesimista», pues creo que lo debías decir: VOY A PENSAR EN MI FUTURO DE LA ÚNICA FORMA EN QUE VOY A TENERLO: ¡LLENA DE OPTIMISMO, DE VIDA, DE ALEGRÍA, DE FE! Tienes todo un porvenir por delante de ti que te aseguro que es brillante pues con tu honradez, tu inteligencia, tu capacidad de trabajo y de estudio, es algo que no puede fallar. Además, te queremos y te esperamos siempre en Cuba. […]

Te dejo ahora provisionalmente pues quiero que esta te llegue pronto; recibe el más amoroso de los besos de quien jamás te olvida.

Para burlar su malestar, su nostalgia, Évelyne se matricula para hacer el doctorado en el Instituto de Estudios Políticos, donde conoce a un profesor que cambiará su vida: Georges Lavau, su director de tesis. Es jurista de formación, catedrático y primero de la promoción del 48, un espíritu libre y de gran corazón. Évelyne sucumbe inmediatamente a su encanto. «Georges, al final, fue el único que comprendió mi angustia al volver de Cuba. Fui presa del pesimismo, seguía soñando con Fidel. En esa época, él me salvó.» Guiada por Lavau, Évelyne estudiará la noción de servicio público en la obra de Léon Duguit. Con el tiempo, Georges se convertirá en un amigo.

Cuando *Mona* lo conoce unos años más tarde lo encuentra inteligente, seductor, con un gran sentido del humor.

—Realmente, es un hombre notable —le murmura a su hija—. Me pregunto cómo ha podido llegar tan alto.

—Bueno, tampoco es para tanto, una cátedra, un doctorado, profesor en la Universidad de Grenoble…

Su madre frunce el ceño. No se trata de eso.

—¿No te has dado cuenta? Georges Lavau es mestizo.

—Algo está pasando, Lucie, créeme.

Mona estaba viendo el telediario, interesadísima. El 22 de marzo de 1968, capitaneados por un joven pelirrojo que se llamaba Cohn-Bendit, unos estudiantes ocuparon la torre administrativa de la Universidad de Nanterre. En abril, se sublevaron muchos institutos y universidades francesas. En primavera, el piso de la Croix-Nivert se transformó en un laboratorio revolucionario. Sobre el parquet, Mona se dedicaba a copiar eslóganes feministas en unas pancartas de tres metros: las mujeres son como los adoquines, ¡a fuerza de pisarlas acaban golpeándote en la cara! Lucie le había propuesto: sed realistas, pedid lo imposible, y había colgado la pancarta en el balcón de su dormitorio. Incluso Pierre participaba en el taller, cuando hacía una pausa en las sesiones de estudio para el examen final del bachillerato.

—Mañana hay una manifestación contra la guerra del Vietnam. Vamos, ¿no?

Mona acudía a todos los actos acompañada de su hija; sus voces mezcladas en medio de la multitud, las pancartas…, todo eso le encantaba.

—¡Y sin sujetador!

Hacia las tres de la tarde, una masa compacta se encontraba ya en la Place de la République, vigilada por varias filas de CRS. Ella sacó del bolso dos pañuelos grandes, le tendió uno a su hija y luego un frasco de vinagre y limón para empapar la tela.

—¿Qué vas a preparar? ¿Una vinagreta? —se burló cariñosamente Lucie.

—¡Una vinagreta antimaderos! Ya verás, dentro de un rato, cuando lancen los gases lacrimógenos, me lo agradecerás.

En medio de los pitidos y las carrozas que difundían canciones de Bob Dylan y Joan Baez, la comitiva se puso en marcha. Con la cara protegida por los pañuelos avinagrados, empezaron a gritar eslóganes contra la guerra del Vietnam. Algunos caminaban con el puño en alto. «¡Haced el amor y no la guerra!» Y los megáfonos amplificaban los sonidos, extendiendo sobre París la protesta de una generación. «¡No, no, no… a la colonización!» La manifestación enfiló el Boulevard Voltaire. De repente hubo un instante de silencio, que fue interrumpido por una voz femenina: «¡Mi cuerpo me pertenece solo a mí!». Inmediatamente, todas las madres, las hijas y las hermanas corearon el grito de guerra; y el Vietnam incorporó la causa de las mujeres. Mona sentía que la exaltación se apoderaba de ella. Sus pies avanzaban solos, ella no era más que ese grito inmenso repetido una y otra vez: «¡Mi cuerpo me pertenece solo a mí! ¡Los hombres no lo tendrán!». ¿Quién asestó el primer golpe? ¿Quién rompió el orden? Nunca se sabría. Un grupo de estudiantes plantaban cara a una decena de CRS cuyas porras impactaban regularmente contra las espaldas, las piernas, las cabezas. «¡CRS, SS!» La cólera estalló y otros manifestantes acudieron en ayuda de sus amigos. Las bombas lacrimógenas los hicieron toser, y a pesar del pañuelo Mona cerró los ojos. Cuando volvió a abrirlos, Lucie había desaparecido.

Intentó llamarla, pero la garganta le escocía; era un sabor acre, desagradable. Se acercó a los policías, vio uno en el suelo, inerte, al lado de un joven ensangrentado; más allá, un CRS tiraba por los pies de un chica que se debatía rabiosamente, «¡Suéltela!», gritó Mona, pero solo le salió un murmullo; y Lucie, Dios mío, Lucie, ¿dónde se había metido?, las sirenas de la policía desgarraban el aire; arrojaban a unos jóvenes dentro de los vehículos, creyó ver un mechón rubio en uno de los coches, pero ¿cómo estar segura en medio de aquel caos? ¡Bang! Un disparo al aire y se sintió empujada por la multitud, todos corrían, tropezando, vio a uno que cayó de cabeza sobre los adoquines, cuidado, pero el movimiento continuaba, un brazo impactó contra su plexo solar, perdón, lo siento, y ella: aire, aire, se paró un segundo, pero no, demasiada gente, demasiados gritos, Lucie…, y Lucie no estaba, había desaparecido, su hija, Dios mío, y la garganta ardiendo, los ojos húmedos, la cabeza a punto de estallar.

Se refugió en una tienda del bulevar, por suerte abierta pese al caos. No paraba de toser; entre dos accesos de tos pidió agua, incapaz de ver a quién se dirigía porque tenía la vista empañada de lágrimas. Al final le tendieron un vaso. El agua le calmó el escozor y, tras enjugarse los ojos, descubrió a un asombrado señor mayor, calvo y con bigote. Alrededor de ella, había suelas, zapatos, máquinas. Era un zapatero. Le dio las gracias al hombre, que volvió a llenarle el vaso. Con expresión asustada, el zapatero miraba a la comitiva disolverse entre las sirenas y los gritos.

—No entiendo nada, señora, no entiendo nada de lo que pasa en este país.

Ella carraspeó y trató de explicarle:

—La sociedad ha cambiado.

El viejo frunció el ceño, disgustado.

—En mi época, los jóvenes respetaban a los padres. Trabajaban. —Parecía sinceramente perdido—. ¿Quiere que le diga la verdad? Esta es una generación de niños mimados.

Mona hizo un gesto de desaprobación.

—¡Sí, señora! ¡De niños mimados! Yo hice la guerra, señora. —Refunfuñando, volvió a meterse detrás del mostrador y luego preguntó—: ¿Seguro que ya se encuentra bien?

Ella le dio las gracias, dejó el vaso y se marchó.

Lucie no estaba en casa. Pierre también empezó a preocuparse.

—¿Quieres que salga a buscarla?

No era buena idea; si los polis continuaban patrullando, no quería que también se llevasen a su hijo. Bebió otro vaso de agua helada y empezó a caminar de un lado a otro de la habitación. No soportaba pensar que su hija estaba en peligro. Si le tocaban un pelo, no dudaría en… Llamaron a la puerta. Pierre corrió a abrir. Era Lucie. Tenía un chichón, pero sonreía.

—Me han levantado a peso y arrojado al furgón —contó, poniéndose en la frente una compresa con árnica—. Éramos siete en comisaría.

—Dime que no te han hecho daño —dijo Mona poniéndose recta.

—Pegarme no me han pegado. Pero… —Suspiró—. Pero me han preguntado con cuántos moros me había acostado.

—¡Qué panda de descerebrados! —se indignó Pierre.

—Yo les he dicho: ¡Argelia es independiente! Y no les ha gustado.

Los despachos de comisaría olían a sudor y a cerrado. A moho. Se lo dijo. Alto y fuerte. Un policía la amenazó con la porra. Que no se asustara lo enfureció aún más. Empezó a insultarla.

—¿Y sabéis con qué me ha salido al final? Con que «¡Las mequetrefas como tú tenéis la culpa de que los árabes estén invadiendo Francia!». Iba a contestarle, pero me lo he pensado mejor... Me he tranquilizado y le he dirigido mi mejor sonrisa.

De Gaulle pegó un puñetazo en la mesa y las elecciones le dieron la razón. Empezaron a limpiar las calles a manguerazos. A borrar los grafitis. Ahora las mujeres ya podían tomar la píldora; en cuanto al derecho a abortar, ya se vería más adelante. En la ventana, las palabras «Sed realistas, pedid lo imposible» empezaban a desleírse; colores pálidos, desvaídos, el final de un sueño. Lucie no podía resignarse a que todo acabara así. La vuelta al orden —pero qué orden— le parecía una herejía. Por tercera vez, se fue a Cuba, para lo cual recibió a través de la embajada un billete de avión y un visado. Pero en esta ocasión también se llevó a su madre.

Tomas fue a recogerlas al aeropuerto; su tez clara se había vuelto morena, curtida por el trabajo con los animales. Lo acompañaba una joven encantadora de piel canela y ojos risueños. Se abrazaron y besaron.

—¡Qué alegría volver a verte! —exclamó Lucie.

Él la despeinó cariñosamente.

—No estás muy gorda que digamos… ¡Habrá que rellenarte un poco! Anita te hará comer.

Pasó un brazo por los hombros de la guapa cubana.

—Por cierto, pronto nos casaremos…

Lucie dio saltos de alegría. Mona enarcó las cejas —¿era realmente necesario casarse?—, pero enhorabuena en cualquier caso. Todo le parecía nuevo, interesante, hasta las pancartas que decoraban la pista del aeropuerto. Pasaron los dos primeros días en la granja de Tomas en Guanajay. Una veintena de cerdos y lechones escarbaban la tierra en su cercado.

—El mes pasado los animales cogieron una enfermedad y no comían. Perdimos cuatro o cinco. —Tomas se había convertido en un verdadero criador, hábil e intuitivo—. Anita me ayuda mucho.

La joven se mostraba atentísima con las invitadas: les ofrecía flores del jardín, pasteles preparados por ella a base de maíz... Y les hacía la cama todas las mañanas.

—Me da vergüenza, Tomas... Anita no tiene por qué.

—¡No te preocupes! Ya le he dicho que hay dos cosas que no sabes hacer: cocinar y estirar una sábana.

Lucie se echó a reír y le dio un codazo a Mona.

—Quéjate a mi madre, porque la culpa es suya, ¿sabes?

—La asumo por completo —dijo Mona riendo.

El tercer día, Lucie recibió un mensaje de René Vallejo. La esperaban esa misma noche en la avenida de la Independencia.

—Es nuestro código —le susurró a su madre.

La dejó con los amigos y se subió a un taxi que la llevó al sitio convenido. A medianoche, con una emoción desconocida, vio acercarse tres coches. ¡Fidel, por fin! ¡Cuánto tiempo sin sentir su cuerpo pegado al suyo! Llevaba el atuendo de las grandes ocasiones y la gorra calada. ¡Y aquella fuerza que emanaba de él! Sus bocas se buscaron con una urgencia que ella no había sentido nunca, piel contra piel, las manos agitándose, y en el cuello el olor a tabaco que habría reconocido entre mil.

Al día siguiente, como estaba previsto, Lucie le presentó su madre a Fidel. Mona entró en una habitación reservada para la ocasión, muy femenina, segura de sí.

—Así que usted es la persona a la que *Lucía* más quiere en el mundo... ¡Incluso más que a mí! —dijo Fidel en español.

—¿Eso has dicho? —dijo ella halagada volviéndose hacia su hija.

Fidel sonrió y la invitó a sentarse. Durante una hora, la escuchó hablar de sus combates feministas, de la creación del Planning Familiar, de la lucha por los derechos de los homosexuales. Por su parte, él le habló de la Revolución, de la batalla incesante que tenía que librar contra los yanquis..., aunque fuera haciéndole el juego a la Unión Soviética. Mona comprendió que el tema era delicado y no insistió. Fidel sentía curiosidad por saber más del famoso Mayo del 68 y de la rebelión de la juventud francesa. Lucie contó el levantamiento de los estudiantes, hizo un retrato divertido de Dany el Rojo y de Alain Krivine, le habló de la lucha a favor del Vietnam, de la manifestación que había degenerado, de los nuevos aires que soplaban en Francia. Fidel asentía pero en sus ojos ella percibió una especie de tristeza, de cansancio tal vez. Reconoció que la muerte del Che le pesaba mucho, y sobre todo ahora se sabía «prisionero» de los soviéticos...

—Es una derrota. —Contrariado por su confesión, enseguida recuperó el control—. Olvidad lo que he dicho, ¡yo sigo defendiendo mi Revolución, no la de Lenin!

Echó una ojeada al miliciano que guardaba la puerta y se despidió apresuradamente de ellas.

Lucie no sabía explicar por qué, pero encontraba el ambiente distinto, menos ligero, menos jovial. Agosto de 1968 terminó de agobiarla. Los tanques soviéticos acababan de reprimir la Primavera de Praga a sangre y fuego. Tomas estaba loco de rabia. La Unión Soviética, una vez más, sembraba la muerte y el terror en un país satélite. Anita intentaba en vano calmarlo. Era como si reviviera el drama de su querida Lituania. Fidel debía pronunciar un discurso sobre el tema. A la hora fijada, todo el mundo estaba pendiente de la radio. La voz del Comandante resonó, y Lucie comprendió por qué Fidel había hablado de derrota: «Aceptamos —declaró— la dura necesidad que ha exigido el envío de esas fuerzas a Checoslovaquia...». Tomas palideció, alisó con los dedos aquella marca malva, casi invisible, que todavía tenía en la nariz. «Pero ¿las divisiones del Pacto de Varsovia serán enviadas a Cuba si los imperialistas yanquis atacan nuestro país y solicitamos esa ayuda?» El miedo a los americanos, eterno, haría que Cuba comiera en la mano de los soviéticos. Tomas se dio un puñetazo en el muslo.

—*Mi amor...* —lo consoló Anita como pudo.

Lucie estaba destrozada. Mona asqueada. Delante de ellos, dentro del cercado, los cerdos seguían escarbando la tierra.

A pesar de la tristeza que le había causado el discurso de Fidel, Lucie disfrutaba de cada segundo que pasaba con él. No le importaba que se viera con otras mujeres; a él tampoco que ella se viera con otros hombres. Su relación era tierna, estaba hecha de confianza y de sueños compartidos. El resto era secundario, y cuanto más se acercaba la fecha del regreso, menos ganas tenía Lucie de volver. En París, debería terminar la tesis, pedir una plaza de profesora, hundirse en una vida monótona, más lenta que el aburrimiento, cuando en Cuba todo era tan luminoso y tan vivo…

—Me gustaría ir a la playa —le dijo un día su madre.

Había oído hablar tan bien de las playas de Varadero… Arena inmaculada como una banquisa, agua cristalina y cálida. Lucie telefoneó a René Vallejo. Al cabo de dos horas, recibía la dirección de un hotel de la costa donde le reservaban a Mona una habitación; un chófer la recogería al cabo de media hora.

—¡Hecho! —anunció orgullosa.

—A la señorita la tratan como a una reina —respondió Mona divertida—. Pero al fin y al cabo eres especial.

—¿Porque soy hija tuya?

—Porque soy tu madre.

Mona preparó su bolsa riendo y subió al coche presa de una excitación infantil.

—Entonces ¿te espero allí?

—¡Sí, dentro de tres días!

El coche desapareció por el camino en una nubecilla de polvo de oro.

Esa misma noche, Lucie tenía cita con el Comandante en un edificio que no conocía. En el vestíbulo del hotel, se cruzó con algunos funcionarios del régimen, que la saludaron educadamente mirándola sin disimulo; ella esperó fingiendo interesarse por los cuadros espantosos que colgaban de las paredes, incómoda por la ausencia de Fidel. Un miliciano la hizo subir poco después a una habitación, vacía también.

—¿Va todo bien? —se atrevió a preguntar.

El hombre hizo un gesto que tanto podía significar que sí como que no, o cualquier otra cosa. Se quedó allí. La habitación exudaba cansancio. Una cama con un colchón muy fino y cuya armazón de hierro estaba manchada de óxido. Una pared comida por la humedad y con la pintura descascarillada. Incluso el eterno Che en su marco de madera parecía agotado. Se sentó en una silla y esperó. Reconoció en los listones del parquet el ruido familiar de las cucarachas, tictac, tictac, sus patitas espantosamente apresuradas. Y Fidel que no llegaba. Debía de haber ocurrido algo. La inquietud empezó su trabajo de zapa.

Una hora después, por fin se abrió la puerta, que volvió a cerrarse enseguida. El Comandante tiró la gorra en una silla y la abrazó con violencia. En sus ojos brillaba una luz nueva. Cuando soltó a Lucie, no dijo más que una palabra, casi un suspiro:

—La CIA.

De nuevo, acababa de escapar a un atentado. Ella gritó. Él la tranquilizó.

—*No te preocupes, mi amor.* Estoy acostumbrado. No lo conseguirán.

Ella creyó oír un ruido de fusiles fuera. Pero no, solo eran unos petardos, seguramente unos niños que jugaban.

—No soportaría que te ocurriera algo... —murmuró Lucie mirando por la ventana.

Fidel se había serenado. Le hizo una seña y ella fue a acurrucarse contra su pecho. Él la besó muy tierno en su frente.

—¿Por qué no te quedas aquí para siempre?

Ella se separó para mirarlo mejor. ¿Bromeaba? En su rostro, sin embargo, no descubrió ningún indicio de burla o ironía. Como si hubiese intuido sus dudas, él insistió:

—Lo digo en serio.

Al oírlo, el corazón de Lucie dio un vuelco. La idea de vivir en la isla la tentaba desde hacía tiempo. Sobre todo ahora que Tomas se había instalado allí. Una vida palpitante, en el corazón de la Revolución, de la libertad, del amor... Pero los estudios, su madre... Lucie permaneció en silencio y Fidel continuó: se quedaba allí y tenían un hijo.

—¿Qué? —gritó, sin poder contenerse.

—*Sí. Un francesito precioso de Cuba...*

Anonadada, no supo qué contestar. Fidel la amaba hasta el extremo de tener con ella un hijo...

—Tómate unos días, piénsalo y dime que sí.

Le acarició la mejilla con aire cómplice, se vistió y las luces del hotel se apagaron otra vez.

Lucie no esperó tres días para ir a Varadero. Gracias a René Vallejo una vez más, dispuso de un chófer que la llevó a la costa al día siguiente. Su cabeza estaba a punto de explotar. ¡Vivir en Cuba! ¡Con Fidel! ¡Y tener un hijo!

Al llegar al hotel, corrió a la playa, donde encontró a su madre, enfundada en un bañador, tendida en una tumbona. La besó y le pidió que volviera al hotel, a la habitación, porque tenía algo importante que decirle.

—Esta aventura no te llevará a ninguna parte. Déjalo, te lo ruego. Aquí no podrás construir tu vida.

Lucie sollozaba. Amaba a Fidel. ¿Cómo iba a vivir sin él? Su madre lo había conocido, había visto el tipo de hombre que era, podía comprender que...

—¡Tiene cien amantes!

Lucie se encogió de hombros.

—Yo también. Y él lo sabe. No es celoso.

—No, pero su primera amante se llama Cuba. Contra ella no podrás. ¿Qué serías aquí? ¿Una chacha? ¿Una revolucionaria? ¡Pero si tú misma has dicho que te ves incapaz de ser guerrillera!

Era cierto. La migraña iba aumentando, le atenazaba las sienes y golpeaba, golpeaba. Su madre tenía razón. Fidel estaba totalmente entregado a su isla. Ninguna otra cosa contaría jamás, debía reconocerlo. Un hijo suyo, sin embargo...

—¡Echarás a perder tu vida! Se lo darás todo a un hombre, como yo empecé dándoselo todo a André. Te arrepentirás.

¿Así es como jugaba a ser feminista? ¿Escogiendo someterse a un hombre, por muy fascinante que fuera? Fidel hacía «regalos» a las mujeres, igual que André en su época. Así no se convertía uno en padre.

—No me decepciones.

Lucie lloraba. La cruda verdad se alzaba frente a ella: ese destino cubano no sería el suyo. No quería arruinar su vida. Ninguna mujer debía quererlo. Su madre había sabido encontrar las palabras.

Volvieron juntas a La Habana al cabo de unos días. Animada por su madre, Lucie se armó de valor y pidió una entrevista con Fidel. Le dieron una dirección secreta para la noche.

—No. Una cita de día. Es importante.

Sorprendido pero conciliador, Vallejo transmitió la petición al Jefe, que le concedió una entrevista esa misma tarde. Llevaba un sencillo polo de manga larga, sin armas ni gorra. Ella se mostró vacilante; como si hubiese intuido sus intenciones, él se había vestido de hombre. No de soldado, no de Comandante, no de héroe. Simplemente de hombre. Lo encontró guapo.

—¿Y bien, *querida*?

Ella dio el paso. Había tomado una decisión. La respuesta era no. Él se sorprendió muchísimo y al principio creyó que se trataba de una broma de mal gusto.

—¿Quieres una casa bonita, es eso? La tendrás.

A ella la casa le importaba un pito. ¿Un trabajo, entonces? ¿Sirvientas? ¿Una piscina? Lucie respiró hondo.

—No seré la querida francesa instalada en Cuba.

La cara de Fidel se desencajó. Sus labios se contrajeron en un gesto glacial. Fue como si su cuerpo vistiera de nuevo el uniforme, como si recuperase la gorra y las armas. Toda la ternura había desaparecido. Se levantó, le echó una última mirada, y en sus ojos llenos de una violencia contenida, Lucie vio un reflejo gris de acero, igual al de un hombre en otro tiempo adorado y al que conocía demasiado bien.

Los días siguientes fueron agotadores. Los hombres de la Seguridad las seguían, a ella y a su madre. Ya no eran bienvenidas y se pasaban la mayor parte del tiempo en la granja de Tomas. Casualidad o no, Lucie recibió poco después un telegrama de Victor, que le anunciaba que se iba a África, había conseguido su objetivo, a los veintiocho años se marchaba como médico de la Cruz Roja para ayudar a las poblaciones locales. Ella le escribió: «Espérame. Vuelvo inmediatamente a París. Para verte al menos por última vez». No añadió que su historia con Fidel había terminado ni que su madre le había impedido cometer lo que quizá habría sido el error más grande de su vida.

Sábado, 26 de noviembre de 2016, preparo el desayuno mientras escucho France Inter. Fidel Castro murió ayer en La Habana a los noventa años. Subo el volumen. Tras cuarenta y nueve reinando en solitario sobre la isla, el Líder Máximo abandona Cuba para siempre. Enseguida le escribo un mensaje a Évelyne, de los que habría podido enviar por la pérdida de un ser querido a quien no he llegado a conocer pero de quien me han hablado a menudo. Esta vez se trata de Fidel Castro, una figura histórica, que ocupa una página en los manuales escolares, donde se mezclan sueños, dictadura y desilusión.

Al día siguiente por la tarde, Évelyne me llama.

—¿Lo has leído?

Ha publicado un artículo en el *Huffington Post* donde relata brevemente su encuentro con Fidel, la esperanza que despertaba en la época, moderando sus palabras: «Aunque sé que la homosexualidad es el único tema sobre el que Fidel Castro se mostró autocrítico, y ahora en este sentido Cuba está más avanzada que otros muchos estados del mundo, ya no me reconozco en aquella "isla de luz" que tanto amé y en aquella liberación nacional que tanto admiré». Sin embargo, concluye: «Para mí, Castro no está por encima de Fidel».

Pienso en las familias destrozadas por la dictadura, en los exiliados. En Zoé Valdés, por ejemplo, que tuvo que huir de la isla tras la publicación de *La nada cotidiana*. En Régis Debray. Para toda esa gente, Fidel estará por encima de Castro. Pero lo que Évelyne vio del Líder Máximo, y que nosotros jamás veremos, es al hombre. Al enamorado que escribía cartas apasionadas, al compañero que se preocupaba por los estudios del hermano menor de ella, el amigo que retiraba del fuego las langostas hervidas en su punto. Al hombre cotidiano, sin drama, que acabó por encontrar en Évelyne algo más que una amante.

En París, dos semanas después de haber abandonado definitivamente La Habana y sus esperanzas de una vida distinta, Lucie se encontró con Victor, más guapo que cuando lo dejó. Su inminente partida hacia una África en guerra le confería tal profundidad, tal especie de inquietud, que entraban ganas de acurrucarse contra él; al fin y al cabo, quizá jamás volvería. Pasaron tres días sin despegarse el uno del otro, ebrios de sus cuerpos, de sus bocas, siempre abrazados. Todos los medios eran buenos para olvidar a Fidel, y Victor también sabía mostrarse tierno y envolvente. Poco antes de marcharse, ella le susurró:

—Si vuelves, tendremos un hijo.

Él la abrazó más fuerte, la besó una y otra vez, y luego puso rumbo al aeropuerto con el petate al hombro.

Habían pasado unos meses, Victor había vuelto. No había olvidado las palabras de Lucie. Ella le había sonreído. «Un hijo tuyo.»

Mona estaba enfadada.

—Ni siquiera has terminado la tesis, ¿te haces cargo?

Por más que su hija contara veintinueve años, tener un niño en esas circunstancias era una locura, sobre todo porque su querido

Victor ya había vuelto a irse a recorrer el mundo. Desde hacía unos meses, no se hablaba de otra cosa que de su asociación humanitaria, un noble proyecto por supuesto, pero entretanto Lucie estaba sola. Por suerte, Pierre había aprobado el concurso para entrar a la Escuela Politécnica, lo cual era una preocupación menos, pero la hija mayor la tenía intranquila. Si no acababa la tesis, jamás podría enseñar en la universidad. Sería la mujer de, y como mujer de, tendría una vida apagada, triste, sin brillo.

—Además, ya no militas tanto como antes en el Planning —le reprochó.

Lucie no cambió de idea.

Cuando Victor volvía de una misión, comían todos juntos en casa de Mona.

—Quiero que cuide usted de mi hija. Ojo.

—Basta ya, mamá —decía Lucie, cuyo vientre se iba abombando.

Victor la besaba.

—No se preocupe, querida suegra.

Pero ella sí estaba preocupada.

—¿Y qué ha dicho tu director de tesis?

—Que hago bien en quererlo todo a la vez. ¡El doctorado y al bebé! —Y añadió menos orgullosa—: Y también que Victor y yo deberíamos casarnos.

Mona dio unas palmadas, escandalizada. Ya nadie se casa. ¿No había habido un Mayo del 68?

—«Una mujer embarazada no debería defender su tesis sin estar casada.» Eso me ha dicho Georges Lavau. A él personalmente le da igual, pero tiene razón: la facultad no me lo pondrá nada fácil.

Su hija iba a casarse con un hombre… No daba crédito. Durante años, no había cesado de repetirle la misma canción: nada de matrimonio, nada de compromisos. ¡Maravillas de la convención burguesa! Hete aquí que su éxito universitario dependía de ello… O sea, que 1970 será el año de los sacrificios. Estaba muy enfadada.

Unos meses después, casada y embarazada de siete meses, Lucie se presentó ante el tribunal. Hasta el último segundo no supo cómo reaccionarían; por eso su alegría fue mayor cuando los oyó nombrarla doctora en derecho *cum laude*. Su director la abrazó, emocionado, y Mona también derramó unas lágrimas: era un gran orgullo, una gran victoria. Ella, que no había podido ser médico, ahora tenía una hija doctora universitaria. Los aplausos a Lucie la emocionaban como si fueran dirigidos a ella. Por mucho que a André le disgustase, su hija se había convertido efectivamente en «una intelectual».

Los dos últimos meses del embarazo fueron difíciles. A Lucie le dolía la espalda y dormía muy mal. Victor se había vuelto a marchar al día siguiente de la boda y no hacía más que ir y venir entre París y el resto del mundo.

—Quiero que estés aquí el día del parto —le ordenó Lucie.

Victor se lo prometió. Por lo demás, su madre estaba con ella y procuraba que no le faltase nada.

Una mañana de diciembre, sintió unas contracciones violentas. Se sentó al pie del árbol de Navidad cargado de guirnaldas mientras la cabeza le daba vueltas.

—Victor…

El dolor le cortó la respiración. Él acudió enseguida y la ayudó a levantarse.

—No pasa nada, es normal —la tranquilizó.

—Me duele.

La besó en la frente, ya perlada de sudor. Lucie rompió aguas al cabo de unos minutos.

—Avisa a mamá... —murmuró antes de que él la llevase a la clínica.

Era un gran edificio blanco, con los suelos relucientes de lejía, por donde las enfermeras y los médicos se desplazaban con paso ligero. Unas mujeres chillaban y sus gritos resonaban en los pasillos, concierto de carne y vida. Lucie resoplaba, inspiraba, espiraba, como le habían enseñado, pero su cuerpo entero no era más que una bola de dolor. Jamás lo conseguiría. Sus entrañas desgarradas, el ser que había crecido dentro de ella, todo le parecía una locura, ¿cómo habían hecho las mujeres desde la noche de los tiempos?

En el pasillo, Mona esperaba sentada en una silla de plexiglás. Ruido, por todas partes ruido, un nido de ruido, con chillidos bestiales, carros metálicos con ruedas que se bloquean y chirrían de una forma siniestra, médicos de voz grave, niños que lloran. Ya no se acordaba: ¿fue tan ruidoso en Hanói aquel día de octubre de 1941? Seguramente, seguramente sí, Dios mío, ¿cómo podía haberlo olvidado? Sus gritos, los de ella, resonaban por todas partes. Estaba sola.

—Todo va bien, señora, el parto ha empezado, va muy bien.

La comadrona tenía una voz serena, apaciguadora, unas redondeces parecidas a las de Rosalie. Lucie se abandonó a la dulzura de aquella mujer, apenas se dio cuenta de la llegada del obstetra. Había que concentrarse en la felicidad por venir, olvidar el resto. Victor le cogió la mano y le dio ánimos.

¡Una niña adorable, monísima! Lucie, un nombre de luz... Lo escogió ella. Le gustaba poner la mejilla contra el cabello rubio, sentirlo sedoso, perderse durante horas en aquella mirada amorosa y azul. ¿Cómo hubiera podido imaginar el horror que la esperaba, el campo de concentración? «¡Coge un poco de hierba y cómetela!» Su hija, un montón de huesos, pequeño esqueleto viviente apretado contra su vientre, y la delgadez que agrandaba el círculo azul de sus ojos, pasmados ante la locura de los hombres.

—Vamos allá, señora, esto ya está en marcha, empuje...

Empezó el trabajo del parto. Toda una serie de contracciones que le retorcían la carne. Victor le enjugaba la frente con un paño seco.

—No podré, no es posible...

—Claro que sí, amor mío.

La atravesaban unos gritos y volvían las contracciones.

—¡Empuje, señora!

Ya no sabía lo que hacía.

—Respire, respire... Muy bien. Descanse un poco y empiece otra vez.

Mona se levantó, dio una vuelta por el pasillo. Hacía tres horas que esperaba. Al final del corredor, su hija descuartizada, carne de su carne, sangre de su sangre, la piel que chasquea y se desgarra. Habría querido compartir ese momento. ¿Con quién? ¿André estaba con ella en Hanói? ¡No! ¿Y en Numea cuando Pierre? ¡Tampoco! ¡Solo aparecía después de la batalla, como siempre! Primero tenía que detener a ese pobre boy canaco y meterlo en la cárcel... ¡Pero ahora se trataba del nacimiento del primer hijo de su hija! ¿Con quién compartirlo? Volvió a sentarse en la silla demasiado dura. Dolor de cabeza. Dolor en las vértebras. Su hijita pronto sería mamá... Se levantó de nuevo y salió a tomar el aire. Un cigarrillo.

—Me duele, no puedo más, me duele...

La comadrona le puso una mano en la frente.

—Lo sé, pero su bebé ya está llegando... Será tan feliz... Respire hondo, y otra vez, empuje, empuje...

Las lágrimas le resbalaban por las mejillas. Victor se las enjugaba delicadamente.

—Ánimo, amor mío, ya casi está.

El obstetra alzó la cabeza.

—Ya casi está, se lo confirmo. Vamos, señora, un pequeño esfuerzo final.

Inspirar. Espirar. Para que llegue la vida.

¿Por qué todos los hospitales del mundo son tan feos y fríos? Cuadros espantosos en las paredes, colores chillones, o sosos, tan tristes, y el olor a lejía... ¡Como en Sidney! Basta de lejía, no más lejía, el efluvio de muerte le daba náuseas. Sacó un pañuelo del bolso, se lo puso en la nariz como una mascarilla. Cinco horas de espera, y aún podía alargarse. «La persona que más quiero en el mundo», le había dicho Lucie a Castro. Se refería a ella. Eso estaba a punto de acabar.

—¡Ya sale la cabeza, ya está aquí! —gritó la comadrona.

Ella empujó por última vez, agotada; su cuerpo trabajaba por ella, sin ella, ya no sabía lo que hacía. Y de pronto, aquello fue lo único. El grito agudo, decidido, como la más hermosa de las liberaciones. Estaba ahí… ¡Vivo! ¡La vida! «¡Oh, qué niño tan guapo!» Victor la abrazó, y dejó que brotaran sus lágrimas en medio de los besos. Su cuerpo vaciado ya no era sino un velo de niebla, no sentía nada. Pero la piel maravillosa de su hijo sobre la suya… El amor. Un temblor violento la sacudió.

El tiempo infinito de la espera, el tiempo tan breve de la existencia. ¿Tan deprisa había pasado la vida que ya era abuela? Cuarenta y siete años. Abuelita. Pronto ocuparía el lugar de Guillemette, atada a un silloncito y tratada con descargas eléctricas. Una enfermera fue a buscarla. El niño era precioso y la madre se encontraba bien. Corrió a la habitación, donde encontró a la pequeña familia abrazada, como un belén moderno, en medio de las sábanas blancas ensangrentadas, la cama metálica y el sillón de escay rojo. Estalló en sollozos. Se acercó, besó a su hija y se inclinó sobre el bebé. Era perfecto, tenía la piel lisa de las frutas maduras, unos deditos maravillosamente dibujados. Olvidó todos los malos pensamientos, se limitó a disfrutar del instante. El niño cerró sus deditos minúsculos en torno a los de ella y esbozó una sonrisa. Lucie ya lo miraba con un amor inquebrantable. Un amor completo, infinito, que ella conocía muy bien y que súbitamente la abatió. No… Era más fuerte que ella, sintió que ese nacimiento lo cambiaba todo, destruía el equilibrio que hasta entonces había prevalecido… Hubiera querido alegrarse, nada más, disfrutar de ese momento tan excepcional y hermoso, pero ya asomaba la angustia, la negra angustia con sus fauces bestiales. Allí estaba de más: su hija deseaba quedarse con su marido y su bebé, sola. ¿Y ella? Excluida. Era intolerable. Lucie había ocupado, ocupaba todavía, un lugar tan importante en su vida… Seguía siendo su madre, ¿no?

—Ahora que ya has hecho la tesis —dijo sin poder evitar el tono duro—, tendrás que aprobar la oposición. Es difícil, pero la pasarás, ¿verdad?

Su hija le dirigió una mirada ausente.

—Prométemelo, Lucie. El bebé no te lo impedirá, ¿verdad?

Un golpecito muy suave en la naricilla minúscula. Victor hizo una mueca.

—¿Cree usted que es el momento?

Agotada, Lucie se lo prometió y enseguida se centró en su hijo. Mona se mordió el interior de las mejillas; se acabó, su hija ya no la quería. Ahora tenía a otra persona.

El primer año de vida de su hijo fue una mezcla de grandes alegrías y dolorosas decepciones. Lucie veía a su hijo crecer maravillosamente, lo que la colmaba de felicidad. Pero Victor jamás estaba, su trabajo lo llevaba sin cesar de un país a otro, y ella tenía serias dudas respecto a su fidelidad. Cansada, decidió no privarse tampoco de nada, escogió un amante con el cual se fue de vacaciones, dejando al niño con su suegra y explicándole los motivos. Cuando volvió, encontró a su marido en el salón; nada más cruzar ella el umbral se precipitó a su encuentro.

—¡Mi madre me lo ha contado todo! ¿Crees que voy a aceptarlo?

—¿Y crees que yo sí voy a aceptar tu conducta?

Lucie se quitó los zapatos y fue a cambiarse. Victor la siguió, furioso.

—Es muy sencillo —prosiguió ella—. Si quieres que nos divorciemos, nos divorciamos. Pero si lo prefieres, seguimos juntos.

Él se quedó atónito. Lucie comprendió que había ganado una batalla. Pero la guerra sería larga.

En 1972, animada por su director de tesis, se presentó a las oposiciones de derecho público. No podía permitirse suspender.

—Me vengarás —había insistido su madre el día antes.

Lucie ya no intentaba replicar: Mona estaba más que vengada, y desde hacía tiempo. Ahora se trataba de otra cosa. Con esas oposiciones y el imperativo de aprobarlas, su madre mantenía un lazo fuerte con ella, seguía tratándola como a una niña. El día que salieron los resultados —Victor una vez más estaba de viaje—, Lucie acudió temblando a la universidad. En el gran anfiteatro, el presidente enumeró lentamente los nombres, empezando por el último aprobado, el número veintisiete. No era ella. El veintiséis, el veinticinco, tampoco. Su corazón latía con fuerza, habría querido tomarse a broma aquel gran circo, pero no lo conseguía. El once, el diez, el nueve, el ocho, no eran ella. Un fracaso. Nunca aprobaría. Cuando su nombre resonó en la sala, creyó que se trataba de un error. No era un error. Era la número siete. Anonadada, corrió hacia el primer café del Panthéon y pidió el teléfono.

—¡Lo he conseguido, mamá! ¡Lo he conseguido!

Al otro lado del teléfono, su madre casi lloraba.

—Bravo, mil veces bravo, ¡qué contenta estoy!

Y en esas palabras, Lucie oyó cuanto su madre le gritaba en silencio: su amor, su gratitud; su necesidad de ella.

Cuando me enteré de que había aprobado la habilitación para ser profesora de letras, como Évelyne unos años antes, llamé enseguida a mi madre.

—¡Lo he conseguido, lo he conseguido!

Explosión de alegría, claro está, pero teñida de tristeza: ella no compartiría la noticia con el hombre al que quería, mi padre. Sobre todo, repetía una y otra vez:

—Y con un buen número, además... ¡Es magnífico! Con un buen número...

Estas palabras me marcaron: «Con un buen número». El veintitrés de ochenta, de acuerdo, era un buen número teniendo en cuenta el contexto. Yo ya trabajaba en la editorial, no había estudiado a tiempo completo. Pero tampoco era la número uno. De todas formas, sabía que para mi madre ese «buen número» significaba algo. Un espaldarazo. Un reconocimiento social. ¿También yo, sin haberlo formulado nunca, estaba «vengándola»? Aquel día, recibí como regalo seis copas de champán, que estrené esa misma noche. Lo que no recibí, y que me habría divertido muchísimo, fue una carta de enhorabuena como la que Georges Lavau le escribió a su protegida: una felicitación maravillosa. Évelyne me confesó: «En el fondo, me parece que si he redactado este manuscrito ha sido para poder reproducir esta carta». Hela aquí:

Querida colega:

Si lo he entendido bien, ese jurado, con malos motivos, ha dictado pese a todo una buena sentencia, como todos los jurados de oposiciones.

¿Se da usted cuenta de la importancia de su felicidad? Habiendo aprobado este primer concurso, dispondrá de un crédito inagotable, sin necesidad de demostrar nada más, hasta los setenta años. Frente a usted, solamente tendrá a seis fanfarrones que siempre podrán decir: «Yo era, soy y seré mejor», pero habrá una veintena que siempre se sentirán irremediablemente acomplejados (y que, por supuesto, le tenderán trampas). Usted irá subiendo peldaño a peldaño hasta lo más alto del escalafón sin tener que hacer nada, simplemente porque sus colegas del comité consultivo, aunque no la quieran mucho, están obligados a reconocer la excelencia de su propio concurso...

Naturalmente, a los sádicos como yo, que esperaban discretamente el error judicial del siglo, siempre les parecerá que usted habría sido mucho más genial de no haber conseguido sacarse la oposición...

Guillemette murió una mañana en el hospital, poco antes del segundo parto de Lucie, que esperaba gemelos. Mona había ido sola a Niza para asistir al entierro.

Después del funeral, su piel había sentido la necesidad del mar. Un sol tenue aureolaba el paseo. El Mediterráneo era de un azul oscuro y profundo. Se acercó a la playa, se quitó la chaqueta. La primavera hacía tibia la orilla y decidió caminar sola, como en otro tiempo en Anse Vata. Se descalzó. El contacto de la arena la apaciguó. Era suave y fresca. Se acercó a la orilla, dejó que el agua fría le lamiera los pies. Su vida habría podido ser tan distinta... Frente a ella, invisible, se erguía África. Esa África que no había visto aún, que quizá jamás vería. El Amante había vivido allí. ¿Qué aspecto tendría hoy? A lo mejor estaba en el fondo de un hoyo, como Marthe, como Yvon, como Guillemette, que se llamaba Adèle. Nada de África, pues. Había alimentado sueños de libertad, algunos los había realizado; no estaba tan mal. Cincuenta y dos años. Tres nietos. Un cuerpo cansado pese a sus esfuerzos. Arrastró una concha con el pie. Los ojos se le llenaron de unas lágrimas sin tristeza. André habría podido estar allí, a su lado, si las cosas hubiesen sido distintas. Seguía siendo su mayor amor y su peor fracaso. Su impulso más hermoso. ¿Acaso no le debía haberse convertido en la mujer que era? Imperfecta, pero libre. Volvió a la arena seca y se sentó frente al mar. André, una mañana, había confesado su miedo. Su pelo cano brillaba como un sudario bajo el sol de Indochina. «No habría que envejecer nunca, Mona.» Ella le había contestado: «Retener la belleza». La belleza, aquella mañana, temblaba en los reflejos del agua, era móvil, movediza, la brisa ligera la movía. Metió las manos en la arena, dejó que se escurriera entre sus dedos, grano a grano, una y otra vez. Su vida habría podido ser distinta, pero ¿habría sido más bella, más lograda de lo que era en ese momento, bajo la primavera del Mediterráneo, frente al mar de una calma soñada? La embargó una especie de paz. La sensación se depositaba en ella como un canto liso y sedoso que la ola hacía rodar. Sabría dirigir su vida. El miedo se lo dejaba a los demás. Todo iría bien. Se levantó despacio y volvió al asfalto del paseo. Caminó descalza hasta la entrada de la ciudad.

En 1986 suena el teléfono en casa de Mona. Esta vez, André no ha fallado. Se ha pegado un tiro sentado en su sillón rojo. Ha cumplido su promesa. «Como Drieu.» Al lado del cuerpo hay un libro: *Suicidio, manual de instrucciones*. Mona reconoce que se lo envió ella hace años. Ella ya no lo necesitaba porque se lo sabía de memoria. En la mesilla de noche hay un objeto que le llama la atención. Se acerca. En un vaso está la dentadura de André, como una última sonrisa burlona.

Su hija militaba menos en los últimos tiempos, intentaba practicar su feminismo de otra forma, ayudando sobre todo a las jóvenes que asistían a sus clases en la Sorbona, donde por fin había obtenido una plaza. La Ley Veil le había encantado, claro, pero con el nacimiento de los gemelos, el divorcio de Victor, los tres niños que tenía que criar sola y el trabajo, Lucie iba siempre de cabeza. Mona lo comprendía y procuraba ser útil de otra manera. Le había tomado cariño a una madre soltera de quince años a la que conoció en el Planning Familiar y que por problemas de salud tenía que estar una semana en el hospital. Fue a visitarla un sábado, con una caja de bombones en el bolso, y no se quedó mucho. Al salir de la habitación, fue a parar al pasillo de cuidados paliativos, donde se dio de bruces con una camilla.

Al principio, no lo reconoció. Estaba flaquísimo, con la tez lívida, amarillenta, los labios amoratados por la deshidratación. Su voz era un murmullo. Pero su mirada clara tocada por la gracia seguía siendo la misma.

—¿Raphaël?

Él no se movió.

—Raphaël. —Y tras una vacilación—: ¿Lanzarote?

Él se volvió. Una sonrisa horrible, una mueca de dolor más bien, le abultó las venas, que parecían pequeñas serpientes venenosas.

—Pero ¿qué te...?

Él bajó los párpados. La enfermera se acercó.

—Vamos, señor Sire, lo acompaño a su habitación, ¿de acuerdo?

Mona la vio empujar la camilla como si fuera un ataúd. Cuando salió de la habitación, la abordó.

—Perdóneme, pero ese joven... Lo conozco mucho y... ¿Han venido sus padres a verlo?

La enfermera negó con la cabeza con expresión desolada.

—Y... ¿qué tiene? —murmuró Mona con voz sofocada.

Los labios de la mujer articularon en el vacío dos sílabas:

—Sida.

Mona volvió a casa helada. Raphaël tenía la edad de su hija; moriría al cabo de unos días, unas semanas en el mejor de los casos, tal vez unas horas. Había estado al corriente de sus éxitos como joven abogado, pero desde hacía tres o cuatro años no había tenido noticias. Ahora comprendía por qué. El sida... Sí, había oído hablar de esa enfermedad terrible que afectaba a los homosexuales. Ese pensamiento la hirió. En otra época le habían dado asco; ya no, era algo muy lejano. Raphaël iba a morir y una pena terrible le encogía el corazón, como la que la había abatido cuando murió Marthe. La cara de su amiga salió de la penumbra y de pronto la cegó. Una luz acababa de atravesarla, un relámpago más bien. Aún estaba confundida, pero intuía que había pillado el extremo del ovillo, el hilo, por fin. Raphaël... Marthe... Cuando lo comprendió, se desplomó en el suelo y hecha un ovillo estalló en sollozos. Por su mente desfilaban las imágenes, nítidas como un dibujo a lápiz. ¿Cómo había podido no...? Sus miradas. Sus comentarios sobre los hombres. La alegría que iluminaba su rostro cuando estaban las dos solas en la biblioteca Bernheim. ¡Y pensar que no había querido verlo! A Marthe le gustaban las mujeres, claro, Marthe la había amado, con un amor silencioso, doloroso. Ella había fingido no darse cuenta porque abordar el tema habría podido acabar con su amistad, que para ella era algo precioso. Nunca más habrían podido tener una conversación normal; la duda y los sentimientos lo habrían impregnado todo. Por egoísmo, había ignorado a su amiga, su única amiga verdadera. Todo se aclaraba, pero era una luz negra, sofocante. Por primera vez desde hacía años, Mona se sirvió una copa de ron y la apuró de un trago, sin respirar.

El pasillo de los Infiernos; a Mona no se le ocurría otro nombre para esa zona del hospital que se parecía a un cuadro del Bosco. Puertas entornadas, estertores, gemidos, cuerpos descarnados lívidos, torcidos, agotados. Llamó a la puerta de Raphaël, entró sin esperar respuesta. Por los párpados entreabiertos se veía la pupila blanca, opaca. Casi no respiraba. Mona puso su mano sobre la de él, oyó gemir débilmente a su protegido, retiró la mano. Incluso un contacto tan leve le dolía.

—Raphaël…

Él reconoció la voz, incluso esbozó la misma sonrisa horripilante de la víspera.

—Lucie te manda muchos besos. Piensa en ti y te quiere mucho.

Movió las pestañas para dar a entender que lo había oído. Mona contuvo las lágrimas. Era mentira; su hija no estaba al corriente de nada. Demasiado duro. Demasiado violento. No quería imponérselo. Pero que Raphaël supiera, porque a pesar de todo era verdad, que su amiga de los días felices no lo olvidaba. Él hizo un esfuerzo terrible para abrir los ojos. Mona se inclinó sobre él.

—Mo... Mo-na...

Eso fue todo.

Al cabo de unas horas, cuando el sol empezaba a asomar en el cielo ventoso de la tarde, Raphaël se apagó con una última convulsión. La avisó la enfermera cuando Mona volvió de la cafetería. Solo había salido a buscar un tentempié.

—Y sus padres, que ni siquiera han venido... —murmuró, con los ojos empañados.

Luego guardó silencio. La enfermera la abrazó. Mona alzó la cabeza, de repente con expresión resuelta.

—Estoy contenta de que se haya ido. Esa vida ya no era vida.

Poco tiempo después de la muerte de Raphaël, Mona le dijo a su hija que pensaba militar activamente en la ADMD, la Asociación por el Derecho a una Muerte Digna.

—¿Y eso es nuevo? ¿Y el Planning Familiar?

—¡Sigo también! Pero me he dado cuenta de que esta lucha también es muy importante. Y queda mucho trecho por recorrer.

Lucie se encogió de hombros. Tenía tanto que hacer, preparar las clases, corregir los trabajos, criar a sus hijos y dedicarles tiempo.

—¡Esos niños están pegados a ti como si fueran chicles!

Lucie reía.

Mona iba a verlos todos los fines de semana, y le mostraba a su hija muchas cartas a cuál más desesperada: «Quiero morir, lo he probado todo, no lo consigo, ¡ayúdenme!». Lucie no tenía muchas ganas de leerlas, pero Mona la obligaba. Se pasaba horas con el correo, contestaba a todo el mundo, insistía en los detalles *prácticos*. Cada vez que «tenía éxito», compartía con su hija la felicitación de la asociación: «Gracias a usted, la señora X está en paz», «Gracias a usted, el señor Y ha podido descansar por fin», etcétera. Lucie cada vez se sentía más incómoda con aquella actividad de su madre, que llevaba meses yendo de acá para allá, visitando en su domicilio a los enfermos de sida para proponerles una muerte «rápida y dulce», «con dignidad». La mayoría se negaba, declaraba que aún quería «vivir un poco más».

—¡No porque Raphaël tuviera una muerte espantosa hay que matar a todos los demás antes de tiempo! —exclamó Lucie, todavía enfadada por no haberse enterado en su momento de la muerte de su amigo.

Pero Mona no le hacía caso. Su compromiso con la ADMD se estaba convirtiendo en una obsesión. Ya fuera en Holanda, Suiza o Estados Unidos buscó el producto milagroso. Un día lo encontró.

—Voy a regalarle un frasco a Guy Hocquenghem —declaró.

Desde que en 1972 había aparecido su libro-manifiesto titulado *El deseo homosexual*, Mona no paraba de hablar de él.

—¡Es un gran novelista, un intelectual que asume su condición! ¡No ha tenido miedo de revelar que estaba enfermo de sida!

Lucie se mostraba de acuerdo, pero ¿qué sacaba con ir a perturbar a ese hombre agitándole ante las narices su muerte inminente?

—Basta ya, mamá, es absurdo.

Aun así, Mona logró ponerse en contacto con el escritor y consiguió una cita con él. Le llevó su precioso regalo. Con gran estupefacción por su parte, Hocquenghem lo rechazó. Eso le provocó furor y desprecio; envolvió su filtro de muerte y se lo metió en el bolso.

En mayo de 1988, dos años después de la muerte de André, cuando ya se ha curado de su cáncer de mama, Mona se suicida en Pentecostés, unos días antes de su cumpleaños, a los casi sesenta y seis años. A su lado encuentran una carta. Las últimas palabras son: «No estoy sufriendo». El bolígrafo debió de caérsele. Escribió hasta el final.

Évelyne creyó que nunca se recuperaría de la tragedia. No comía, sumida en la pena. Sin embargo, poco a poco, recuperó las ganas de vivir, el amor, las risas. La muerte de su hermana adorada, años más tarde, reabrió la herida. Évelyne no quería que Marie-France fuera un personaje de la novela; demasiado doloroso, y ese «famoseo» que ella, tan discreta, detestaba. Pero en su primer manuscrito figuran estas líneas, magníficas, traídas por el condicional de la infancia, que quiero reproducir aquí, como le prometí:

Si tuviera una hermana y esa hermana fuera actriz, lloraría cada vez que muriese en una película. Si tuviera una hermana, sería mi mejor amiga desde la infancia. Habríamos compartido muchas aventuras. Por ejemplo, el Monopoly, aunque no le gustaba perder y yo tenía que explicarle que el juego no tiene que ver con el mérito, solo con la suerte, y que por tanto da igual ganar que perder. Habríamos seguido siendo solidarias frente a la maldad de los caledonios con nuestra madre. Habríamos compartido Mayo del 68 y nuestra admiración por Dany. Habríamos amado juntas muchos libros, aunque yo le tenía un poco de miedo a su pasión por Virginia Woolf.

Hoy las dos hermanas, las maravillosas e inseparables, vuelven a estar juntas.

Mi querida Évelyne:

Según mi reloj son las tres y media de la madrugada; a esa hora, en tiempos de insomnio hace unos meses, me escribiste para decirme que juntas haríamos algo realmente bueno. No sé si sin ti he hecho algo bueno, pero lo que sí sé es lo que tú has hecho por mí: de tu vida, un destino, y de tu fuerza, un modelo.

Seguro que tenías defectos. No me dio tiempo a conocerlos. Tú apenas debiste entrever los míos. ¡Mejor! Por una vez, no le buscaremos tres pies al gato.

La primera vez que nos vimos, me hablaste de Jean-Marc Roberts, el famoso J. M. R. a quien dedicas el libro. Un editor y novelista. Tu amigo, muerto prematuramente, también él. Nada ocurre por azar. Entonces dime, pero dímelo de verdad: ¿lo habías previsto todo desde el primer minuto? ¿Lo habías tramado todo en silencio? Sería muy propio de ti. No lo sospeché, pero sí comprendí que eras un hada.

Ni un ruido. París duerme. Mi ventana es la última de la calle que está iluminada. Cada palabra escrita en el papel es una palabra para ti. También una palabra para ellos. No he dejado de pensar en tus cinco hijos, en tus nietos, en tu hermano, en tus amigos, en todos aquellos que son importantes para ti. En Olivier. ¿Qué opinión les merecerá la novela? ¿Te reconocerán en ella? Sigo sin comprender cómo nos ocurrió todo eso, pero también sé que nada habría podido ser más obvio. Nos encontramos en un libro.

«La ineptitud consiste en querer concluir. Somos un hilo y queremos conocer la trama», decía el bueno de Flaubert. Concluir será interrumpir nuestro diálogo. Quizá detenerlo. No quiero. Claro que habrá otras maneras de charlar, pero esta, la conversación de texto a texto, de manuscrito a manuscrito, como de piel a piel, me gustaba mucho. Tendré un poco de frío sin ti. Y el verano avanza.

No sabré terminar. La que termina por nosotras es la vida. Simplemente, te devuelvo las últimas palabras que me escribiste, «Gracias, Caroline, querida amiga», con gratitud, pena, alegría, estupefacción, te las devuelvo con un amor que me supera pero que acepto y recibo plenamente.

Gracias, Évelyne, querida amiga.

C.

Contempla la tumba de su madre y se aleja despacio. El alba, una vez más. Esa hora milagrosa en que la naturaleza es un murmullo. Camina sin rumbo, sin objetivo, bajo el lienzo rosado del cielo. A lo largo de la carretera duerme un jardín salvaje. Unas flores delicadas ponen unas pinceladas de color, mezclándose con las hierbas y las gramíneas. Atraviesa el pequeño foso, avanza. Su corazón palpita con un sentimiento nuevo, a la vez sereno y poderoso. Las palabras de Antígona a la nodriza vuelven a mecerla: «Es hermoso un jardín que aún no piensa en los hombres». Un pequeño mundo donde solo la savia decide. El viento ligero en el pelo. Lucie avanza. Más allá, descubre una piedra cubierta de musgo y liquen, escondida junto a un tronco. Su mano se posa en ella; rasposa al tacto, de un frescor agradable. Mira alrededor, cierra los ojos y un primer rayo de luz ilumina su cara. Es suave, tenue. Y Lucie avanza. Aquí y allá, algunas amapolas bailan como señoritas tímidas. Canta un chapulín. Más lejos, tal vez un herrerillo. La naturaleza eterna. Lucie avanza. No sabe qué es, pero en el fondo de ese rectángulo salvaje, algo la llama. Sus manos acarician las flores de zanahorias, sus pantorrillas acogen los arañazos de los cardos. El sol derrama una dulce claridad. Cada cosa está en su sitio. Cada ser en su sitio, por fin. Y entonces lo ve. Un poco apartado de los otros, el tronco nudoso, áspero. Las hojas de un verde plateado lanzan una música al viento, una sinfonía silenciosa y solitaria. Se acerca. Son árboles que pueden vivir mil años, dicen. Pone la mano en el olivo. Se queda inmóvil. No hay nada más que él y ella en esa mañana mediterránea. Su corteza. Su piel. Permanece así un instante. Luego reemprende la marcha, serena, siempre de frente.

Agradecimientos

Por todo lo que él ya sabe y no necesito decir, gracias a Olivier.

Gracias a Vincent Barbare, por medio de quien conocí a Évelyne y sin el cual este libro no existiría; su confianza ha sido determinante en la elaboración de la novela. Gracias a Benjamin Loo por su lectura atenta y sin complacencias. Gracias también a todas mis colegas de la editorial Les Escales por su entusiasmo, su implicación y su magnífica profesionalidad.

Un agradecimiento especial a Valérie Kubiak por su acompañamiento maravilloso y su mensaje de las 01.08 horas.

Gracias también a todo el equipo de Lumen, a Núria Petit por su hermosa traducción, sin olvidar a un querido amigo, Una Liutkus, que leyó la versión española con pasión y delicadeza.

Finalmente, gracias a Marc por su apoyo a cada instante y a mi madre, que ha aceptado entrar, cuando nada la había preparado para ello, en la loca aventura de este libro.

Índice

De repente, la libertad de Évelyne Pisier y Caroline Laurent
se terminó de imprimir en junio de 2018
en los talleres de
Litográfica Ingramex, S.A. de C.V.
Centeno 162-1, Col. Granjas Esmeralda, C.P. 09810,
Ciudad de México.